풍수양택통론

한국인의 풍수지리

풍수양택통론

申坪 著

관음출판사

著 者

申　坪 (本名 龍燮)

─────────────────────────

사단법인 한국현문풍수지리학회 이사장

내용에 관한 문의는 sinpyeung37@hanmail.net 또는
(02)744-9269로 하여 주십시오.

[서 문]

보다 나아지려고 하는 것은 생명의 욕구이다. 이로써 만물은 유지해 왔을 것이고, 또한 진화되어 왔을 것이다. 생체의 욕구는 생체로 진화하고 정신의 욕구는 지혜로 발달해 왔을 것이니, 생체의 욕구는 풍수를 이용하기에 적절토록 본능적으로 진화해 왔을 것이고, 정신의 욕구는 풍수의 자연에서 감성과 인지문화의 발달로 진화해 왔을 것이다.

본능적 욕구로 나아지려는 것은 선택이 따른다. 사물에 있어 선택이 그렇고 사람에 있어서도 보다 더 좋은 사람을 선택할 수 있다면 그렇게 하려고 한다. 그래서 좋은 물건을 고르기 위해 쇼핑을 하고 인사(人事)가 만사(萬事)라 하여 사람을 선택하여 고른다. 이는 사람이 잘살려는 첫 걸음이요 산다는 전체의 분별이기도 하다.

사람에게 풍수는 이미 본능적 욕구의 대상으로 존재하니, 이 또한, 좋은 것의 선택 대상이다. 호흡이 그렇고 목마름이 그러하다. 생체란, 좋은 풍수를 선택하려 하고 좋은 풍수를 선택한다는 것은 생체리듬의 본능이다. 생체의 운영이 이로 인해 원활해지며 이것은 좋은 공기와 맑은 물인 청정풍, 청정수인 것이다. 청정풍, 청정수는 깨끗한 자연에서 생산되는 것이니 곧 풍수가 좋은 곳이 된다. 사람의 욕구는 풍수가 좋은 곳을 선택하여 살고, 또한 있는 조건을 최대한 활용하여 풍수를 가꾸어 살려고 노력한다. 이는 인간의 본능에 이미 주어져 있어 인간의 전래와 자연의 역사가 곧 풍수의 전래인 셈이다.

풍수의 전래가 고요한 바람과 맑은 물을 자연과 더불어만 찾아지다가 오늘날에 와서는 인공공원과 고층 빌딩의 구조에서 찾아지게 되었으니 인간의 지혜가 땅의 이로움을 이겨가고 있는 셈이다. 이에 근자에 풍수의 전적들도 새로운 면모들을 보여주고 있는 추세이며, 또한 탈바꿈해야 할 시기라 여겨진다. 그래서 고전의 어귀에서만 맴돌던 풍수서가 형(形), 질(質), 기(氣)의 수치화에 도전할 때가 아닌가 싶다. 어쩌면 이는 시대가 요하는 부분인지도 모른다. 근자 10여 년 사이 서점가에 노크된 풍수서는 무척 많았던 것 같다. 이는 풍수서 마다의 비슷한 논리의 양산이기도 하지만 풍수인구의 저변확대와 아울러 대중화가 이루어지고 있다는 증거이기도 하다.

전래의 전통이 있어 지금을 창조하는 일은 매우 중요하다. 그러나 전래의 전통을 탈피하는 일은 그리 쉬운 일이 아닐 수도 있다. 필자는 본서에서 전통풍수의 기저에서 출발했지만 대부분 전통보다는 개척된 논리의 전개와 용어로 적절함을 도모하고자 했다. 그것은 자연의 질서를 통한 풍수의 대중화 시도이기도 하다. 그래서 풍수의 기저에 물리와 지구과학을 근거로 두고 구조에 분금비(分金比)를 개척하여 적정비를 구하고 분금비의 타당성을 다양하게 적용해 보았으며, 기파의 조응점을 찾고 조경의 소재를 음양오행으로 나누어 구도에서의 음양오행이 쉽게 적용토록 해 보았다. 이는 비록 개론에 불과할 뿐이지만 풍수가 대중다수로 지향하는 첩경이라 주저하지 않는 것이기도 하다.

이제, 줄간에 앞서 설레임이 다가온다. 새로운 부분에 있어 부분적으로 지탄의 대상이 될 수도 있을 것이고 타외 학문과의 불합리성도 초래할 수 있을 것이다. 그러나 개척에는 미완성과 모순점이 동반될 수도 있는 것이라면, 필자는 숙연히 독자의 질정을 받을 것이다. 그리고 개척에 동반자가 있다면 함께 구체화하지 못한 남은 부분들을 깊게 정리하고 싶다. 풍수의 절대 권리인 신묘함은 신(神)에게 있는 것이지만 그 잣대의 수치로 최대한 다가서는 것은 인간의 문화일 것이다.

끝으로 선뜻 출간을 맡아주신 관음출판사 소광호 사장님께 감사드리고 항상 곁에서 격려를 아끼지 않았던 사단법인 한국현문풍수지리학회 회원님들께 심심한 감사를 드립니다.

2005년 12월 11일

樂園一隅의 靑吾亭에서
靑吾 申 坪 삼가 쓰다

[목 차]

제1장 양택개요(陽宅槪要)   19

1 개설(槪說) ··· 21

2 연관성(聯關性) ··· 23
 1) 생활 ·· 23
 2) 수면 ·· 24
 3) 능력평가 ·· 25
 4) 시간상 위치 ··· 25
 5) 가까운 사람 ··· 27
 6) 일생 ·· 28
 7) 연관성(聯關性) ···································· 29

3 지기(地氣)와 명당(明堂) ······················· 31
 1) 지기(地氣) ·· 31
 2) 명당(明堂) ·· 33

4 양택풍수 ··· 36
 1) 잘 지은 집 ··· 36
 2) 비술(秘術) ·· 38
 3) 조응(照應) ·· 39
 4) 일터 집터 ··· 40
 5) 양택 어의(語義) ·································· 42
 6) 입지 조건 ··· 45
 7) 금기(禁忌) 조건 ·································· 45
 8) 배산임수(背山臨水) ··························· 47
 9) 혈(穴)과 적중(的中) ························· 50
 10) 명당신비(明堂神秘) ························· 52

5 분금비(分金比) ··· 54
 1) 적정공간 ·· 54
 2) 분금비(分金比) ···································· 55

6 삼요택(三要宅) ··· 57
 1) 음양오행(陰陽五行) 통변(通變) ····· 57
 2) 삼요설(三要說) ···································· 59
 3) 응용(應用) ·· 60

제**2**장 풍리풍수(風理風水)   63

1 개설(槪說)   65

2 대기 용어   67

3 바람길   70

4 바람의 혜택과 피해   73

5 바람의 행사   77

6 회선풍(回旋風)   79

7 풍수실학(風水實學)   82

제**3**장 수리풍수(水理風水)   83

1 개설(槪說)   85

2 물의 순환   87
  1) 물과 문화   87
  2) 물의 순환(循環)   88
  3) 지명과 물   90

3 만유근본   92
  1) 물은 생명   92
  2) 상선약수(上善若水)   94

4 물의 본성   97
  1) 본성과 인력   97
  2) 행진력(行進力)   99
  3) 중심력(中心力)   101
  4) 변형물길   102

5 득수(得水)   104
  1) 득수(得水)   104

2) 좌·우선수(左右旋水) 105
3) 취적수(聚積水) 108
4) 명당수 유형 108

제**4**장 지리풍수(地理風水)   113

제1절 산 115

1 개설(槪說) 115

2 산의 형성 118

3 산의 유형 121

4 봉만(峰巒) 123

5 음산(陰山)과 양산(陽山) 125

6 산의 활동과 동정(動靜) 128

7 능선과 산의 향방 131

8 토양과 산의 비척(肥瘠) 136

9 경사(傾斜) 139

10 지형도(地形圖) 142
　　1) 지성선과 지세 143
　　2) 지형도와 나침반 145
　　3) 지형도 축적과 지번도 146
　　4) 교회법(交會法) 148

11 풍수도(風水圖) 149

제2절 지리(地理) 153

1 개설(槪說) 153

2 천기(天氣) 지기(地氣) 인기(人氣) 156

3 사(沙) 159
1) 내사(內沙) 160
2) 사신사(四神沙) 161
3) 외사(外沙) 163
4) 주객(主客) 조응(照應) 167

4 지기원(地氣元) 수기원(水氣元) 170
1) 혈 170
2) 혈병(穴病) 171
3) 기혈(奇穴)괴혈(怪穴) 173
4) 혈과 경사 175
5) 흙과 초목 176
6) 절토 보토 177

5 반혈(反穴) 179

6 땅의 역량 182

7 체득(體得) 184

제5장 구조풍수(構造風水) 187

1 개설(槪說) 189

2 대지(垈地) 191
1) 대지선택 191
2) 대지비율 192
3) 대지와 건물 194
4) 흉지 197

3 구조(構造) 구성(構成) 199

4 구조(構造) 외형(外形) 201
1) 외형(外形) 201
ㄱ. 원형(圓形) / 202 ㄴ. 방형(方形) / 203

ㄷ. 각형(角形) / 204　　　　ㄹ. 첨형(尖形) / 204
2) 마당 ··· 205
3) 정원(庭園) ·· 208
4) 담장 ··· 209
5) 대문(大門) ·· 210

5 구조 내부 ·· 211
1) 주종(主從) ·· 211
2) 방(房)과 침실(寢室) ·· 212
　　ㄱ. 적정 크기 / 213　　　　ㄴ. 분금비 적용 / 214
　　ㄷ. 침대 / 217　　　　　　ㄹ. 방(房) 정리 / 219
　　ㅁ. 문 창문 / 220
3) 거실(居室) ·· 222
4) 주방(廚房) ·· 223
5) 화장실(化粧室) ·· 226

6 벽(壁) ··· 231
1) 천정(天井) ·· 231
2) 바닥 ··· 233
3) 벽(壁) ··· 235
4) 벽독(壁毒) ·· 238

7 문(門) ··· 240
1) 문호(門戶) ·· 241
2) 대문(大門)과 도로(道路) ···································· 243
3) 문과 지기(地氣) ··· 244
4) 문 유형 ·· 246

8 구조로 본 양택 유형 ··· 252
1) 단독주택 ·· 253
2) 아파트 ·· 254
3) 점포 ··· 255
4) 사무실 ·· 256
5) 빌딩 ··· 256
6) 공장 ··· 257

9 미래공간 ······································· 260

제6장 분금풍수(分金風水) 261

제1절 분금(分金)과 분금비(分金比) ······· 263

1 개요(槪要) ······································ 263

2 지자기(地磁氣) ································· 266

3 천지(天池)와 삼반(三盤) ··················· 269

4 분금(分金)의 어원(語源)과 미묘(微妙) ··· 273

5 체용(體用) ······································ 276

6 분금(分金) ······································ 278
  1) 분금 중앙선 ······························ 280
  2) 방향지시선 ······························ 281

7 분금비(分金比) ································· 287
  1) 분금비(分金比) ························· 287
  2) 분금선 ··································· 289
  3) 전체선(全體線) 조화선(造化線) ······· 291
  4) 좌세(坐勢) 입세(立勢) ················· 292
  5) 분금분할선(分金分割線) ··············· 294

제2절 분금비 적용 ···························· 299

1 개설(槪說) ······································ 299

2 지축(地軸) 분금비(分金比) ··················· 301
  1) 지축 ····································· 301
  2) 계절 ····································· 303
  3) 하지와 동지 ····························· 304
  4) 1일 ····································· 304

  5) 일상생활 ·· 305
  6) 지리(地理) ·· 305
  7) 해발 ·· 305

3 계란 분금비 ··· 307

4 얼굴 분금비 ··· 309

5 시각 분금비 ··· 311

제**7**장 제7장 기파풍수(氣波風水) 315

1 개설(槪說) ·· 317

2 우주와 대기 ·· 320

3 천기(天氣) ··· 322

4 기파(氣波) ··· 324
  1) 직파(直波) ·· 325
  2) 평파(平波) ·· 326
  3) 사파(斜波) ·· 327

5 지기파(地氣波) 수기파(水氣波) ·················· 329
  1) 기파(氣波)와 인체(人體) ······················· 334
  2) 기파(氣波)와 생활(生活) ························· 336
  3) 기파(氣波)와 양택(陽宅) ························· 336

6 동기감응(同氣感應) ··································· 342
  1) 정위감응(定位感應)과 원근감응(遠近感應) ··· 343
  2) 동기(同氣)와 감응기(感應氣) ·················· 346
  3) 인지감응(認知感應) ································· 347
  4) 상교감응(相交感應) ································· 348

7 형상기(形像氣) 조응기(照應氣) ·················· 351

8 음택발음(陰宅發蔭)과 명당감응(明堂感應) ············· 353
　1) 음택발음(陰宅發蔭) ························· 353
　2) 명당감응(明堂感應) ························· 354

9 공간명당(空間明堂) ························· 356

제**8**장 조경풍수(造景風水)　　　　359

1 개설(概說) ····························· 361

2 지세(地勢) ····························· 364

3 소재(素材) ····························· 368
　1) 음양오행과 형상(形象) ····················· 368
　　ㄱ. 음양의 형상(形象) / 369　　ㄴ. 사상의 형상(形象) / 371
　　ㄷ. 오행의 형상(形象) / 372
　2) 소재의 특성과 음양오행 ···················· 373
　　ㄱ. 수목형태 / 373　　　　　ㄴ. 음양오행과 소재 / 376
　3) 소재의 색(色)과 음양오행(陰陽五行) ············· 383
　　ㄱ. 음양색 / 383　　　　　　ㄴ. 사상색(四象色) / 385
　　ㄷ. 오행색 / 385　　　　　　ㄹ. 음양·사상·오행 / 386

4 조경(造景) ····························· 389
　1) 기준조경(基準造景) ························· 389
　　ㄱ. 지세(地勢)기준 / 389　　ㄴ. 환경(環境)기준 / 390
　　ㄷ. 사신(四神)기준 / 390　　ㄹ. 사수(沙秀)기준 / 391
　　ㅁ. 원근(遠近)기준 / 391　　ㅂ. 주종(主從)기준 / 391
　2) 지세조경(地勢造景) ························· 392
　　ㄱ. 산릉지(山稜地) / 392　　ㄴ. 산곡지(山谷地) / 393
　　ㄷ. 평양지(平洋地) / 393　　ㄹ. 강변지(江邊地) / 393

5 양택조경(陽宅造景) ························ 395
　1) 조경위치 ····························· 396

　ㄱ. 정중(正中) / 396　　　　　　ㄴ. 편측(偏側) / 396
　ㄷ. 사측(斜側) / 398　　　　　　ㄹ. 후면(後面) / 398
　ㅁ. 사첨(斜尖)과 여편지(餘偏地) / 398

2) 실내조경 ……………………………………………………………… 399
　ㄱ. 오행정방위(五行正方位) / 399　ㄴ. 변용방위(變用方位) / 400
　ㄷ. 사수비보(沙秀裨補) / 400

3) 옥상(屋上) ………………………………………………………………… 401

6 음택조경(陰宅造景) …………………………………………………… 404

1) 다열식(多列式) 평완(平緩), 평산분(平傘墳) ………………… 406
　ㄱ. 다열식(多列式) / 408　　　　ㄴ. 평완분(平緩墳) / 409
　ㄷ. 평산분(平傘墳) / 411

2) 묘지조경(墓地造景) ………………………………………………… 411
　ㄱ. 봉분(封墳) / 413　　　　　　ㄴ. 도두(到頭)와 사성(沙城) / 414
　ㄷ. 명당(明堂) / 415　　　　　　ㄹ. 석물(石物) / 416
　ㅁ. 조경수(造景樹) / 419

제**9**장　건강풍수(健康風水) 423

1 개설(概說) ………………………………………………………………… 425

2 신체(身體) ………………………………………………………………… 428

1) 마음 …………………………………………………………………… 428
2) 신체(身體) …………………………………………………………… 430
　ㄱ. 두부(頭部) / 430　　　　　　ㄴ. 신부(身部) / 432
　ㄷ. 수족(手足) / 434

3 인상(人相) ………………………………………………………………… 436

1) 삼원상(三元相) ……………………………………………………… 437
　ㄱ. 천원상(天元相) / 437　　　　ㄴ. 지원상(地元相) / 438
　ㄷ. 인원상(人元相) / 438　　　　ㄹ. 合元相 / 439

2) 음양상(陰陽相) ……………………………………………………… 440

　　3) 오행상(五行相) ··· 441
　　　ㄱ. 목상(木相) / 443　　　　ㄴ. 화상(火相) / 444
　　　ㄷ. 토상(土相) / 444　　　　ㄹ. 금상(金相) / 445
　　　ㅁ. 수상(水相) / 445　　　　ㅂ. 삼정(三停) 조화 / 446
　　4) 찰색(察色) ··· 447
　　5) 응용(應用) ··· 448

4 대와(大臥) ··· 450
　　1) 대와(大臥) ··· 451
　　2) 생기(生氣)와 탁기(濁氣) ·· 454
　　3) 양전(陽田) 음전(陰田) ··· 455
　　4) 오공(五空) 삼적(三積) ··· 456
　　5) 당고(撞叩) ··· 458

5 개운(開運) ··· 460
　　1) 수행(修行) ··· 461
　　　ㄱ. 깨어나기 / 462　　　　ㄴ. 회선(回旋) / 463
　　2) 친병(親病) ··· 463
　　3) 식사 ··· 465
　　4) 예(禮) ··· 468

한 화(閑話) ··· 471

제1장 양택개요(陽宅槪要)

1. 개설(概說)

양택(陽宅)이란, 음택(陰宅)에 상대되는 말이다. 음택이 죽은 자가 갈무리된 곳이라면 양택은 산 사람의 육신이 기거(갈무리)하는 곳이다.

음택은 갈무리된 자가 교통의 편리를 요하지 않으나 양택은 기거하는 자가 활동을 위한 교통의 편리를 요하게 된다. 그러므로 대략 그 위치가 음택은 산지(山地)가 되고 양택은 평지(平地)가 된다.

살아있는 자의 동정(動靜)에서는 활동과 수면이 있고 이를 원활케 하고자 필요로 하는 것이 양택이며 양택을 풍수로 관별하는 것이 곧 가상(家相)이다.

가상은, 집의 위치에 따른 지형지세와 바람과 물의 통로, 방위와 구조의 관계에서 그것이 길흉과 어떠한 관계를 가지는가를 판단하는 것이다. 즉, 양택을 풍수학으로 조명하는 것이다.

가상의 형태는 여러 가지의 복잡성을 가지게 된다. 그 것은 가상자체에서도 그렇고 가상이 접하는 주변과의 관계에서도 그러하다. 이는 수직과 수평의 질서에서 연관관계를 형성하게 되는 것이다. 바람과 물이 수직과 수평의 질서로 대기와 지표를 왕래하고 사람의 행위 또한 수직과 수평의 질서로 이어진다.

바람과 물은 결국 땅과의 관계에서 질서가 생겨난다. 이를 풍리(風理), 수리(水理), 지리(地理)로 엮으면 그 질서에서 타당성이 주어지니 곧 풍수지리이다. 또한 양택가상은 구조로 이루어지고 구조의 내외형태에서 이루어지는 문제와 그 비율에서 분금을 응용한 분금비를 적용하고 기파와 조경 그리고 삼요택의 학리로 양택의 전체 질서를 가려 보고자 한다.

2. 연관성(聯關性)

1) 생활

사람의 생활은, 크게 공간 내부에서와 공간외부로 구분할 수 있다. 공간 내부란, 구조물에 의해 분리된 공간을 말함이고 외부란, 구조물의 바깥을 말함이다. 즉 실내와 실외로써, 실내는 내방으로부터 거실, 주방, 화장실, 사무실, 또는 점포, 공장 등등이 있을 수 있고 실외로는 마을, 동리, 도로, 운동장, 야외, 산야, 바다 등등 태양에 노출되는 바깥 환경이다. 사람은 이러한 생활공간을 연속 반복하면서 살아간다. 그러다가 가끔 일시적으로 여행을 통하여 멀리 외부환경을 접촉하기도 한다.

사람이 살아가는 생활이란, 어디서든 시간을 보내야 하는 것이고, 그 중 시간을 가장 많이 보내야 하는 곳이 생활의 주무대이다. 주무대는 활동을 하는 곳과 활동을 위해 쉼(수면)을 갖는 곳으로 구분되며 활동을 쉼과 연관지을 때, 활동은 일터가 되고 쉼의 공간은 자신의 주택이 되어 일터와 쉼터 즉, 일터와 주거택이 된다.

일터는 움직이는 반경이 넓게 되는 데 비해 주택은 주로 수면에 이용되므로 넓이가 좁게 된다. 그 중에서 자신의 방이야말로 자신의 일생에 있어서 거의 1/3의 시간대를 보내는 곳이라 해도 좋을 것이다. 이사를 자주하는 사람은 자기의 방위치가 자주 바뀌는 것이고 이사를 자주하지 않는 사람은 자기의 방이 오래도록 자신의 시간[인생]을 담는 그릇이 된다.

2) 수면

사람의 삶은 크게 두 가지 유형으로 나눌 수 있다. 지구의 자전으로 인한 밤낮이 있듯이 생활도, 수면과 활동으로 나눌 수 있다.

대다수 활동하기 편리한 밝은 낮에 활동하고 어두운 밤에는 수면에 들게 된다. 활동은 거의가 한 곳에 계속 머물지 않으나 수면은 거의 한 곳에서만 머물게 된다. 설사, 사무실에서 사무요원이 책상에 머무는 것이 한 곳에서만 머문다해도 수면에는 비할 바가 못된다. 그것은 사무를 보기 위해서 팔이 움직이고 온 몸이 율동을 일으키고 있는가하면, 시간대 대로 차도 마시고 휴게실도 내왕하게 되지만, 수면은 여러 시간을 그대로 한 곳에서만 방치하며 기껏 움직여도 돌아눕는 정도로서 침상 정도의 한계에 머물게 되는 것이다. 또한 깨어 있는 정신의 활동과 잠들어 있는 정신의 차이는 그 영역이 지극히 상대적이다.

즉, 생활은 정지와 활동으로 나누어지는 것이니 수면

은 곧 활동에 반해 정지인 것이니 정지[睡眠]는 한 곳에 한정되지만 활동은 여러 곳에 포함된다.

3) 능력평가

사람들은 대다수 사람을 평가할 때 그 사람의 활동상태를 보아 평가한다. 활동에서 사무, 영업처리 능력이 뛰어나거나 또는 운동이나 예술 능력이 뛰어나다든가 언변과 지혜의 처세술이 특출하다거나 하는 등등의 평가 대상이 활동에 의해서 이루어진다. 그러나 그 사람의 숨은 부분인 수면에 대해서는 그 사람을 평가할만한 어떤 능력도 나타나질 못한다.

그러나 활동의 평가가 수면 없이는 나타날 수 없다. 활동의 평가는 정신과 육신을 끊임없이 독촉하고 독려하는 근면성에서 이루어진다. 만약 정신과 육신을 내버려둔다면 나태해지고 만다. 수면도 내버려두게 되면 한없이 게을러져 간결하고 가뿐한 잠을 이루지 못하게 된다. 졸음을 쫓고 버티다가 드는 잠이 상쾌한 잠이 되고 적절한 수면의 리듬에서 이루어지는 잠은 활동의 근면성과 상대 대등한 관계를 이루어 능력평가의 이면에 서 있는 것이다.

4) 시간상 위치

　사람의 생활에서 보내게 되는 시간적 길이를 땅의 일정한 지점 여러 곳으로 분류해 볼 수 있다. 가상적으로

1-1도 생활과 시간

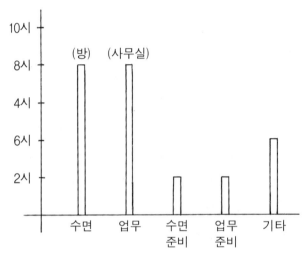

(시간점유는 공간점유와 동일하다)

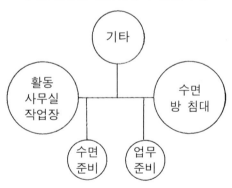

1에서 6까지의 지점을 인정하여 1지점 수면자리, 2지점 거실, 3지점 식탁, 4지점 화장실, 5지점 사무실, 6지점 취미실[휴게실]이라고 가정한다면, 이 중에서 자신이 가장 많은 시간을 보내는 곳이 어디일까? 그곳은 자신이 사회생활에서 가장 높이 평가받는 부분과도 연장선상의 대상이 될 수도 있다. 아마 그곳은 수면자리인 침소일 것이다. 이는 가장 많은 시간적 길이와 가장 높은 평가 부분의 연계성을 부여해 볼 수도 있는 것이다.

5) 가까운 사람

사람들은 생활상에서 많은 사람을 만나고 헤어진다. 아침에는 가족과 헤어지고 저녁에 만나는가 하면, 아침에 직장인과 만나고 저녁에 헤어진다. 그 중에서 자신이 가장 많은 시간대를 만나 있는 사람은 누구인가. 그 사람이 아마도 자신에게 가장 가까운 사람일 것이다. 사람이 사람과 접촉하게 되면 그것은 자신과 상대방의 기운이 접촉하게 되는 것이고 그 기운의 영향은 자신의 평가에 연관성을 가질 수 있다. 자신의 평가는 가까이 있는 사람들의 기운과 연관성이 있는 것이다.

즉, 자신과 가장 가까이 있는 곳, 가장 친한 곳이 자신에게 가장 크게 영향을 갖게 되는 연관성이다. 방이 그렇고 수면이 그러하며 가까이 있는 사람과 시간, 그리고 모든 물건, 물질 요소에 연관성(聯關性)이 주어진다.

그래서 자랑스런 영광이 주어지면 그 영광을 조상 또는 가까이 있는 사람에게로 돌리기도 한다.

6) 일생

사람의 일생이란, 태어나 죽음에 이르기까지이다. 태어나 죽음에 이르기까지 인의예지(仁義禮智)를 배우고 희노애락(喜怒哀樂)을 겪으며 생노병사(生老病死)의 틀대로 단맛, 쓴맛, 비린 맛, 신맛에 볼 것, 못 볼 것, 들을 소리, 못들을 소리, 시시비비 가리며 자신의 삶을 스스로의 주인공이 이끌어 간다.

이 중에서 버리고 싶어도 달라붙어 어쩌지 못하는 게 있는가하면, 그렇게 희망하는 것을 놓쳐버려 가슴아린 부분도 있을 것이다. 이것이 일생이다. 이중 어느 하나는 빼고 난 그런 것은 일생이 아니다. 갖가지 기억에 남는 순간의 촌각(寸刻)들과 무심히 잊혀져간 한가한 어느 한 날의 오후도, 모두가 내가 빚어낸 시간들의 전체가 나의 일생이다.

이렇듯 일생은 어느 한 부분이 빠진 상태가 아니라, 모두를 아우러는 게 일생이다. 그렇다면 일생이란 보따리 안에 그 어느 한 순간의 면모도 그것으로 일생의 밖에서 독립되어 존재하기에 앞서 일생의 보따리 안에서 존재 독립될 수 있는 것이다. 그러므로 고진감래(苦盡甘來)요 흥진비래(興盡悲來)라, 괴로움을 다하면 달콤한 즐거움이 오고 흥함이 다하면 슬픔이 온다는 속담에서 읽듯이 즐거움이란 괴로움과의 연속물이요, 슬픔이란 흥함의 뒤에 있는 것이니 이는 두 가지가 서로 연장선이지 어느 하나만 있는 것은 아니다.

7) 연관성(聯關性)

활동에서 능력 평가를 받는 것도 결국은 아무도 알아주지 않는 수면과의 관계가 무관할 수는 없고 저녁에 만나는 가족도 아침에 헤어짐과 무관할 수 없다. 나무가 자라고 가지가 나고 잎이 나고 꽃과 열매가 달리면 그것이 지상에 올라온 나무의 노력만으로 이루어진 것일까. 땅 밑으로 보이지는 않지만 그 뿌리의 역할을 누가 부정할 수 있을까.

사람이 성공하는 이면에는 그만큼 보이지 않는 노력이 따른다고 한다. 양택이란, 주거에서의 사람을 담아 기르는 그릇인 셈이다. 그 중에 가장 오랜 시간을 담아 기르는 것이 주택이요 거기에서 수면하는 곳이 으뜸이다. 영예의 시상을 받는 영광된 자리도 생활의 일부라면 그것은 숨은 공덕의 수면자리와 무관할 수 없다. 흡사 맨 윗가지의 큰 송이 꽃과 열매도 깊게 내려진 뿌리와 연관이

지어 있는 것처럼 사람의 성공은 수면과도 연관이 지어
져 있는 것이다.

영광의 감사를 수면에게 돌려주고 방종한 수면이 아닌
경계와 계율로 간절해하는 정성이 수면에도 있어야할 것
이다.

1-2도 뿌리와 꽃

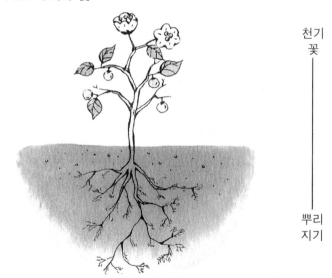

천기
꽃

뿌리
지기

3. 지기(地氣)와 명당(明堂)

1) 지기(地氣)

　양택은 지표에 붙은 지상부에 속하고 음택은 지표의 지하부에 속한다. 양택은 문이 있고 음택은 문이 없다. 양택은 출입이 되어야 하고 음택은 출입이 불가하다. 양택은 좌우 횡적 활동이 넓고 음택은 없다. 이처럼 음택에 비해 양택은 한 없이 움직이는 자가 기거하는 집이다. 그러므로 좌우 활동이 편리한 곳이라야 한다.

　좌우 활동이 원활히 이루어지려면 상하 수직적 기운이 온전해야 한다. 인간은 직립형(直立形)이다. 직립이란 것은 상하 수직[연직]형태로 이루어진 것이며 동물 중에 오직 사람밖에 없다. 땅의 중력에너지가 수직이듯이 지기(地氣)와 천기(天氣)는 수직으로 교통한다.

　사람은 땅에 닿은 발로부터 수직으로 상승하는 지기(地氣)를 타게 되고 하늘에 솟은 백회 정문으로부터 하강하는 천기를 받게 된다.

　천기와 지기의 교통중심점에 사람의 마음이 존재하니 곧 자신의 주인인 마음이다. 이 주인은 자기 자신을 다스려 내지만 그 주인 자체는 천지품안에 안겨서 천기와

1-3도 천기와 지기

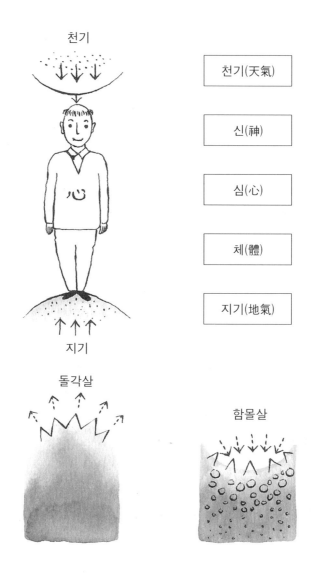

천기

천기(天氣)

신(神)

심(心)

체(體)

지기(地氣)

지기

돌각살

함몰살

지기를 품수하게 될 수밖에 없다. 좋은 곳에서는 좋은 기운과 감응하고 나쁜 곳에서는 나쁜 기운과 감응한다.

단지, 그 주인이 자기 자신을 다스림은 즉시의 효과가 있으나 지기와 천기가 그 주인에게 품수되기는 2차적 문제이므로 시간적 차이가 생겨질 뿐이다.

지기가 좋고 나쁘고 크고 작고 단단하고 어물하고 돌살(突殺 돌각살突角殺 : 철(凸)된 부분으로서 순(脣)이 없어 바람받이가 된 부분)스럽고 함몰(陷沒 함몰살陷沒殺 : 요(凹)된 부분으로서 미돌(微突) 없이 침몰된 부분)스럽고 한 여러 가지 유형을 구분하는 것은 매우 중요하고 또한 어려운 일이다. 이 부분을 가릴 수 있는 것이 명당을 알아내는 일이다.

2) 명당(明堂)

명당은 큰 산으로부터 하천에 이르기까지 여러 갈래의 능선줄기를 포함한 중에서 이루어진다. 상하의 세가 결집하고 좌우의 능선이 모여들어 향읍(向揖)한 곳에 만인(萬人)에 군자처럼, 닭의 무리에 봉황처럼 늠름히 자리하는 곳이 명혈(明穴)이요 명당(明堂)이다.

이러한 명당은 음택 중에서는 그래도 찾기 쉬울 수 있으나 양택 경우는 매우 어렵기도 하다. 그것은 음택은 산지이므로 능선이 확연히 나타나지만 양택은 평야지이므로 능선의 분별이 어려워지기 때문이다. 넓은 평야의 끝없는 들판에서 몇 보의 차이에서도 명당의 구분을 확연히 밝혀 낼 수 있게 까지는 학문으로서는 한계를 느낄 수밖에 없기도 하다.

명당은 그 요건을 멀리서부터 찾는 것이 아니다. 땅[터]을 가림에 있어 가장 가까운 것부터 찾아내어야 한다. 비가 온다면 물이 어느 곳으로 흐를까를 짐작하여 물길을 잡고 거기에서 높은 곳을 등성이로 연결하여 맥을 잡아 물길과 차츰 멀리로까지 연결하면 대충의 지세도를 연상하여 그려낼 수 있게 될 것이다. 그랬을 때, 터가 물길에 위치하면 수기맥(水氣脈)에 위치한 것이고 등성이에 있으면 지기맥(地氣脈)에 위치한 것이 된다. 이를 다시 기맥으로 기파를 가려 확인하여야할 것이다. 이것이 명당의 기운으로 터를 가림에 있어 가장 중요한 부분이다. 명산을 찾아 아무리 탐하여도 결국은 내가 살아야 하는 터의 기운이 흉하다면 바라보이는 아름다운 경관의 산수는 내가 얻어낼 수 없는 것이 되고 만다.

터의 기운이 강건해야 주위에서 조응해 주는 산(山)과 수(水)의 역량을 받아들일 수가 있는 것이다. 그것은 흡사 사람의 오장육부가 강건해야 좋은 음식도, 즐거운 일들도, 주위 사람과의 관계도 받아들일 수 있는 것과 마찬가지이다.

땅[터]의 원래의 흔적이 살아있는 밭이나 산일 경우는 그 모양을 주위와 비교하여 분별이 가능하지만 대지로 전환 정리된 곳이나 아니면, 이미 마을 안이라던가 하면 그 흔적으로는 찾기가 불분명할 것이다. 개울을 찾아 최대한으로 흔적을 가려 짐작하고, 굴착에 의한 토양을 조사하던가 원래의 등고선도를 이용하는 방법이 동원될 수도 있을 것이며 더불어 기파에 의한 감별을 응용하여야 할 것이다.

4. 양택풍수

1) 잘 지은 집

사람이 생활하는 기거처를 보금자리라고 한다. 모든 활동의 생활이 새의 둥지처럼 근거지가 됨을 말함이다. 여기를 바탕으로 여러 타 공간과 이어지고 이러한 공간과 공간 사이를 줄다리기하는 것이 생활이다. 이러한 공간은 산골의 자연공간도 있지만 도회는 대다수 인위적 구조 공간이다. 구조공간은 사용하기에 편리한 만큼 재단하여 만들어진 것이다. 그렇게 하여 외부는 건축미학을 살리고 내부는 실내장식으로 미(美)를 꾸미며 잘 지은 집을 만들기 위해 노력한다.

단순히 생각하기에는 그렇게 하면 잘 되겠지, 또는 그래도 전문지식인에게 맡겼으니 걱정 없겠지…, 하지만 실제에 있어서는 그렇지가 않은 경우가 많다. 그것은 도회의 모든 건축물들이 시공 당시에는 더 이상 좋을 수 없을 만큼 자신의 모든 조건들을 동원하지만 나중에 가서는 건물마다 우열이 나타나곤 한다.

그것은 가장 크게는 위치하는 지점이 다 같은 위치의 땅이 아니다. 같은 위치의 지점은 그 해당 위치 하나뿐인 것이다. 또한, 세부공간의 위치가 여러 가지의 형태가 있을 수 있는데도 그 중 한 가지만 선택하면 나머지 방법은 버려야 한다. 그래서 안방이나 현관, 또는 정문이 동쪽에 있을 수 있는가 하면 왼쪽에 있을 수도 있고 하여 그 방법이 한 가지 밖에 선택할 수 없으니 선택에 의해 잘잘못이 생겨질 수 있는 것이다. 편리성에 의해 선택의 잘잘못이 생겨질 수 있는가하면 지나친 미학을 찾다가 잘못 선택될 수도 있는 것이다. 이는 결국 풍수의 생기에 의한 선택성의 고려의 잘잘못으로도 이어진다.

잘 지은 집이란, 풍광이 빼어나고 건축자재의 고급화와 충분한 전문설계를 거치고 편리한 문과 도로를 접했다 치더라도 경우에 따라서는 그 집에 생기가 없어 흉가가 될 수도 있는 것이다.

사람이 잘 살기 위해, 집을 잘 짓기 위해 노력하는 데 그 집이 흉가가 된다면, 잘 살기 위해 지어지는 집은 잘 지은 집에서 달리 재고되어야 할 점이 있게 될 것이다. 풍수학의 양택이 바로 이런 점에서 잘 지은 집이란 생기가 넘치는 집이라야 한다는 원칙을 제시하고자 함이다.

아름답게 하기 위해서 굽히고 휘어 젖히며 갖가지 덧칠을 씌운다면 예술적 희소가치는 있을지언정 대중이 늘상 편히 보아줄 가치는 아닐 수도 있을 것이다. 희소가치의 예술성은 그를 보아줄 전시장에서 소수인의 전문평가의 대상이 될 뿐이다.

풍수학의 양택개요는 사람이 살아가는 데 있어 현재와 미래의 진행이 흉을 피하고 길함으로 인도한다는 데 그 목적을 두고 있다. 다시 말하면, 풍수학의 양택에 기거하게 되면 길한 일들이 생겨진다는 것이다. 건강하게 살고 자손이 총명해지고 재산이 늘어나며 온 가족이 화목하여 세상 사람들로부터 존경을 받으며 선망의 대상이 되며 오래도록 지속된다는 것이다. 세상의 모든 사람이 그렇게 된다면 그것이 인의(仁義)로운 세상일 것이다.

2) 비술(秘術)

생각해 보자. 위와 같이 상등사회의 계층으로 잘 살수 있는 것이 풍수양택이라면 누구나 풍수양택을 찾을 것이다. 그러나 누구나 찾는다고 다 옳게 찾는 것은 아니다. 그것은 잘 살 수 있는 방법은 그렇게 쉽사리 간단치가 않다. 다시 말해, 풍수학 양택[길택]의 해법이 쉽지 않다는 것이다.

그것은 풍수학의 전개 방법이 각양(各樣) 각이(各異)한 데다 음양오행설이 지엽적으로 파생되어 향방을 가늠할 수 없으리 만치 굴러진 결과만이 남아 있는 경우가 허다하기 때문이다. 그런가하면 비술이다 비전이다 하여 숨겨져 내려오는 가전비법이라 하여 근거 희박한 방법들이 횡행하기도 한다.

1-4도 비술

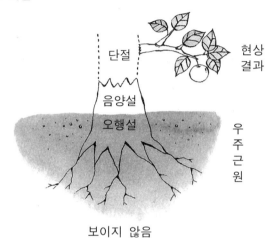

단절

현상
결과

음양설
오행설

우
주
근
원

보이지 않음

인쇄술이 미흡했던 시절 필사에 의해 전해지고 특별인연에 의해 전수되던 시대에는 그런대로 비술비법이라 하여 타당성 없는 방법들이 있을 수 있었으나 지금은 다르지 않은가.

3) 조응(照應)

우주의 궤도에서 만물의 질서가 形과 象을 바탕으로 이루어지는 것이 현실이다. 여기에서 양적 수치와 질적 분석이 과학이라면 수치를 우선하는 존재자와 존재자로서의 상관적 조응 영향의 희비(吉凶)를 규명하려는 것이 풍수학이다. 존재자와 존재자란, 동류(同類)를 초탈하여 우주 만유의 개체적 존재로서 큰 것으로부터, 가까운 것으로부터의 상응관계를 형성하게 된다. 예로 얘기한다면 개체 하나의 질량분석은 수치화가 가능하고 또한 과학이다. 그러나 개체와 개체간의 형(形)과 상(象)의 영향관계에서 미칠 수 있는 기의 변화와 신적(神的) 미묘함도 있을 수 있는 것이다.

하나의 산이 있다면 둘레와 높이 그리고 토양 암석 등등은 수치화 분석이 요연하지만 그 산을 찾아오는 사람의 감정이나 또한 다녀간 사람이 두고두고 감탄하는 감정과 산에서 받은 생기의 감응은 수치분석의 대상만은 아니다. 뿐만 아니라, 그 산의 모습이 수 십리 밖에까지 보인다면 그 만큼의 주위와의 연관적 영향은 상관적 조응영향으로 절대의 수치화 대상은 아니며 사람에게 인정(人情)이 있듯이 산에는 산정(山情)이 있다면 그것이 수치의 대상일 수만은 없는 것이다.

이러한 영향과 더불어 인간은 땅의 연직적(鉛直的) 기운인 중력(重力)에 의해 붙어 살며 중력과 함께 땅에 존재하는 기운이 지기(地氣)이며 지기의 영향으로 잘 살 수 있는 집이 곧 양택풍수의 길택(吉宅) 택지이다.

4) 일터 집터

땅은 옛적부터 물이 모여드는 곳에는 교통이 발달하여 상권이 이루어지고 배산임수의 적절한 경사를 이룬 곳에는 주거지를 형성하였다.

주거지를 정함에 물이 모여드는 상가지에 정하면 복잡한 공해로 인하여 사람의 인성이 제대로 길러지기 어려울 것이며, 또한, 상가지는 이와 반대로 외진 곳에서는 상가형성이 이루어질 수 없을 것이다.

인구가 밀집될수록 활동반경은 고지대로 올라가게 되고 인구가 적을수록 물 가까이로 내려오게 된다.

땅이 높으면 경사의 함수를 가지게 되고 낮으면 완만한 함수를 가지게 된다. 땅이 높으면서 완만하면 산중국세를 이루게 되고 낮으면서 경사지면 정지작업에 의해 새로운 양상의 평탄지로 만들어진다. 그러므로 산중국세나 강변늪지도 경우에 따라서 일터나 집터로 요긴할 수도 있다. 이런 곳에서 기파의 응용과 아울러 분금비 적용의 구조공간은 매우 중요하다할 것이다.

사람의 생활은 일하는 일터와 잠자는 집터로 나누어진다. 일터로는 빌딩사무실 상가점포 공장 농장 이외에 모이는 장소로 학교 독서실 도서관 교회당 관공서 회관 등 다양한 유형이며 호텔 여관 등도 이에 속한다.

대다수 낮에 여러 사람이 모여서 활동하고 저녁에는 잠자는 집으로 돌아가게 되는 것이다. 집에는 단독주택 아파트 연립 원룸 고시원 등이 있으며 주거 공용되는 오피스텔도 있다.

5) 양택 어의(語義)

양택의 특징들을 자의적(字義的) 해석으로 찾아본다.

- 혈(穴) : 고대인들의 생활은 굴을 파서 생활을 했다 한다. 즉 혈에서 살았다.
- 가(家) : 살아가는 집이다. 주택으로 아내와 남편이 있고 가주가 있으며 가계를 꾸려간다.[가정] 가문과 문벌을 이룬다.[가문] 전문적인 부분에 수장이 되기도 한다.[대가 소가 도가 문학가 등]

1-5도 기본 가택

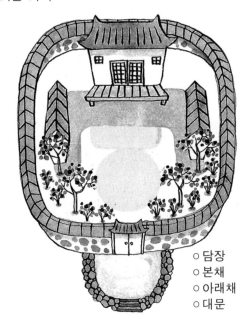

○ 담장
○ 본채
○ 아래채
○ 대문

- 택(宅) : 삶을 의탁하여 거처하는 위치이다.[양택 음택 가택]
- 호(戶) : 문을 가리키는 말로 방이 2개 이상 있는 집이다. [문호 창호]
- 옥(屋) : 지붕이 있는 집을 가리키는 말로 휴식하며 살아간다는 뜻을 가진다.[옥상 옥호]
- 실(室) : 방을 2개 이상 가지고 있을 때, 모든 방을 실이라 부른다.[내실 외실 1호실 2호실]
- 방(房) : 실에서의 하나의 칸을 방이라 한다.[안방 작은 방]
- 사(舍) : 휴식할 수 있는 곳으로 거주도 할 수 있는 곳이다. [관사]
- 관(館) : 객사의 뜻으로 숙박하며 머무는 곳. 사저 저택 공관 관사의 뜻을 가진다.[舘, 館俗字]
- 당(堂) : 마당을 갖추고 있는 높은 마루. 마루에서 마당을 내려다 볼 수 있는 곳. 침실. 정침.[내당]
- 전(殿) : 아주 높고 큰 당. 대당.[궁전 전각]
- 궁(宮) : 실을 말하는 것으로 존귀한 사람이 거처하는 곳을 칭한다.[궁전] 왕의 6궁을 이르는 말로 후궁을 칭하기도 한다.
- 각(閣) : 원래의 뜻은 사립문이 닫히는 곳을 이른다. 뜨락의 계층이 있는 누를 누각이라 하며 궁궐을 이르기도 한다.[궁각 각하]
- 헌(軒) : 집의 모퉁이 끝 부분을 이르는 말로 난간의

판을 이룬 집이다.

• 정(亭) : 머무르는 뜻으로 나그네가 쉬는 곳이다.

• 제(齊) : 제비가 사는 집을 말하여 제라 하며 자연과 어울림을 덧 붙여 제라 한다.

• 누(樓) : 대와 비슷한 말로 사방이 높은 곳을 대라고 하며 좁고 굽이쳐진 곳에 날아갈 듯한 모양의 집을 누라 한다. 다락 형태의 2층을 이른다.

• 대(臺) : 사방이 높아서 바라볼 수 있는 곳이며 위치를 높이 쌓아올려 놓은 곳.

1-6도 당호

집을 부르는 말로 어의(語義)가 곡해되어 옳지 못하게
부르는 경우도 종종 있으며 요사이는 외래어 영향으로
아파트 원룸 연립 다가구 단독 오피스텔 등 다양한 이름
들이 생겨나고 있다.

6) 입지 조건

양택의 입지적 조건으로
• 배산임수를 갖춘 곳.
• 수구를 잘 형성시킨 곳.
• 청룡이나 또는 백호를 잘 갖추어 의지할 수 있는
  곳.
• 안산이 잘 갖추어진 곳.
• 주산이 돌아 삼태기형을 만든 곳.
• 토양이 좋은 곳.
• 배수와 채광이 좋은 곳.
• 산지의 3부 능선 아래로 위치한 곳.
• 수세가 좋은 곳.
• 도로가 좋은 곳.

7) 금기(禁忌) 조건

양택의 금기조건[일반적 주거의 대상]

- 앞이 높고 뒤가 낮은 곳.[前高後低]
- 뒷면에 강이 흐르는 곳.[後面江水]
- 음산해 보이는 곳.[北方向宅]
- 멀리 넘겨 보이는 물이나 도로가 있는 곳.
- 도로가 막다르게 정면으로 나 있는 곳.
- 산의 끝머리에 얹혀 있거나 내려 박힌 곳.
- 물길이 정면으로 나가는 곳.
- 습한 땅.
- 퇴적토로 채워 올린 땅.
- 집 앞뒤로 큰길이 있는 땅.
- 집 뒤로 길이 나 있는 땅.
- 길이 땅 대지 옆으로 비스듬히 나가는 곳.
- 암반지대.
- 돌출된 땅.
- 구릉지대.
- 높은 산 바로 밑.
- 악석 아래.
- 양쪽 산이 달리는 사이.
- 산의 세가 압도하는 땅.
- 고압선 고가도 등이 지나는 곳.
- 모래 자갈 암석이 깔린 곳.
- 잡초와 잡목이 우거진 곳.
- 외딴 산 중.

이외에 黃帝宅經에서 논하는 양택의 五實五虛를 보자.

오실(五實)
- 첫째, 작은 집에 많은 식구[一實 宅小人多].
- 둘째, 큰 집에 작은 문[二實 宅大門小].
- 셋째, 완전한 담장[三實 牆院完全].
- 넷째, 작은 집에 많은 가축[四實 宅小六畜多].
- 다섯째, 동남으로 흐르는 물도랑[五實 宅水溝東南流].

오허(五虛)
- 첫째, 큰집에 적은 식구[一虛 宅大人小].
- 둘째, 큰문에 작은 내부[二虛 門大內小].
- 셋째, 불완전한 담장[三虛 牆院不完].
- 넷째, 제자리가 아닌 샘과 부엌[四虛 井竈不處].
- 다섯째, 넓은 터에 집보다 큰 정원[五虛 宅地多屋小庭院廣].

8) 배산임수(背山臨水)

산의 능선은 강물에 이르기까지 위치마다 갖가지로 다른 양상의 형태를 만들어낸다. 능선이 능선으로 갈라지고 능선의 폭이 넓어지는가 하면 경사가 완만하여지기도 하며 좌우로 돌기도 한다. 그러다가 전면에 내나 강물을 만나면 능선으로서의 소임을 다하게 된다.

1-7도 배산임수(背山臨水)

이러한 능선을 등에 받치고[배산] 앞으로는 내나 강물을[임수] 바라볼 수 있는 완만한 곳을 배산임수지역이라 한다. 크게 말하자면, 땅의 지표는 2/3가 물에 잠기고 1/3이 육지인데 육지에서 차지하는 내나 강물의 높이가 다양하고 또한 육지의 경사가 다양하다. 육지의 완만한 경사가 흐름이 완만한 내나 강물과의 대각선상을 이루게 되면, 육지의 완만한 땅은 뒤편으로는 능선의 연장선이 되고 앞으로는 내나 강물을 바라보게 되니 곧 배산임수이다. 이러한 배산임수는 풍수학에서 용(龍)과 입수(入首) 입혈(入穴), 국세(局勢), 형세(形勢)라는 용어로 다양하게 전개된다. 즉 배산임수에서 명당이란, 그 위치와 주위와의 관계설정에 있어 풍수의 이치가 총동원되는 것이다.

배산의 경사와 들판의 크기와 강물의 흐름방향이 적당히 발달하여 조화를 이루면 도회의 상권이 이루어지는 상가, 사무실 등 낮에는 모이고 밤에는 흩어지는 낮의 활동무대가 될 것이고, 큰 강물이 큰 들판을 이루고 그곳에 능선이 와 닿지 못하면 임수는 있어도 배산이 없어 농경지로 발달할 것이며, 배산이 닿은 곳에 낭떠러지를 이루고 그 아래 임수가 돌면 경치나 보아줄 정자나 누각이 알맞을 것이다. 배산이 강물과의 사이 평지가 부족하여 배산의 완만한 경사로 치우치면 주택지로서 밤이 되면 직장에서 돌아오는 배드타운이 될 것이다. 이런 곳은 땅의 역량이 단독주택으로서 역량이 적당한가하면, 대단지 주택지를 이룰 수 있는 곳도 있다.

단지, 무분별하게 대단지 아파트를 만드는 것은 위험한 일일 수도 있다. 자연이 있는 상태를 적당히 잘 이용하면 동산도 얻고 택지도 얻을 텐데, 산 하나쯤은 장비에 의해 완전히 사라져 버리기가 일쑤이다. 사라져 버린 산 바닥에 주거지가 지어지고 거기에 또 아무렇지도 않은 듯 사람이 살면 땅의 입장에서 보아도 아무렇지도 않을 수 있을 것인가. 땅이 아무렇지도 않을 수 없다면 거기에 사는 사람도 아무렇지도 않을 수만은 없을 것이다.

9) 혈(穴)과 적중(的中)

좋은 땅이란, 가까운 물과 산을 먼저 봐야 하고 차츰 밖으로 멀리까지 찾아야 한다. 작은 개울 하나가 강물을 이루고 작은 혈맥 하나가 결국은 큰 산에 닿는다. 개울 이 강물에 이르는 득수를 얻고 혈맥이 큰 산에 이르는 주산을 원만히 이룬다면 그 곳에는 곧 명당대혈(明堂大 穴)이 있을 것이다. 그러나 큰 산이 큰 강물에 이르기까 지 수 십리, 수 백 리의 산과 강을 얻어낼 대명당이란 몇을 헤아리는 숫자에 불과할 것이다. 그런가하면, 대혈 이 큰산과 큰 강을 이루기까지의 지세가 온전히 모여지 는 것이 순서대로만 이루어지는 것이 아니라, 수 없는 예외의 변화를 일으키므로 이를 식별하기조차도 쉽지 않 은 것이다.

대다수 사람들은 여기 대혈(大穴)이 있다고 한다면 갑 자기 탐심을 일으키기 쉽다. 대혈에 탐심이 작동하여 올 곧은 풍수의 감응을 얻어낸 경우는 미미하다. 그것은 작 은 간격 차이에서도 대혈은 비켜지기 때문이다. 혈이란 적중(的中)시키는 일이 중요하다. 대혈도 적중시키지 못 하면 소혈의 적중만 못하다. 침구사가 침끝의 미세한 감 지를 얻어내지 못한다면 침은 살만 아프게 했을 뿐이다. 지혈(地穴)은 어디든 위치마다 존재한다. 그러므로 소혈 에서도 가장 중요한 혈맥의 운(暈)을 긋고 거기에서 정중(正中)을 찾아 얻어내는 것이 중요하다.

흔히들 "명당은 만들어진다"라고 말한다. 그래서 음택일 경우 청룡백호를 만드는가 하면 콘크리트나 석축으로 명당을 넓히기도 한다. 납골당의 경우 석재를 이용하여 갖가지 모양과 갖은 형태를 이루어낸다. 양택도 마찬가지이다. 아무 곳에 짓던지 간에 고급자재와 갖가지 모양만 내면 인치명당(人治明堂)이라고 말하며 미술건축 또는 예술건축이라고도 한다. 그러나 그것의 존재하는 위치가 혈의 어느 위치라는 것은 무감각하기 쉽다. 공간형성이 혈에 적중했을 때, 혈과 공간의 조화가 이루어지게 된다. 지나치게 대혈만 찾는다거나 지나치게 화려하게

1-8도 혈 적중

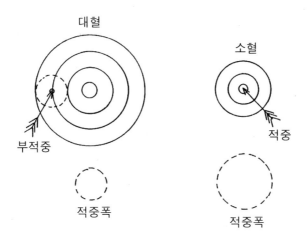

꾸미려는 노력보다 위치해 있는 곳의 혈 지기를 적중시
키고 적중된 지상공간을 형성시킨다면 명혈명당은 이루
어지는 것이다.

땅이 소혈이라도 거기에서 적중을 얻고 또한 공간혈
기파를 잘 이루게 되면 대혈에서 공간혈 기파를 비켜난
것보다 나을 수도 있다.

10) 명당신비(明堂神秘)

명당이 아무리 기운이 좋다 해도 구조물 없이는 겨울
추위를 이겨낼 수 없다. 사람이 기거하는 데는 바람과
추위를 막을 수 있는 벽과 천정의 구조물이 필요하다.
그리고 인공적 냉난방도 필수적이다. 인위적으로 생활에
필요하게 자연을 변화시키므로 자연에 대한 체질적 저항
력 없이도 추위와 더위를 편안히 넘길 수 있다. 인간은
이러한 인공적 기술에 안주하다보니 자연에 적응이라던
가 또는, 자연의 기운이라던가 하는데 대해서 무감각해
져가고 있는 것이다. 즉 구조물의 완벽함에 취해 명당이
가지는 신령스러운 기운에 대해서는 전혀 감지능력을 잃
어버리게 되는 것이다.

인공적으로 아무리 호화로운 집이라 해도, 그 집에 기
거하는 자가 불치병 내지 돌발적인 사고를 당한다면 인
위적 구조물은 아무런 도움도 되지 못할 수 있다. 명당

이란, 바로 땅의 신령스런 기운이 긴 시간대 위에서 삶의 행복을 길게 유지, 생산시켜 준다는 것이다. 이는 대중적 논리의 단계로 설명되어질 그 밖의 성질인 것이다. 이를 말하여 명당은 신비스러운 힘을 발(發)한다고 한다. 신비(神秘)란 논리대상의 밖에 존재하는 것이다.

그래서 풍수란, 형상적인 문제, 음양오행에 대입한 학문적 문제, 그리고 이를 벗어난 기파적 문제, 또한 신령스런 신비적 문제 등을 통 털어 안고 있으며 이를 닦아감에 학문의 법칙성을 익혀 눈을 뜬 법안이 있는가하면, 신령스런 신비의 세계를 수행의 덕목으로 연마하여 눈을 연 도안도 있는 것이다.

5. 분금비(分金比)

1) 적정공간

만물은 존재할 수 있는 적당한 공간을 필요로 한다. 특히나 사람은 모이고 흩어짐이 가장 많으며 또한, 인위의 구조적 공간을 이용하기 때문에 수용의 한계와 적정수를 가지게 되며, 그것은 주거에서도 적정한 넓이를 가지게 된다. 대개 경제적 여유가 있는 사람일수록 넓고 크게만 하면 제일인양 하는 사람도 있는가하면 어떤 이는 좁은 공간에서도 오밀조밀히 살림을 꾸미는 이도 있다.

"택경(宅經)"에서는 넓고 큰 집에 사람 수가 적으면 허한 집이라고 했는데, 가족 수는 적은데 집만을 넓고 크게 함을 말하는 것이다.

공간이란, 자연공간이나 구조공간이나 그 공간을 형성한 구조에 따라 여러 가지의 자체기운을 형성한다. 즉 조응관계에서 빚어지는 기운이다. 조응(照應)하는 기운은 다양한 물질마다 다양하게 조응되며 서로 교차하면서 상응(相應)하게 된다.

사람은 사람의 특수한 기운을 발산하며 그것이 공간에

서 여러 공간기운과 교차하게 되고 상응한다. 이 때에 사람의 적정 공간을 넘어서 공간이 너무 넓거나 크면 사람의 기운은 압도되고 만다. 넓은 공간일수록 음파를 먹고 뱉어내는 울림소리와 한 눈에 채 분별이 어려워 두리번거려야 하는, 소화되지 않는 시각적 미지(未知)에서 오는 불안요소가 생겨지게 마련이다. 산중에서 혼자일 때, 앞뒤로 두리번거리는 불안 요소나 큰 집에 혼자일 때, 어느 귀퉁이에서 뭔가 나올 것 같은 요소는 결국 사람의 기운이 공간기운에 압도되고 있다는 증거이다. 잠은 매일같이 자야하고, 적당히 자야하고, 잠자는 동안은 한 곳에 집중되어 있게 마련이다. 또한 활동도 마찬가지이다. 잠자는 적당한 크기와 활동의 적당한 넓이가 형성될 때 상응하는 기운도 조화를 이룰 수 있게 되는 것이다.

2) 분금비(分金比)

양택의 적정공간은 천정을 가지게 된다. 천정을 가지는 공간은 그 넓이에 있어 바닥과 천정과 벽으로 이루어진다. 이것들은 하나의 판이 될 수 있고 판에서는 반사되는 분출기(分出氣)가 집약되는 지점을 가지게 된다. 즉 공간은 바닥판, 천정판과 그리고 벽판, 하여 3요소로 이루어지지만 그 모양에 있어 원형판은 특별한 경우에 한하고 대다수 사각판이다. 4각판이라면 모두 6개의 4각판이라야 네모진 하나의 공간이 형성된다. 여기에서 바닥의 사각판과 천정, 벽은 크기에 있어 비례하게 되고 그 크기가 적당한 것이 적정공간이다. 이 공간은 공간으로서 판의 가로세로의 적정비가 형성될 수 있고 사람을 기준으로 사람과의 공간 적정비가 형성될 수 있는 것이다. 이것을 본서에서는 **분금비(分金比)**라 하며 좀 생소하지만 사물의 본질을 이것에 대입시켜 규명해 보고자 한다. 이는 공간의 공식이며 본서에서는 법칙이기도 하다. 이를 다양한 척도로 대입하여 응용해 보기로 한다.

사람이 잘 만드는 공간이란, 생활의 편리와 더불어 생기로운 기운이 채워져야 거기서 살아가는 사람들이 자자손손(子子孫孫) 안녕을 누리고 번창하게 되는 땅명당 집명당일 것이다.

6. 삼요택(三要宅)

1) 음양오행(陰陽五行) 통변(通變)

풍수에는 음양오행설을 빌어 기운의 특수성을 분별한다. 음양오행설은 우주본연의 질서인 자연에서 태어나고 자연을 가장 조리 질서있게 설명할 수 있는 형이상적 학설이다. 풍수는 자연을 규명하려는 학문인 만큼 음양오행설 자체가 곧 풍수인 셈이다.

풍수학인들 마다 풍수의 학문은 너무 어렵다고 한다. 그것은 곧 음양오행설이 어렵기 때문이기도 하다. 음양오행설은 간단히 보아 금시 정복할 대상인 듯하나 막상 공부를 하다보면 점점 미궁에 빠져 방향설정을 잃어버리기 일쑤이다. 그런가 하면, 음양오행설 자체로서 논단통변이 아닌 실제 자연 내지는 인위구조에서 음양오행 논리의 분변으로 인한 통변이 이루어져야 하므로 더더욱 어려워지는 것이다.

음양오행설은 매우 다양하게 발전되어 왔고 지금도 그 뿌리들을 다양하게 안고 있다. 그것은 민중에게 매우 깊게 인식되어 있기 때문이기도 하다.

음양오행설의 다양한 부분들을 풍수에서는 거의 모두

를 수용하고 있다. 그것은 음양오행설 자체가 곧 자연이
요 곧 풍수이기 때문일 것이다.

즉, 풍수에서는 명리학 구성학 기문학 역경 등 역학의
전반을 대입시켰으며 척척 그 궤도가 합당하며, 동양고
전들이 자연을 바탕으로 노래한 부분들은 곧 풍수적 재
해석이 필요한 부분이기도 하며 풍수의 고전들에서 부분
적으로 인용하기도 하였다.

음양오행설이 전혀 문제 없는 대중학으로 완전하다고
하기에는 문제가 있을 수 있다. 풍수를 음양오행설로 논
리체계를 세운 것도 전혀 문제가 없는 것은 아니다.

음양오행설은 그 논리자체가 정확한 수치의 연장선에
서 덧셈과 뺄셈으로 해답이 이루어지는 것이 아니다. 서
로가 존재한 만큼의 가정적(假定的) 산출량으로 상관관
계의 기준점을 찾아내는데 일대일(一對一)의 상대가 아
닌 다자집합(多者集合)에서 일정위치가 아닌, 빈번한 내
왕(來往)에서 이루어져야 하므로 이를 판단하는 것이 곧
통변(通變)인 것이다. 통변이란, 신출귀몰하는 변화를 관
통하여 볼 수 있어야 하는 것이다. 그러므로 형이상(形
而上)의 통변이며, 곧 형이상학(形而上學)인 것이다. 이
것의 최고 경지는 만물의 질서이며 곧 자연의 도(道)이
다. 이를 열면 곧 도를 여는 것이며 자연의 섭리를 깨치
는 것이 된다할 것이다. 그러나 "상지(上智)를 가진 자라
야 갈 수 있는 경지요,(道眼) 보통의 재사라면 학문을 닦

고 익히는 수준이 될 것(學眼)"이라고 고인들이 말했다.

2) 삼요설(三要說)

누구나 배우고 익히면 곧 설명할 수 있는 풍수양택의
법칙 중 三要法이 있다. 이의 응용은 매우 쉬워서 곧 익
혀지지만 이것의 최고 경지는 또한 쉽지 않다. 즉 누구
나 익히면 삼요의 통변을 할 수 있지만 통변의 수준차이
는 다양할 수 있다.

음양학의 학문은 모순된 점이 많음을 인정할 수밖에
없기도 하다. 그것은 음양학의 논리를 빌어 자연 내지는
명(命)의 화복태동을 논단(論斷)하는 데 있어, 학리의 질
서는 부정할 수 없을 만큼 논리적이라 하지만, 때로는
그 해답에 있어서는 결과가 달라지는 경우가 허다하기
때문이다. 풍수에서의 음양학리 인용도 마찬가지이다. 학
리와 자연이 불합치되는 결과가 발생하고 모순을 초래하
는 예가 땅의 위치마다 발생할 수 있기 때문이다. 그것
은 우주 근원의 이치에서 생극의 다단한 변화를 거치는
학리(學理)와 시공(時空)에서의 다변화해진 기원(氣元)이
불합치되는 예이기도 하다.

삼요설은 다양한 공간의 연결과 거기에서 이루어지는
출입에 의한 논단이므로 실용성이 인정되고 또한, 어느
위치의 구조물이라도 이의 통변은 척척 이루어질 수 있

다는 것이다. 전통 삼요설에 구궁과 연관된 다양성을 구
사하여 삼요편[하]의 장에서 이의 다양성을 밝혀 보고자
한다.

3) 응용(應用)

풍수는 교육과 연수를 바탕으로 한 응용이 필요하다할
것이다. 풍수는 제도권의 미비함으로 자학이나 또는 인
연된 한 두 사람의 영향권 아래에서 익히는 게 사실이
다. 그런가 하면, 교육을 많이 받았을지라도 실제로 자연
이든, 인위의 구조이든, 그것에 대한 풍수적 평가를 해
보지 않는다면 교육은 사장되고 말 것이다.

여러 가지의 건물 형태, 땅과의 관계에서 빚어지는 다
양한 풍수의 변화를 학문적 체계로 교육하고 또한 기술
한다면 실제에 있어 훨씬 다가서기 쉬워질 것이다.

그러기 위해서는 접목 가능한 물리 지구과학의 체계를
빌어 기초를 얻고 측량 제도 설계의 기법을 빌어 다양한
풍수도를 실현해야할 것이다.

거기에서 풍수의 본질적 이론이 주어지고 그로써 인간
이 잘 살기 위해 얻어지는 보편다수의 실용풍수가 이뤄
진다면 제도적 풍수교육으로 생활전반에 걸친 풍수의 응
용은 넓어질 것이다.

응용편[하]에서 공장 사무실 아파트 단독 등 유형별로

가정적 예제를 들어 설명하여 보기로 한다. 학문이란 부
정할 수 없는 가정에서 출발한다.

제2장 풍리풍수(風理風水)

1. 개설(槪說)

바람은 풍(風)이요 물은 수(水)이며 능선은 지(地,땅)이다. 이것이 풍수지(風水地)의 리(理)치(致)이니 곧 풍수지의 본질성을 다루는 학문으로 풍수지리(風水地理)이다.

바람은 기압의 차이에서 생겨지는 기의 이동이다. 기압은 땅의 굴곡과 지축의 기울기와 남·북극과 적도의 온도 차이에서 빚어지는 자연의 산물이다.

지구의 양면 소재를 보자면 물과 땅이다. 땅의 굴곡으로 낮은 곳은 물이요 높은 곳은 산이다. 물과 땅은 존재하는 위치의 공간에서 스스로의 온도를 가지게 되고 이를 전달하는 매체는 공간의 기인 공기이다. 공기는 위치에 따라 온도에 의한 밀도를 가지게 되니 곧 기압의 차이로 나타난다. 이러한 차이는 동화(同和)하여 같아질 때까지 밀고 밀리는 역학적 관계를 가진다. 이것이 기의 이동으로 열역학의 법칙이기도 하다.

땅은 이러한 요인을 만들 수밖에 없다. 지구는 거대한 몸통을 하루에 한 바퀴씩 굴리는 자전속도에 의해 기의 위치는 이동하게 되고 적도의 위치와 남,북극의 위치는 항상 온도차에 의한 기압의 차이를 형성하게 되며 땅과 물의 위치 차이에서도 마찬가지이다.

땅과 물은 크게는 바다와 육지가 되고 강과 산으로 이어져 작게는 계곡과 산마루가 되고 여기에서 땅과 물은 온도의 차이로 인한 기압의 고저를 만들게 된다. 지축의 기울기로(23.5°) 계절에 따른 기압의 차이가 있고 또한 밤낮의 차이에서도 기압은 차이가 난다.

2-1도 대기(大氣)

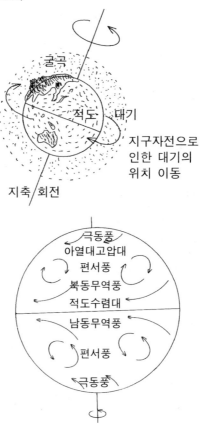

2. 대기 용어

참고로 지구과학의 대기에 관한 용어를 알아본다.

- 균질대기 : 대기의 운동에 의한 공기의 혼합이 잘 되어 그 조성비율이 거의 변치 않는 대기로 지상 100km이하의 하층대기이다.
- 건조공기 : 수증기를 제거한 공기.
- 습윤공기 : 수증기를 포함한 공기.
- 대류권 : 지표에서 높이 10km정도까지의 권역.
- 성층권 : 지표에서 10-50km정도까지의 권역.
- 중간권 : 지표에서 50-80km정도까지의 권역.
- 열권 : 지표에서 90km이상.
- 생물권 : 동식물 생활권.
- 경계층 : 1000m이하로 바람의 마찰과 난류가 있다.
- 오존층 : 산소의 동소체로서 지상 20-25km 범위의 상공에 있는 층. 인체나 생물에 해로운 자외선을 잘 흡수함.
- 기압 : 대기의 무게에 의한 압력. 단위면적을 수직으로 누르는 공기의 무게.
- 등압선 : 기압이 같은 지점을 연결한 선.

- 바람 : 기압이 다른 두 지점 사이에서의 공기의 수평적인 이동. 기압의 차이 때문에 바람은 생기고 고기압에서 저기압으로 분다. 공기의 지표면에 대한 상대운동.
- 기류 : 수직방향으로 흐르는 공기.
- 난류 : 속도나 흐름이 불규칙한 공기의 상태. 지표의 굴곡과 온도에 의해 생기는 불규칙한 공기의 흐름 [지표로부터 1km정도의 상공].
- 서풍 : 서쪽에서 부는 바람으로 지구의 자전속도 보다 공기가 동(東)으로 더 빠르게 이동하는 현상.
- 동풍 : 동쪽에서 부는 바람으로 지구의 자전속도 보다 공기가 동쪽으로 더 천천히 이동하는 현상.
- 전향력 : 지구의 자전과 중력에 의한 가상적인 물체의 낙하지점 차이.
- 지상풍 : 지표의 굴곡에 의해 마찰되는 바람. 마찰력은 바람의 반대방향으로 작용. 공기의 운동을 방해함.
- 마찰층 : 지표면이 마찰을 일으키는 층. 경계층.
- 편동풍 : 적도 쪽으로 흐르는 공기가 지구자전에 의해 동에서 부는 바람.
- 편서풍 : 남,북극으로 부는 바람으로 서(西)에서 부는 바람.
- 계절풍 : 1년을 주기로 계절에 따라 일정한 지역에

일정한 방향으로 불어오는 바람. 여름에는 해풍이 불고 겨울에는 육풍이 분다.

- 해풍 : 바다에서 육지로 부는 바람.[낮에는 해풍이 불고]
- 육풍 : 육지에서 바다로 부는 바람.[밤에는 육풍이 분다]
- 골바람 : 낮에 부는 바람으로 아래에서 산위로 부는 바람.[활승]
- 산바람 : 밤에 부는 바람으로 위에서 산 아래로 부는 바람.[활강] [중력풍 배수풍 산풍]
- 높새바람[푄풍] : 산맥의 아래쪽으로 불어 내리는 고온 건조한 바람. 태백산맥 서쪽내륙에서 부는 바람.

2-2도 높새바람

온난습윤한
공기

푄현상

바다

3. 바람길

━ ━ ━ ━ ━ ━ ━ ━ ━ ━ ━ ━ ━ ━

온도의 차이는 공기에 있어 곧 기압의 차이로 이어진
다. 온도는 수평적 차이보다 수직적 차이가 심하고 수직
적 공기의 흐름이 수평적 기압의 차이로 이동한다.

적도에서 부는 편동풍은 북위 38°선에 위치한 우리나
라에 휘어져 편서풍을 불게 하고, 계절풍은 여름에 남서
풍을, 겨울은 북서풍을 불게 한다.

특히 우리나라는 땅의 굴곡변화가 심하여 지상풍에 대
한 마찰층이 다채롭다. 바람에 마찰층은 곧 다양한 산맥
들이 되고 산맥이 다양할수록 바람은 마찰이 다양해지며
진로가 억제되어 감돌아 그치게 된다. 즉, 땅의 굴곡에
바람이 오면 땅의 굴곡은 바람을 수용해 소화하게 된다.
결국 땅의 국세(局勢)는 바람을 감추게 되는 것이니 땅
의 굴곡은 새로운 바람을 계속 먹어치우곤 하게 된다.
그래서 계속 신선한 공기를 유지하니 이것이 곧 장풍(藏
風)이다. 여기에 물길을 만나면 바람이 들어올 수 있는
길을 터주는 것이니 곧 득수(得水)이다. 득수는 바람을
불러오고 산맥은 바람을 소화한다.[장풍]

마찰층에 의한 바람은 그 속도가 심한 곳에서는 항상
심하고 고요한 곳에서는 언제나 고요하다. 그것은 신기

할 정도로 몇 m 차이에서도 현저히 생겨진다.

바람이 센 곳은 바람을 빨아들이는 곳이 있기 때문이다. 예로 우유팩에 빨대를 꽂고 입으로 빨아보자. 빨대의 우유속도는 무척 빠르고 입안에서는 모이게 되어 속도가 멈춘다. 빨대의 구멍이 좁고 길듯이 바람도 좁고 긴 공간에서는 그 속도가 빨라지고 그곳을 벗어나면 넓은 공간이 있을 것이고 그 곳에서는 그치게 될 것이다. 빠른 곳은 대체로 산모퉁이가 되고 모퉁이를 벗어나면 동리가 나오게 된다. 모퉁이에 바람이 센 까닭은 동리의 넓은 공간인 판세에서 바람을 빨아들이기 때문이다. 모퉁이는 바람길이[風口風路] 되고 동리는 장풍처이다.

바람의 수치화에 있어서는 현대지구과학에서 자세히 설명할 수 있다. 그러나 바람과 물 그리고 땅의 지기가 혼합되어서 이루어지는 수치화 될 수 없는 신비를 푸는 것이 풍수지리학이다.

풍수학에 있어 바람길은 길흉의 길과 연장선상의 맥락으로 운동되어지는 길이다. 다시 말해, 길흉의 길은 바람길과 연유되어진 길로서 상호상관관계에서 그 맥락이 주어진다는 것이다. 그러므로 바람길에서 분석되어지는 바람의 운동을 본성과 더불어 수치 분석해야 함은 매우 중요하지만 그것으로 길흉의 수치까지는 이루어지지 않는다. 풍수에서 논하는 바람은 바람의 입[藏口 風口 破口]과 바람길[風路 風吹]에 의한 바람의 갈무리[藏風]에서 얻어지는 길흉과 연관됨을 아우러는 것이다.

2-3도 바람길

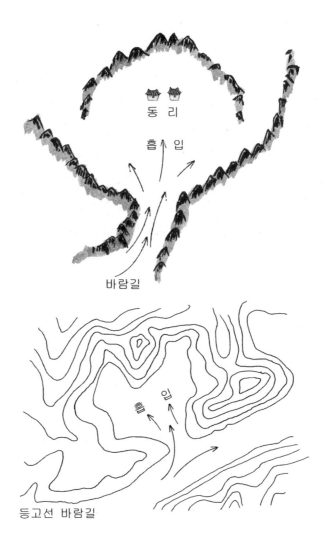

바람길

등고선 바람길

4. 바람의 혜택과 피해

공기는 곧 대기요 대기가 있는 한 바람은 존재할 것이고 바람은 대기인 공기가 순환하여 섞여지는(和合) 것이다. 세상의 가장 위대함은 상대자와 섞여지는 내왕의 질서일 게다. 그것은 아마도 음이 양과, 양이 음과 섞여지는 것이니 하늘이 땅을 만나고, 남자와 여자가, 크고 작음이, 앞과 뒤, 좌와 우, 모든 상대성을 가진 것은 그 상대가 있으므로 내왕의 질서가 존재하는 것이기도 하다. 또한, 상대성을 가진 상대와 동화한다 해도 독자적 형상은 유지할 수밖에 없다. 남자에게 여자가 상대성이라면, 남자와 여자가 섞여도[화합] 본래 자신의 형상은 그대로 가지고 있을 수밖에 없다.

그러나 바람은 고기압과 저기압이 상대성을 가진다면 섞여져 고저가 없어진다. 즉, 무형인 기의 세계이기 때문이다. 이러한 기압의 왕래는 한 곳에 침체해 있던 기의 소재 편중까지도 해소하게 해 준다. 탁한 공기와 생명들이 토해낸 오염된 공기들을 모두 청소하여 신선하게 교체해 준다.

2-4도 해풍 육풍

육풍

해풍

　이러한 주역인 바람은 크게는 적도풍과 극[남북]풍이
되어 언제나 온 지구를 횡행하고 계절풍인 태풍은 바다
로부터 육지를 말끔히 청소한다. 밤과 낮의 일교차로 강
바람과 산바람이 왕래하여 산하를 청소하고 창문을 열면
실내 탁한 공기를 청소하여 환기한다.

　지구에 생명이 존재한다는 것은 아마도 공기 흐름의
위대함 때문일 것이다. 그것은 지구라는 땅이 만들어낸
가장 큰 산물일 것이요 모든 생명은 이것의 혜택으로 존
재하여지는 것이다. 이러한 위대함 앞에 인간은 인간의
재주로 그것을 수치화하고 정복하여 오염시키기에 앞서
그것의 본성에서 인간이 본받아야 할 인성(人性)을 일깨
우고 삶의 철학을 배워가야 할 것이다. 삼국지에서 제갈
공명이 예견한 동남풍은 수치화 분석만은 아닐 것이다.
그것은 제단을 쌓고 경건한 마음에서 얻어지는 정성의

결과였을지도 모른다. 재난의 돌발적 사태에는 편리한 수치도 무능해지는 수가 허다하다. 수치란 수치의 예외에서는 무능해지는 법이다.

수치과학이 10에 9라면 예외의 하나는 수치 밖에서 구할 수도 있는 것이다. 계획을 세우는 일은 몇 일 뒤의 일만을 세우는 것은 아니다. 몇 달 또는 몇 년 뒤의 일정까지도 계획을 세워야할 필요성도 있을 수 있다. 그럴 때는 정성이 더욱 중요할 수도 있는 것이다. 인간은 자연에 경외심을 갖고 수치화와 더불어 교훈을 얻어가야 할 것이다.

이 땅은 자전을 하면서도 태양을 바라보고 돈다. 그로 인해 탄생하는 바람으로 땅에 붙어사는 뭇 생명들의 폐장에 신선한 공기를 넣어주고 잎파랑치에 엽록소를 만들어 준다. 그렇게 자신을 굴려서 이 땅에 한서(寒暑)를 만들고 바람을 만들어 공기를 순화하여 살게 했더니 그것을 오염시키고 도전만 한다면 그것으로 이 땅을 지배하고 바람을 통치하여 영원한 인간낙원으로 만들어갈 수 있을 것인가. 풍수지리는 하늘에 대한 천례(天禮), 땅에 대한 지례(地禮), 인간에 대한 인례(人禮)와 더불어 물에 대한, 바람에 대한 경외심으로 먼 미래에 도전하는 신령스런 학문이다.

바람은 이 땅이 호흡하는 숨이다.[大塊噫氣] 한서(寒暑)를 바람으로 씻어주고 굴곡을 바람으로 순화시킨다. 분지가 바람을 들이키고 호수가 바람을 토해내고 강물이 바람을 기꺼이 실어다 준다.

사람의 호흡이 고르면 건강하다. 그러나 호흡이 가빠지거나 거칠어지면 건강에 위험이 생긴다. 그런가하면, 신체의 기가 변화하는 리듬에는[감기] 기침이나 재채기를 한다.

땅도 숨을 쉰다면 어이 사람과 다를까. 바람[호흡]이 고요하면 좋은 날이지만 삼한사온의 한서가 교차하여 호흡이 거칠어지고 계절이 변화하는 리듬에는 재채기인들 없을까보냐. 땅의 재채기에 나무가 뿌리 채 넘어지고 가지가 찢어지고 지붕이 날아가고 해일이 일고.... 인간은 땅의 재앙, 바람의 재앙 앞에 망연자실할 수밖에...

이 땅에 존재하는 공기의 순화를 위해 이 땅의 생리일진대 이를 어찌하랴, 이것이 없다면 이 땅은 죽은 땅이 되고 말지니...

5. 바람의 행사

이 세상 모든 것은 양면성을 갖는다. 모든 형상은 표리가 있고 상하좌우가 있으므로 상대 대칭이 되고 이는 곧 양면이 되는 것이다.

태풍이 지나간 뒷날 얼마나 신선한 공기를 접하고 비온 뒷날 얼마나 맑은 시야를 경험하는가. 태풍의 뒷날 신선한 공기는 저 먼 곳 어느 바다 위에서 태풍이 수입

2-5도 태풍

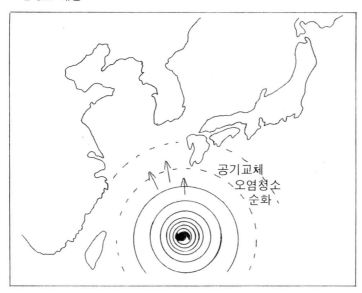

공기교체
오염청소
순화

한 선물이리라. 아마도 태풍 하나에 실려 오는 공기를 질량적으로 값을 환산한다면 얼마나 될까. 비온 뒷날 청정한 시야는 산천공간 청소비용을 용역으로 따지면 얼마를 내야할까. 아마도 인간은 자연에 대해 영원한 빚쟁이가 되고 말 것이다.

인간이 땅을 가려 사는 것은 재앙으로부터 피해 살자는 것이다. 인간의 힘으로 지불할 수 없을 만큼의 갖가지 필수행사를 하는 자연은 주기적으로 행사를 이루어낸다. 이 땅에 바람의 행사도 마찬가지이다. 연중, 월중, 일중, 시중으로 주기적으로 이루어지며 위치마다 같은 궤도를 이룬다. 이 궤도가 곧 **바람길**[風口風路]이다.

이 바람길은 원래의 바람길[토석] 존재자 이외에 어떤 존재자도 두지 않으려 한다. 설사 바람을 능가하는 재주로 생명을 기거시킨다 해도 긴 시간대에서 본다면 결국 계속되는 바람길로 인하여 원래대로 돌아가고자 하는 것이 만물의 본성법칙인 것처럼 바람길도 존재자를 허물어지게 하고자 한다. 구조물은 갈라지고 기거자는 수시로 바뀌어 지며 예기치 못한 낭패를 경험할 수밖에 없게 되는 것이다.

6. 회선풍(回旋風)

- - - - - - - - - - - - - - - -

  풍수지리에서 터득하는 바람길은 곧 일목요연한 자연
관이다. 계곡의 경사와 능선의 향방, 등고선에 따른 면세
풍(面勢風)과 배세풍(背勢風), 경사선 경사도에 의한 바
람길의 경사에서 마찰에 의한 저항력이 빚어내는 마지막
의 **회선풍**(回旋風)은 흡사 나무로 비유하자면 강바람은
대목이요, 골바람은 가지바람이요, 저항력은 잎파리요,
회선풍은 곧 열매에 해당한다. 즉 바람이 시작하여 그
명을 마치는 결과이니 나무 가지가 열매를 맺고 소임을

2-6도 등고선 바람(자유대기)

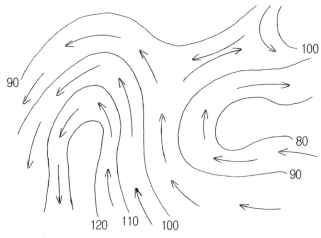

2-7도 회선풍

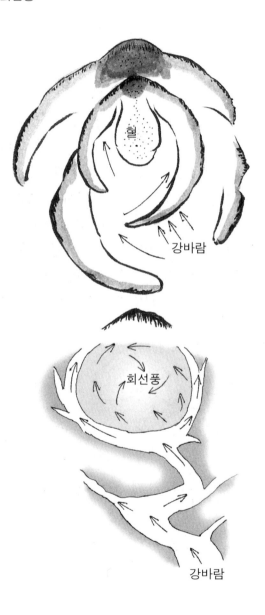

마치는 것과 같다.

즉, 강바람은 거친 바람이요, 골바람은 1차 정제된 바람이요, 다시 마지막 마찰에 걸러진 순정한 바람이 회선풍(回旋風)으로 명당에서 멈추는 것이니 이것을 취득하는 것이 바람을 갈무리하는 명당의 장풍이다. 사람은 누구나 바람[공기]을 먹고 산다. 강바람을 먹는 사람은 불순스런 거친 바람을[공기 숨] 먹는 것이요, 회선풍을 먹는 사람은 순정된 바람을 먹는 것이다. 숨을 쉬는 일은 밥을 먹는 것보다 더 중요할 수도 있다. 숨은 목숨이니까, 하루 24시간을 굶는 일보다 5분간 숨 안 쉬기가 훨씬 어려울 수도 있지 않은가.

7. 풍수실학(風水實學)

풍수지리가 수치상에서 약한 것은 수치로만 공부하여
서는 체득을 이루어내지 못하기 때문이다. 지나치게 수
치에 탐닉하면 사람에게 주어진 신령스런 감각은 둔해질
수밖에 없다. 자연에서 이루어지는 바람길을 체득한다는
것은 풍수지리가 지향하는 최고의 형이상의 실용적 실학
일 것이다. 그것은 수치로 앞만 저울질해 길을 정하는
사람은 무미건조한 유한한 셈에 대한 생활실학에 반해,
등위가 없는 만물귀일(萬物歸一)의 물아(物我)가 동등(同
等)하는 상감(相感)을 신심(身心) 신체로부터 체득함은
영원한 걸림 없는 실학(實學)일 것이다.

신령스러움을 체득한 사람은 빈한함도 넉넉할 수 있지
만 수치만 쫓는 사람에게 가난은 죽고 싶은 짜증일 것이
다. 이러한 점에서 풍수지리에는 신령스러움을 가득 담
은 학문이다. 그것을 체득한다면 수치의 저울질에 여유
로워지고 양보와 사양에 넉넉하여 내가 나를 허용하여
내가 존재하는 그 곳에 항상 너도 허용하여 함께 존재할
수 있는 자리를 비워 두게 될 것이다.

제3장 수리풍수(水理風水)

1. 개설(槪說)

━━ ━━ ━━ ━━ ━━ ━━ ━━ ━━ ━━

우주를 교통하는 것은 기원(氣元)이요, 천지를 교통하는 것은 빛[光]이요, 대기를 교통하는 것은 바람이요, 땅덩어리를 교통하는 것은 물[水]이다. 물은 대기의 이동에 수반하여 종횡으로 교통하며 액체, 고체, 기체로 변신한다. '장경(葬經)'에서는 "기란 물의 근본모체이니 기가 있으면 거기에는 이미 수[水]가 있는 것이다[氣者水之母 有氣斯有水]"라고 하였으니 기가 있는 공간에는 이미 수[물]가 존재한다는 것이다.

물은 대기에 섞여 구름 안개로 있을 수 있는 대기권(大氣圈), 암반층에 유입하여 지하에 있을 수 있는 암석권(巖石圈), 그리고 지표의 물층[바다, 강, 호수]을 이루는 수권(水圈)의 영역을 계속하여 반복 순환한다.

이는 인체에서도 그 유형이 닮아있다. 호흡과 피부에서 수분이 분출하고[대기권] 골육에서 혈수(血水)가 흐르며[암석권] 장부에서 물층[수권]의 영역을 맡아 쉬임 없이 계속 순환 반복하는 것이다.

인체에 기가 충만하려면 호흡이 고르고 피[물]가 맑아야 한다. 호흡은 맑은 공기를 요하고 피는 맑은 물을 원한다. 신체의 정체를 씻어줄 수 있는 것이 바로 맑은 공기와 맑은 물이다. 공기의 오염을 바람과 물이 씻듯이 신체의 오염을 호흡과 피[물]가 씻는다. 그래서 조식(調息)을 하고 하루에 맑은 물 8잔[8方]을 마시면 신체와 정신의 오염[스트레스]을 씻어 준다고 한다.

물은 땅에 존재하여 땅의 위치마다 물의 양상이 다르다. 땅의 위치에 따라 우천과 수분[습도]의 과부족 문제[대기권], 지하수와 수맥의 관계[암석권], 그리고 냇물이 만들어내는 명당수의 관계[수권]가 고르게 조화를 이룬 곳이 땅의 위치가 가지는 맑은 물의 순환지인 곳이다.

만물이 떠돌기도 하고[대기] 숨기도 하며[암석권] 그리고 정지하기도 한다.[수권] 물의 순환이 적절히 조화를 이룬 곳에는 만물의 조화가 적절히 이루어진다는 연관성이 바로 자연의 섭리이다.

2. 물의 순환

----- -- -- --- -- --- -- --- -- --- -- -

1) 물과 문화

고대 인간의 문화가 발달한 4대 문화발상지[이집트나일강, 메소포타미아 티그리스·유프라테스강, 인도 인더스강, 중국 황하강]는 모두 물길이 모여드는 곳이었고 우리나라도 예나 지금이나 강물이 모여드는 곳에서 문화는 시작되었다. 그것은, 물길은 지구의 역사와 더불어 홍수를 통하여 높은 곳의 퇴적물을 아래로 옮겨 놓았고 그 결과로 평지를 만들어 농토를 얻고 인간의 수평적 활동에 편리한 도로를 쉽게 이룰 수 있기 때문이었다.

물이 있는 곳에 넓은 평지를 형성하게 되고 그 곳에서 인간이 살아갈 수 있는 편리성이 도모되었기 때문이다. 물은 먹고 마시는 것 외에도 물로 인하여 얻어지는 생물들의 섭생 때문에 인간사회를 유지하는 데 있어 절대시되어 왔다. 물길을 따라 물을 바라보면서 삶을 이어오며 문화를 이루다가 때로는 수해로 인한 홍역을 감수하면서도 인간은 끊임없이 물을 극복해야만 했다.

2) 물의 순환(循環)

바람은 "기의 이동"이라고 했다. 즉 이동하는 기(氣)라는 말이 된다. 이동하는 기가 바람이라면 내가 뱉어 놓은 호흡도 돌고 돌면서 때로는 적도를, 때로는 남·북극을, 때로는 히말라야 상봉을, 때로는 태평양을 서성일 수도 있다.

물 역시 마찬가지일 것이다. 작은 물 한 방울이 하찮게 버려지는 듯하여도 그것이 흘러 바다에 이르고, 다시 하늘에 구름되어 어느 산하에 뿌려진다. 내가 버린 물 한 방울이 이처럼 돌고 돌아 지구의 반대편에서 어느 누군가의 한 생명에 절대요소가 될 수도 있을 것이다.

이것이 곧 바람은 기가 이동하는 길이듯이 물 역시 물이 이동하는 길이 있다. 냇물은 냇물길이요, 강물은 강물길이요, 바다는 바닷물길이요, 액체와 고체[얼음]로 변하는 길이 있고 기체[구름과 습도]로 그 모양을 변신하면서 육지와 하늘[공간]을 오가는 길이 있으니 언제 어디서나 끊임없이 움직여 가는 것이 물의 순환이요 곧 물의 길인 물길이다.

하나의 세포 속에 있는 물도 점차로 세포를 이동하고 살가죽 밑의 수분도 옛적 수분이 그대로 있는 것이 아니다. 핏물이 동,정맥의 길을 따라 온몸 구석구석에 골고루 전달되고 입안에 한 컵 물이 식도의 길을 따라 세포에 배어들고 다시 땀구멍의 길을 따라 체외로 분출한다.

3-1도 물의 순환

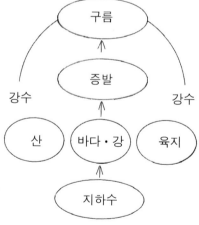

살기 위해선 **물길**을 얻어야 하고[生體得水] 물은 물길을 통해 지구를 끊임없이 **순환**하는 것이다.

물은 순환의 길을 따라 변화할 순 있어도 종국적으로 없어질 수는 없다. 한 방울의 물을 지워 없앴다 치더라도 그것은 순환의 길을 따라 변화했을 뿐, 없어지는 것은 절대 아니다. 다시 기체로, 구름으로, 비로, 순환할 따름이다.

3) 지명과 물

만물은 그 물목마다 이름이 있으니 땅도 예외는 아니다. 하나의 국세를 이루거나 높은 산이나 골짜기가 있으면 으레 거기에는 누군가에 의해 이름이 붙여져 있으니 곧 지명이다. 만약에 이 땅에 지명이 없다고 할 때, 그 누구가 지금에 지어져 있는 지명처럼 다양하게 지어낼 수 있을까. 오랜 세월 흐르면서 그곳에 사는 사람들의 풍속과 생활이 어울려지고 거기에 선지자의 안목에 의해 탄생한 것이 지명일 것이다.

지명은 대체로 산을 위주하거나 바위 물과 신선 선녀 그리고 동물들에 의해 지어졌다. 그 중에서 물에 관한 글자가 있는 지명도 많다. 수(水)의 지명은 대체로 물가 또는 물이 모아지는 곳이며 지중 수량이 풍부하며 온수 냉수까지도 지명에서 구분하기도 한다. 근세에 와서 물의 지명은 직접 댐으로 물이 고이기가 일쑤이고 도시개

발로 인한 도로와 상가지가 생겨 번창해진다. 그 글자들을 보면 水 川 井 泉 江 河 湖 浦 池 溪 湘 등의 글자로 수구동 수침동 미호동 수평동 임하동 등등으로 다양하다.

3. 만유근본

— — — — — — — — — — — — — —

1) 물은 생명

"물은 만유의 근본이다"라고 그리스의 철학자 탈레스
는 말했다. 만유는 지구에 있어 물과 연관되지 않음이
없다는 말일 게다. 물은 양적 측면에서 지구 표면 면적
의 2/3[73%]를 차지한다고 한다.

물은 땅의 근본[어머니]인 셈이고 모든 생명의 주요소인
셈이다. 생명의 세포자체가 물집인 셈이고 만유의 생명
자체는 물을 채워 유지해 간다고 할 수 있다. 사람도 어
린이는 90%, 노인은 60-70%가 물이며 보통 사람의 인
체는 70% 이상이 물이라고 한다. 이 중에서 1-2%의 부
족에서 갈증을 느끼고, 5%의 부족에는 혼수상태가 되며
12%의 부족이면 사망한다고 한다.

지구가 가지고 있는 물이나 사람이 함유한 물은 그 비
중이 비슷하고 그 순환도 비슷하다. 물의 비중으로 지구
가 살아있고 물의 비중으로 만물의 생명이 살아 있다면,
지구의 생명은 물이요 만물의 생명도 물인 셈이며 사람
의 생명도 곧 물인 셈이다. 지구와 만물, 그리고 사람의
명을 물이 만들어 내고 유지하는 생명은 곧 신비요 그

신비는 창조인 것이다.

3-2도 산과 물

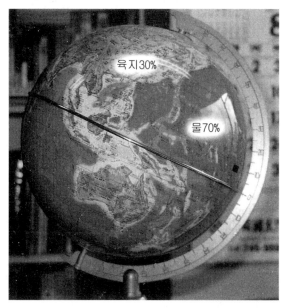

2) 상선약수(上善若水)

어느 한 개체의 조직에서 70%를 차지한다면 그 힘으로 그 조직은 좌지우지하게 된다.

인간의 몸통이 70%가 수분이라면 사실은 수분이 주체자요 물통인 셈이다. 이 물통에 계속 새로운 물을 부어 세포의 노폐물을 씻어내는 작업이 곧 산다는 것이다. 소변이 장부를 씻고 눈물이 눈동자를 씻고 땀방울이 세포를 씻는가하면 세수를 하고 목욕을 하면 몸만 씻는 게 아니라 마음까지도 씻어 기분이 상쾌해진다.

전국시대의 '노자'는 "착함을 향상시키려면 물처럼 하라. 최상의 선함은 물 같은 것이다[上善若水]"라고 했다. 그것은 "물은 항상 만물을 이롭게 하면서도 자신을 낮추어 가장 낮은 곳에 거처하기 때문이다"라고 했다.[水善利於萬物 處衆人之所惡]

생명이 끊임없이 물로 인하여 칼로리를 공급하고 그로 인하여 생겨진 노폐물을 물로 인하여 분출한다. 그러므로써 생명은 살아있게 되는 것이다. 땅도 마찬가지가 아닐까. '자전'에서 "물은 땅에서 힘줄을 통하여 흐르는 피와 같다"라고 했다. 인체의 70%가 물이듯이 땅도 70%가 물이라 한다.

가상적으로 생각해 보자. 이 땅의 흙이 전혀 수분이 없다고 한다면 어떤 식물도 싹을 내지 못하고 미생물마져도 서식치 못할 것이다. 거기에다 대기 중에 물의 분해입자가 전혀 없다고 한다면 아마도 사막의 선인장이라도 살아내지 못할 것이다.

인간은 인간에게 필요한 것들에 대해 감사해야 할 것이다. 인간이 인간에 대해 감사해 하기에 앞서 인간이 살아가는 물질적 소재에 대해 감사해 하고 더 나아가 매일같이 반복해 주는 우주의 궤도에 대해 감사해야할 것이다. 살아가는 모든 접촉물들이 생명의 시체들이요 물질의 변화체들이다. 빵 한 조각은 밀알의 시체분해요 밥알 한 톨은 벼알의 시신이다. 종이 한 장은 나무의 뼈다귀 분해요 벽돌 한 장은 암석의 잔해물이다. 인간이 위대하다지만 그 위대성을 물질에만 둔다면 그 물질에 의해 망가질 것이다. 인간에게 있어 무엇 하나 물질 창조란 없다. 이 땅의 소산물을 깨고 부수어 변화시켰을 뿐이다. 창조란, 인간 스스로의 행위와 사유일 뿐이다. 진정 위대성이란, 스스로의 행위와 사유함에 있다. 어느 철인은 "인간은 생각하는 동물"이라고 했는가하면 "상대를 인지함으로 살아있다"라고 했다.

생각과 인지는 스스로 만들 수밖에 없다. 그러나 그것은 주위의 모든 요소들에 의해 영향을 받으며 생겨난다. 그 주위의 모든 대상이 곧 자연이다. 자연 본질의 본성에 대해 사유하고 인지하고 감사해 해야하는 것이 곧 자신의 인성을 넉넉하게 해 주는 것이고 스스로를 돕는 길일 것이다. 철인 '소크라테스'는 "하늘은 스스로 돕는 자를 돕는다"라고 했다지 않는가.

물을, 바람을, 땅을, 그 본성에 대해 감사해 하고 그 본성을 조금이나마 이해하고 그 본성과 동기가 되어 감응하고자 하는 것이 풍수지(風水地)의 리학(理學)이다. 여기에는 질량적 척도의 수치보다 관념적[理] 본성의 깨침이 종국적으로 존재할 수 있다. 물의 본성에 대해 감사해 하는 사람에게 물길공부는 훨씬 쉬울 것이다.

4. 물의 본성

1) 본성과 인력

오행학에서 물은 "윤하(潤下)"라고 한다. 그 "성정이 부드러워 아래로 내려간다"라는 뜻이다. 이것은 물의 유착력이 중력보다도 낮다는 말이 된다.

물은 입자끼리의 인력을 가지는데 그 인력이 물이 가지는 중량에 의한 땅의 중력보다도 낮다는 것이다. 이로 인하여 물은 땅의 굴곡여하에 따라 흐름을 가지게 된다. 즉, 낮은 곳이라면 방위에 관계가 없게 되는 것이다.

이렇게 자유로이 흐르는 물을 지현굴곡수(之玄屈曲水)라 한다. 마음대로 굽이져 흐름을 뜻한다. 이러한 본성은 유착에 의한 인력의 극대화를 초래하여 상하의 틈을 역류하기도 하니 즉, 모세관 현상[실관현상]이라 한다. 좁은 틈새에서는 틈새 면에 물의 입자가 유착하게 되고 유착의 틈새가 좁을 때는 유착의 힘과 인력의 힘이 중력보다 능가하는 현상을 만들게 되는 것이다. 이러한 현상들로 인하여 만물은 수분을 함유하게 되고 그 습윤으로 인하여 생명이 유지되어 간다.

특히 땅에서는 수분이 흙에 배이게 되고 그 수분은 공

급처와 배출처를 달리하게 된다. 또한 수분의 과다는 지형위치마다 다르게 되며 땅의 공극에서는 공극을 채우는 물에다가 중력까지 작용하므로 물의 흐름이 발생하여 지하수가 되며 지하수는 위치에 따라 지표로 분출되기도 한다. 지표로 분출된 물은 원류가 되어 입자끼리 인력에 의해 뭉쳐지며 흘러갈 때도 인력에 의해 경사의 중력을

3-3도 물의 인력

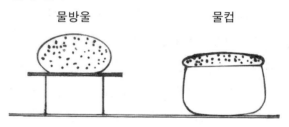

물방울   물컵

3-4도 물길 능선길

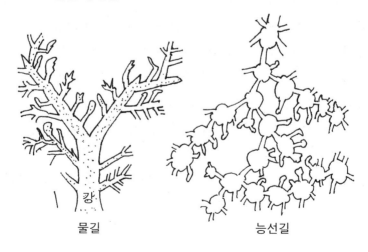

물길   능선길

받으며 밀고 밀리며 굴러진다.

물의 입자끼리 인력(引力)은 인자간의 유연성에 의해 상호교환유착하며 뭉쳐지고, 뭉쳐진 물은 입자간의 유연성에 의해 인력으로 전체성을 이루어 간다.

물이 흐르는 지현굴곡은 물의 본성이다. 물의 본성은 정확하게 기울기에 의해서 자신을 굴림질 한다.

물이 흘러가는 땅의 지현굴곡은 흡사 산맥이 내려온 능선길과도 닮아 있다. 산맥의 능선길이 위에서 내려오면서 줄어들고 적어지지만 물길은 아래에서 위로 올라가면서 그 원류를 따라 적어지게 된다.

2) 행진력(行進力)

땅의 이용효율을 높이기 위해 직간공사를 하였을 때, 몇 해가 지나면 평소의 물줄기대로 굽어지는 모습을 볼 수가 있다. 자신의 본성대로 흐름을 찾아가는 것이다. 물은 유연하여 굽을 수 있음으로써 흐름이 가능해진다. 곧은 내에 많은 물이 흐를 때도 사실은 곧게 흐르는 것이 아니다. 내의 통로가 곧아 좌우로 굽지 못하면 통로의 물은 상하로 굽이지며 흐른다. 다수 입자의 인력을 가진 집합체인 물은 경사로 인한 지구중력의 힘만큼 굴러지는 힘(行進力)이 생기고 그 힘에는 행진력이 작용하므로 입자의 다수집합체인 물은 그 중심점의 입자위치가 계속

번복하여 바뀌게 된다. 즉, 중심에 있던 물의 입자도 행
진력의 교차에 의해 원구 밖으로 튀어나가야 하는 위치
가 되기를 계속 번복하게 되는 것이다. 홍수에 물이 많
이 불어나 흐를 때는 이러한 힘에 물의 무게까지 합세하
면 튼튼한 제방도 뿌리 채 뽑아가는 현상들을 쉽게 볼
수가 있다.

3-5도 물의 행진력

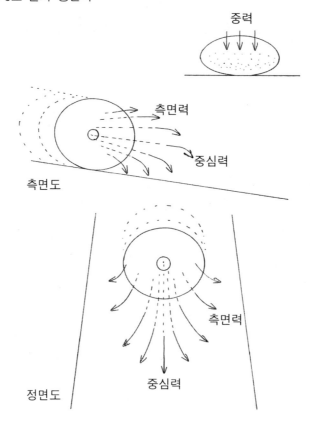

3) 중심력(中心力)

물의 행진력(行進力)은 마찰에 의해 그 방향을 바꾸기도 하고 또한, 그 자체의 중심력에 의해 방향을 바꾸기도 하니 이것은 물이 전향하여 구르면서 생겨지는 힘이다. 이것은 넓이에 비해 높이가 높을수록 증가하고 낮아질수록 비례하여 낮아진다. 그러므로 모아져 흐르는 물일수록 행진력은 높아지고 흩어져 깔려 흐르는 물일수록 행진력은 낮아진다. 그것은 중력의 중심력이 낮아지기 때문이다. 그러므로 대개의 자연물길은 중심력이 높은 홍수에 의해 만들어지게 된다. 홍수는 물의 높이로 인한 중심력이 높아지기 때문이다. 물의 행진력에서 중심력의 방향은 그 속도가 행진력에 비례한다. 그러므로 행진방향은 경사에 의한 물의 중력과 중심력에 의해 사방으로 흩어짐을 병행하게 된다.

중심력의 측면 행진력은 중심행진방향의 측면으로 향하지만 서로 전향에 의해 행진방향을 잡게 된다. 흡사 사람이 걸음을 걸으면 오른발이 앞으로 나가고 몸이 앞으로 나가면 오른팔은 뒤로 흔들어 균형을 잡는 것과 같다. 이러한 힘이 소(沼)를 만든다. 물의 행진이 급작스레 상하나 좌우로 굽어지면 좌우의 균형이 무너지고 물의 높이는 쏠리게 된다. 그래서 소(沼)는 물이 뱅글뱅글 돌게 되며 헤엄을 잘 치는 사람도 이곳에서는 위험하게 된다. 이는 물을 둥근 그릇에 담고 빠른 속도로 물을 회전

시키면 물 가운데는 수평보다 낮아지는 이치와도 같은
것이다.

4) 변형물길

넓은 들판은 많은 물이 모여드는 곳에 있다. 그것은
태초 이래로부터 강물이 운반한 퇴적층으로 이루어진 것
이 대다수이다. 만약에 퇴적층이 전혀 없다면 평지도 계
곡에 불과할 수 있다.

퇴적층에 의해 형성된 평지는 그 본래의 계곡과는 달
리 물의 행진력에 의해 형성된 물길이 대부분이다. 이것
이 변형물길이다. 지기[땅의 기운]는 변형물길보다 본래의
물길이 더 중요하다. 양택에서 본래 물길과 변형물길을
가리는 것은 매우 중요하지만, 가장 쉽지 않은 부분이기
도 하다.

물의 행진력은 직진성을 주체로 하여 가장자리로부터
횡파(橫派)를 허용한다. 여기에서 직진성은 직선과 내리
막 경사를 타면 그에 비례하여 유속이 빨라진다. 이것이
방향을 거스르게 되면 직충수가 된다. 이러한 직충수는
본래의 땅모양보다 새로운 물길을 만들고 본래의 물길을
퇴적층으로 만들어 평지를 이루기도 한다.

3-6도 변형물길

본래물길　변형물길

하천

소

──── 변형물길

------ 본래물길

5. 득수(得水)

1) 득수(得水)

물길을 얻는 것을 得水라 한다. 득수란, 명당(明堂)과 조수(朝水)와 파구(破口)가 더불어 갖추어지는 4대 요소 중 하나이다. 득수와 파구가 이어지는 곳이 조당(朝堂)이요 이 3자가 곧 물길이 되니, 득수에서 물이 발원하고 조당에서 모여 고이고 파구에서 사라져 나간다.

이 물길은 좌우와 상하를 가지게 되고 좌우와 상하에서 다양하게 굽어지니 곧 물의 지현굴곡(之玄屈曲)이다. 상하로 60도가 넘으면 폭포수가 되고 30도가 넘으면 급

3-7도 소(沼) 물길

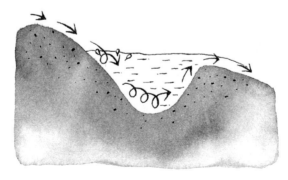

류수가 되며 10도에서도 물의 유속은 빠르다. 5도 미만의 관평한 땅에서도 물의 흐름은 빠르게 보이며 역으로 높아지면 지소(池沼)가 되어 고여서 채워진 다음 넘쳐 흐른다.

계곡수가 발원하여 바다에 이르기까지는 형언할 수 없는 지현굴곡의 과정을 거친다. 곡간수가 모여 폭포수가 되고 다시, 유양한 호수와 강물에 합해지고 바다에 이르러서도 가만히 누워 있는 게 아니다. 푸르다 못해 검은 해양수는 밤낮 없이 울렁거리며 해류를 따라 지구를 흐른다. 득수란 이러한 물의 유입과정을 이르는 것이다.

인체가 70% 물이라면 이를 유지하기 위해서 배출하는 만큼 물을 들이켜야 한다. 먹어야 산다고 할 때, 먹을 수 있다는 중요성이 곧 득수이다. 저수지가 유지되려면 원수(原水)가 흘러들어야 하고[득수] 바닷물이 마르지 않으려면 강물과 우천이 이어져야 한다.

2) 좌·우선수(左右旋水)

물길이 시계바늘방향인 좌에서 우로 흐르면 좌선수(左旋水)라 하고 이와 반대로 우에서 좌로 흐르면 우선수(右旋水)라 한다. 이는 물을 앞으로 바라보았을 때로 좌우를 분별한다.

물은 그 모양이 둥그렇게 배부른 사람의 허리띠처럼

땅을 만포하여 흐르면, 그 물은 이용할 수 있는 땅이 있게 되고 그 땅에서 이용하기가 편리하게 된다.

지구는 북극을 기준하면 우에서 좌로 자전하고 남극에서 기준하면 좌(左)에서 우(右)로 회전한다. 이에 상반하여 태양은 북극을 기준하면 좌측에서 뜨고 남쪽에서 북을 향하면 우측에서 뜨게 된다.

'고전'에 "水가 서쪽에서 동으로 흐르면 재보가 무궁하다[水過西東 財寶無窮]"라고 했고 조선시대 양반가는 "서출동류[西出東流]"라 하여 수는 서쪽에서 출발하여 동쪽으로 흘러가야 한다고 했다.

이것은 수(水)의 발원이 서쪽이라면 서(西)가 높고 동(東)이 낮은 지형이 되는 것이니 동쪽이 낮아 해가 일찍 돋음이 되고 서가 높아 편서풍의 영향을 덜 받을 수 있는 지역이 된다. 그러나 푄풍의 영향으로 국지성(局地性) 호우를 경험하기도 한다.[태백산맥 지역]

동이 낮으면 사람이 부지런하고 근면하여 문화가 일찍 발달하지만 개인주의에 편승하기 쉽고 반대로 동이 높으면 해가 늦게 돋음으로 나태하기 쉽고 문화가 뒤떨어지나 자연스런 인정이 넘쳐나기도 한다. 대륙적으로 볼 때, 중국은 황하와 장강이 곤륜산으로부터 발원하여 水가 서쪽에서 동쪽으로 지나가지만[水過西東], 동고서저(東高西低)한 우리나라는 서(西)로 흐르는 게 대다수이며 황하와 장강을 서해에서 조당득수로 받아들여 취적한다.

사람에게는 양손이 있다. 즉 좌수(左手)와 우수(右水)이다. 좌수는 좌선수에 속하고 우수는 우선수에 속한다. 대다수 사람들은 태어날 때는 선천적으로 왼쪽에 능력을 가지고 태어났으나 자라면서 오른손으로 능력을 배우게 된다. 즉 왼손은 선천이요 오른손은 후천이다. 인간의 능력은 선천의 인성보다 후천의 능력이 지배하게 된다. 역사를 일궈온 자취가 오른손으로 칼을 잡고 전장을 지휘하고 오른손가락으로 적군의 가슴에 방아쇠를 당긴다. 그 뿐인가. 죄의 칼날을 문서화하고 업을 일궈 숟가락이 오른손에 의지한다. 이는 왼손이 오른손을 수용해 주므로 가능하다. 즉 왼손이 오른손을 수용하지 않는다면 불가능하게 된다. 왼손이 펴질 때 오른손으로 박수가 가능한 것이지, 왼손이 오무려 있다면 박수소리는 불가능하게 된다. 선천이 있어야 후천 능력이 가능한 셈이다.

사람이 물을 마셔 식도를 따라 위장에 유입되면 좌에서 우로 흘러 소장을 거치게 되고 대장에 이르게 되면 우선수(右旋水)가 되고 항문에 이를 때는 다시 좌선을 한다. 좌선은 상생하는 이치요 우선은 상극하는 이치이다. 상생과 상극은 중화견제를 이루는데 절대 필요한 질서이다. 풍수에서 물의 내거를 선천수와 후천수인 좌선수, 우선수로 구분지어 져야 이치가 출발하는 근본이 되는 것이다.

3) 취적수(聚積水)

행진력에 의한 중심력이 방향과 물길의 변화로 인하여 소(沼)를 만드는 곳은 가뭄에도 지표수가 모이므로 마르지 않는다. 이것을 취적수(聚積水)라 한다. 이 취적수는 물통을 만들어 놓은 것과 같은 셈이다. 대개가 이곳은 수기원(水氣元) 극을 이룬 곳이다. 이런 곳은 물의 행진력을 막아줄 암반석이 있어 물길을 돌려주고 또한 평지가 있어 판국을 형성하며 산 능선이 끝을 맺어 명당을 이루기 쉽다.

지하의 수기원은 물의 인력을 가지며 인력에 의해 물을 모아 들인다. 인력에 의해 모여든 물은 상하 또는 좌우로 나뒹굴어지는 행진력의 방향을 잃게 되고 다시 전향력에 의해 가장자리로 튕겨져 나오게 된다. 이렇게 되면 서서히 갈길을 새로 잡아 다시 새로운 행진력의 중심점을 반복왕래하며 아래로 흘러간다. 흡사 투우장의 힘센 황소가 한판 승부를 벌인 뒤 겁먹은 모습으로 투우장 가장자리를 서성이는 것과도 같은 모습이다.

취적수는 명당수로서 가장 적합하다. 취적수가 명당수로 조당에 머문다면 명당의 지기는 취적수로 인해 증가하여 뭉쳐지고 음양교합을 이루게 된다.

4) 명당수 유형

- 명당수(明堂水) : 명당인 조당에 모이는 물이다. 조당이 균형을 이루면 명당수도 모일 수 있다. 명당수로 취적수 선저수는 최적의 水이다.
- 취적수(聚積水) : 명당에 취적되는 水이다.
- 선저수(漩瀦水) : 명당에 모여 휘휘 감겨 도는 물이다.
- 횡과수(橫過水) : 조당을 횡으로 지나가는 물이다. 수구와 조당 그리고 득수가 거의 일직선을 이룬다. 일시적으로 기가 뭉친다.
- 직거수(直去水) : 명당수가 앞으로 곧게 직거하는 水이다. 명당의 기를 몽땅 쓸어가는 흉수이다.
- 이두수(裏頭水) : 혈을 가두는 수이다. 득수와 수구가 조당수와 합세하여 명당혈을 뒤집어 싸서 가둔 모양이다. 명당기가 안정을 못한다.

3-8도 수(水)의 유형

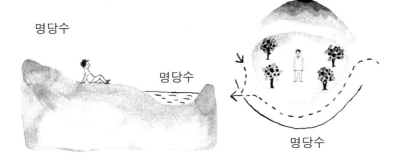

명당수

명당수

명당수

취적수

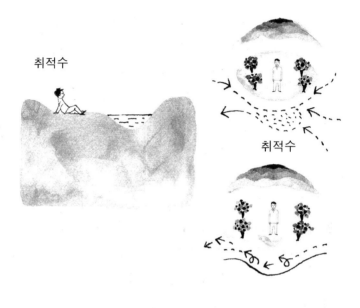

취적수

선저수

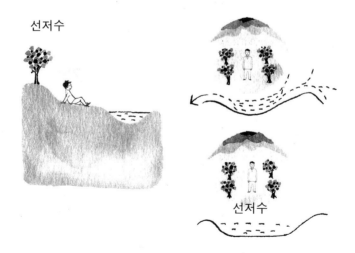

선저수

횡과수

직거수

이두수

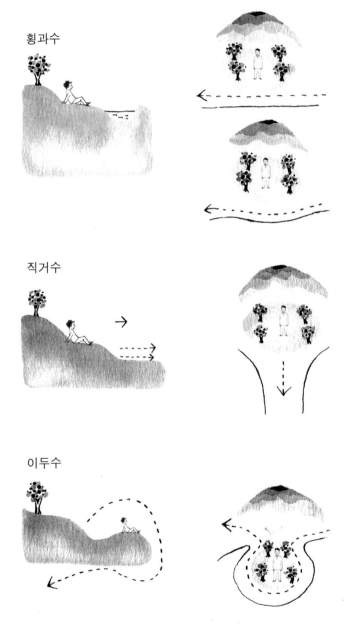

제4장 지리풍수(地理風水)

제1절 산
제2절 지리

제1절 산

1. 개설(概說)

‘자전(字典)’에서 산(山)이란, “기를 베풀므로써 산재해 있는 만물이 생기롭게 살아간다. 오로지 암석으로 높이 솟아 있다.[宣氣散生萬物 惟石而高]”라고 말하였다. 산은 평지나 하천보다 높고 모든 생명들이 산으로부터 살아갈 수 있는 기운을 공급받는다는 것이다. 산이 높다는 것은 평지나 하천이 있으므로 해서 그에 상대적으로 비추어 높다는 말이 된다.

우리는 지구를 땅덩어리라고 말한다. 지구덩어리는 땅이라는 말인데 땅의 양상은 높은 곳과 낮은 곳으로 대별된다. 높은 곳은 산으로서 높이가 해면으로부터 수 천 키로에 달하며 낮은 곳도 바다의 깊이가 해면으로부터 수 천 키로에 달한다.

옛 말에 “하늘은 둥글고 땅은 모나다.[天圓地方]”라고 했다. 하늘은 둥글지만 땅은 높고 낮고 하여 각(角)지다는 말이다. 높고 낮고 한 양상이 육지와 바다를 이루고 산과 하천을 만들었으며 산으로 인해 수면의 내[川]가 이루어지게 되었다. 이러한 양상의 산천(山川)은 지구에서 똑 같은 형태는 하나도 없으며 위치마다 각양각이(各樣各異)하다.

그런가하면 땅이란, 지표에서 산의 한계와 내의 한계가 정확히 그어서 말하기 어렵기도 하다. 지형의 발달을 분별하면 쉬울 것 같으나 땅이 가지는 지기와 수기를 동원하여 기척도(氣尺度)에 의한 산과 내의 가림은 어려운 것이다. 그것은 산과 내 중간에는 평지가 있기도 하여 그 평지가 산도 내도 아닌 것인지 불분명하기도 하다. 이것이 산의 한계와 내의 한계에서 정확을 기하기 어려운 것이다.

산이 똑 같은 산은 하나도 없지만 크기와 형태별로 나누면 비슷비슷한 유형들로 분류되고 그 유형으로 모든 산들을 분별할 수 있게 된다. 즉, 산봉우리의 형상과 형태, 암석과 토양, 앞과 뒤의 향방 등으로 분류하고 차츰 내려오는 능선의 경사와 향방, 비척(肥瘠), 토양 등과 내에 도달할 때, 멈추는 상태와 지세의 크기 등을 가려내어 산의 등고선과 능선의 산수등고선(山水登高線)을 응용하여 바람길, 물길, 능선길을 가늠할 수 있게 되는 것이다.

특히 산이 내에 이르는 줄기는 능선이며, 능선은 맥으로 출발하고 혈로써 멈추며, 맥과 맥이 수없이 이어지는 것이 곧 산 능선이다. 이러한 능선은 또한 수없이 갈래

를 분파시켜 갈래의 대소 양상을 분별하기 어려워지기도
한다. 그런가 하면, 보잘 것 없는 능선이 다시 산봉우리
로 올라가기도 하여 산고개를 만들기도 한다. 이러한 변
화가 상상을 초월하리만치 변화막측하여 그 이름을 용
(龍)이라고 하였다. 다만 본서에서는 가급적 용이란 용어
를 사용치 않고 산 능선이라 부르기로 한다.

4-1도 천원지방(天圓地方)

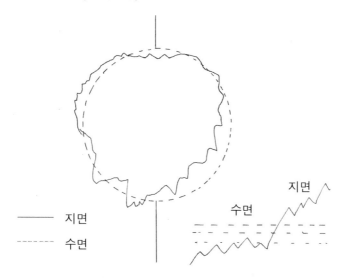

땅은 각지고 물은 둥글다

2. 산의 형성

산의 형성을 보면 위로는 산봉우리로부터 아래로는 하천에 닿아 있다. 하천은 골짜기로 이어지므로 골짜기[谷澗]는 산봉우리 아래에서 곧바로 시작하기가 일쑤이다. 그러므로 큰 산의 골짜기는 작은 산의 봉우리보다 등고선상 높을 수도 있고 하단부의 능선보다는 훨씬 높을 수도 있다. 골짜기에는 물이 흐르고 하천 강 바다로 이어진다. 정확히 말하면 골짜기는 산과 하천 중 하천에 속하여야 한다. 그러나 보통으로 적당히 산골짜기라 하여 산으로 치부한다. 다만 산맥의 흐름을 따지자면 능선과 계곡으로 구분 지어진다.

산의 봉우리는 여러 개가 형성될 수 있고 그 높이와 넓이의 우열을 따져 그 역량을 말할 수 있다. 여러 봉우리가 이어지고 사방으로 여러 갈래의 능선으로 갈라지고 능선의 사이마다 계곡이 형성된다. 이렇게 형성되는 산 중에는 최대의 큰 산이 있을 수 있고 큰 산이 이어져 수없이 많은 작은 산을 형성하기도 한다.

크게 보자면 지구는 하나요 하나인 땅에 모든 산이 형성된 셈이다. 아무리 홀로 떨어져 있는 독산이나 바다의 섬일지라도 그것이 땅과 무관히 떠 있는 것은 아니다.

큰 산을 말하자면, 사방으로 물이 갈라져 각자 바다로 향하거나 주변에 대칭할 만한 상대의 산 없이 홀로 우뚝 높이 솟아 그 아래로 능선들이 길게 뻗고 그 능선들이 수 없이 작은 봉우리들을 일으켜 결국 작은 봉우리 산들이 큰 산에 붙어있는 모양을 이룰 때, 그 산은 큰산이 되는 것이니 이를 **태조산**(太祖山)이라 하여 주위 산들의 **시조격**이 되는 산이다.

산은 능선으로 내려와 하천을 만나 곧 끝나기도 하지만, 그 중에는 멀리 멀리까지 내려가 大 강하나 바다를 만날 때도 있다. 그렇게 되면 산은 그 능선으로 인하여 중간마다 자꾸만 큰 산을 만들기도 한다. 즉, 시조격인 태조산에서 내려와 솟은 태조산 다음의 산을 **소조산**(少祖山)이라 하며 그 다음을 **주산**(主山)이라 하니 한 마을의 판세를 이룰만한 산이 된다. 경우에 따라서는 태조산에서 소조산 없이 촌락이 형성될 수도 있고 소조산이 거듭 여럿 있을 수도 있다. 그런가 하면, 태조산에서 가느다란 능선이 있는 둥 없는 둥 야산이나 밭둑을 형성하여 가다가 멀리쯤에서 보통산을 일으키면 이를 **주역산**(住驛山)이라 한다. 이는 태조산 기운이 쇠잔하여 늙어서 쉬엄쉬엄 게을리 가다가 일어난 보통산에서 기운을 재무장할 수 있는 정거장의 역사 같은 곳이다.

보통 태조산이 태조산다운 위용을 갖추려면, 산 정상이 바위산으로 높고 험하여 항상 구름이 휘몰아 도는 정도라야 그 위용이 있는 것이다.

바위로 솟아 뾰족뾰족한 모양이 불타는 불꽃과도 같은 모양이면 염정화산발조(廉貞火山發祖)라고 하며 태조산으로 가장 위대한 산이다.

4-2도 태조산

3. 산의 유형

산은 오행으로도 분류한다. 염정화산(廉貞火山) 외에도
충천목(衝天木) 주천토(湊天土) 창천수(漲天水) 헌천금
(獻天金)이라 하여 그 모양이 오행을 따라서 분류한다.
이는 산봉우리로부터 능선으로 이어지는 산의 모양으로
분류하는 것이다. 그러므로 산을 바라보는 위치에 따라
서 다를 수도 있다. 소조산(少祖山) 종산(宗山) 주산(主
山)도 그 모양을 오행으로 나누어 **오성산**(五星山)으로
분류한다. 뾰족한 **화성산**(火星山), 머리처럼 솟은 **목성산**
(木星山), 상자같은 **토성산**(土星山), 물거품 같은 **수성산**
(水星山), 종같은 **금성산**(金星山) 하여 다섯 가지로 분류
하며 오행산(五行山)이 한 가지로 단정히 이루어지기는
어렵다. 여러 개의 성신으로 섞여 있을 수도 있다. 위와
아래가 다를 수도 있고 꼭대기와 좌측이, 또는 우측이
다를 수도 있다. 부분적으로 나누면 성신이 서로 섞여진
것을 쉽게 알 수 있게 된다.

산의 형상은 오행의 특성이 있는가하면 물형의 특성도
주어진다. 세상의 만물은 그 개개마다의 특성을 가지게
되고 그 개개의 특성 중에서 괄목할만한 대상이 있게 마
련이다. 사람으로 따지면 신선이라던가 아름다운 미인이

라던가 할 것이고, 짐승으로는 호랑이나 사자 또는 소나 말을 들 수 있고, 화초로는 목단 모란 연꽃을, 날으는 새 는 봉황 닭 제비일 것이며, 이외에 기물이나 의상 미물 에 이르기까지 그 특성으로 특이한 부분들을 대상으로 삼을 수 있을 것이다.

오행산으로 화성산(火星山)이라면 붓끝을 연상하여 문 장을 연결하고, 목성산이라면 귀인선인을 비유하고, 토성 산이라면 상자 금고를 연상하여 재산 갈무리로 보아 부 함과 연계하고, 금성산이라면 허리띠를 연상하니 벼슬과 연계하며, 수성이라면 방글방글한 재주를 연상하여 지혜 와 연계한다. 마을의 주산이 화성(火星) 필봉이라면 문장 가가 이어질 것이고, 토산(土山) 금산(金山)이라면 부와 벼슬이 이어질 것이고, 수산(水山)이라면 재사가, 목산 (木山)이라면 귀인과 신선다운 사람이 배출될 것이다.

이외에 물형으로 신선봉이 있으면 신선이, 옥녀봉이 있으면 미인이, 와우산이 있으면 복록이, 연화산이 있으 면 귀인 호승이, 쌍태봉이 있으면 쌍둥이가 태어날 것이 고 복호산이 있으면 호사자[교통사고]가, 규산이 있으면 도적이, 비주산이 있으면 탕아자가, 번화산이 있으면 오 역자가, 충사산이 있으면 부랑자가 생겨날 것이다.

4. 봉만(峰巒)

산은 봉우리와 계곡 능선을 포함하여 하천 평지에 이르기까지 라고 위에서 말하였다.

봉(峰)은 '자전'에서 "산의 우두머리이다. 가파른 꼭대기에 첨예한 부분이다.[山耑, 半直上而銳]"라고 하였다.

만(巒)은 "작은 산의 뾰족한 부분이다. 둥그런 봉우리이다. 산이 굽으며 돌아 얽혀 면면히 이어진 부분이다. [山小而銳, 圜峰, 山紆回綿連. 註, 耑:物初生之題 物之首 始也 正也 緖也 萌也 專也 審也. 紆:詘也 屈也 縈也]"라고 하였다. 봉만은 산이 하늘에 닿은 부분이다. 산의 모양은 봉만에 의해 거의 결정을 이룬다. 봉만의 유형을 크게 나누면 다음과 같다.

- 사방으로 둥글고 아래 위로도 둥글다.
- 앞뒤로는 좁고 좌우로 길어 지나가는 능선을 연상한다.
- 사방으로 능선이 갈라지는 위치이다.
- 굴곡이 심하고 산만하여 어디가 높은지 알기 어렵다.
- 평평한 듯하나 양쪽은 낭떠러지이다.

4-3도 봉만

일월봉

행진봉

분벽봉

편측봉

뇌화봉

상궤봉

옥녀봉

귀인봉

역마봉

- 한쪽은 가파르고 다른 한쪽은 평평하며 앞뒤지다.
- 암반으로 되어 있다.
- 흙으로 되어 있다.

　봉만의 형태는 그야말로 천태만상이라서 다 기술할 수야 없지만 안정감이 있어야 좋은 산을 이룰 수 있다. 특히 봉만은 계곡을 출발시키고 능선을 출발시키며 맥이 처음으로 출발하는 곳인 만큼, 산의 정기가 하늘로 오르고 하늘의 정기가 땅으로 교차하는 곳이 된다. 그래서 봉만은 성신(星辰)이라고 부른다. 즉, 하늘의 성신을 비유한 말이다. 곧 "하늘에는 일월성신이 나열하고 땅에는 무수한 봉만들이 솟아있다. 그러므로 산봉우리의 정기는 하늘 성신의 정기이다"라고 고인들이 노래했다.

5. 음산(陰山)과 양산(陽山)

흔히들 산을 일러 숫산, 암산이라 하는가 하면 할머니 산신, 또는 할아버지 산신이라고 말한다. 산의 모양이 순하고 인자스러우면 암산 또는 할머니 산신이라 하고 거칠고 부랑스러우면 숫산 또는 할아버지 산신이라고 한다. 산을 음산(陰山)과 양산(陽山)으로 칭하는 것은 산의 형상에서 능선다운 튼튼한 능선이 있을 수 있는가하면 계곡인지 능선인지 불분명한 경우가 있게 된다. 이는 산에서 음맥(陰脈)과 양맥(陽脈)으로 나누어진다. 논이나 밭으로 떨어지는 맥을 양맥이라 하고 산등성이로 내려온 능선을 음맥이라 한다. 이는 산에서 가장 가려지기 쉬운 것이기도 하다.

음산은 음맥으로 형성하고 양산은 양맥으로 형성한다. 음산은 산봉우리로부터 내에 이르기까지의 국세 내에 형성된 산 능선들이 양호한 흙으로 줄기 줄기를 이루어 능선과 계곡이 확연히 상대형성으로 이루어진 산인데 비해, 양산은 산봉우리가 첨예하고 암반으로 형성되며 능선줄기가 있는 둥 없는 둥 퇴토로 덮이고 계곡과 높낮이의 큰 구분이 없으며 평탄한 상태를 형성한다. 즉, 논밭들로 이루기 쉽다.

4-4도 음양맥 국세 산세

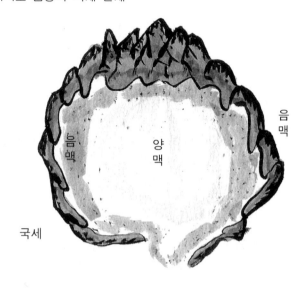

음맥

음맥

양맥

국세

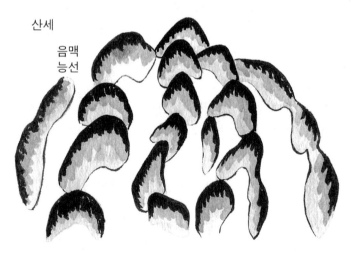

산세

음맥
능선

　음산 음맥에는 음택지에 적합하고 양산 양맥에는 양택
지가 적합하다. 보통 산들은 음산과 양산을 겸하고 있는
경우가 대다수이다. 음맥으로 내려오다가 갑자기 양맥으
로 변하는가하면 다시 음맥으로 올라서기도 한다. 산의
상부능선이 음맥이면 하부능선이 양맥일 수도 있고 반대
로 상부능선이 양맥이면 하부능선이 음맥인 경우도 있
다. 상부가 양맥이고 하부가 음맥이면 음택지가 되고 상
부가 음맥이고 하부가 양맥이면 상부는 음택지이고 하부
는 양택지이다. 일단, 하부가 양산양맥이라야 양택지가
된다. 음택은 지중(地中)소유이고 양택은 지상(地上)소유
이기 때문이다.

6. 산의 활동과 동정(動靜)

고전 '청오경(靑烏經)'에서 "산은 산과 맞이하려 하고 물은 물과 맑아지려 한다[山欲其迎 水欲其澄]"라고 했는데, 이 원문을 역주한 양균송 선사의 주석에서는 "산은 본래 가 움직이지 않고 고요하여 그 형상의 산들이 움직이는 듯하려 하여야 하고 물은 본성이 움직이는 지라 그 유형의 물들과 모여 고요하고자 하여야 한다[山本靜而欲其動 水本動而欲其靜]"라고 하였다.

산은 항상 그 자리에 있다. 고금을 통하여 그 자리에서 그 모양 변함없이 그대로 있다. 옛 사람도 보았을 것이고 지금도 그대로 보고 있다. 그러나 그 형상은 산줄기를 통하여 수 없이 엎어지고 일어나고 내달리고 멈추어서 천형만상을 이루어 낸다. 거기에 비해서 물은 계곡에서 소리내며 흘러 움직이는 물도 호수나 강하 바다에 이르면 흐름을 멈추고 유유하게 되는 것이다.

'논어'에서 '공자'는 "지혜로운 자는 물처럼 즐거움을 좋아하며 살고, 어진 자는 산처럼 튼튼함을 좋아하며 산다.[知者樂水 仁者樂山] 지혜로운 자는 활동적이고 어진 자는 고요하게 묵묵히 산다.[知者動 仁者靜] 지혜로운 자는 즐거워 하며 어진 자는 건전하게 근본을 지탱하니라.[知

者樂 仁者壽]"라고 하였다.

여기에서 인(仁)과 지(知), 산(山)과 수(壽), 동(動)과 정(靜), 낙(樂)과 수(壽)가 등장한다. 인(仁)은 오행이 목(木)이요 지(知)는 수(水)이다. 나무는 한 곳에 뿌리 내리면 좋던 싫던 그 자리에서 움직이지 않는다. 산도 그 자리를 떠나지 않는다. 사람의 수명도 떠나거나 움직임은 병들고 죽음을 뜻한다. 그러므로 정(靜)해야 한다. 그래서 인(仁)이란 항상 그 자리를 지켜야 한다.

그러나 물이란, 작게는 계곡에서 내로 흐르나 크게는 공기와 바다를 통해 온 지구를 순회하여 움직인다. 즐거움이란 움직일수록 많아지는 것이요 지혜란 항상 움직이는 생각의 변화이다. 풍수적 재 해석을 하자면 "산은 어질어서 어질게 되고 수할 수 있는 정기가 나오고, 물은 지혜로워서 지혜롭게 되고 즐거울 수 있는 기운을 가져온다"라고 할 수 있다. 사람이 산을 다녀오면 인자해지고 건강해지며 사람이 세수를 하고 목욕을 하면 지혜로워지고 기분이 즐거워진다.

이것은 산과 물의 본성을 노래했다고 한다면, 그 본성에서 형상의 세를 보자면 산이 움직이는 듯 살아있는 모양은 仁이 살아 있는 것이요 움직여 전파하는 것이며 건강하여 활동하므로 수(壽)하는 것이다. 물이 동(動)하지만 고요해야함은 지혜란 지식이 바다처럼 깊고 고요해야 큰 지혜요[근본 없이 움직이면 잔꾀에 불과하니], 큰 지혜라야 길이길이 즐거운 것이다.

　산이 단조롭고 늘어져 생동감이 없는 것을 죽어 늘어진 물고기[생선]에 비유하며 맥이 없는 것으로 생기롭지 못하다 한다. '청오경'에서 "용마가 하늘로 날아오르는 것처럼 산의 형상이 움직인다면 제왕의 기상이 있다[公侯之地 龍馬騰起]"라고 하였다.

　4-5도 용마등기

7. 능선과 산의 향방

산의 줄기인 능선과 계곡, 하천, 강물은 그 분파와 합치는 과정이 상대방향으로 반비례한다. 산줄기 능선은 봉우리에서 아래로 내려오지만 하천은 바다로, 강으로, 내로, 계곡으로 하여 원류가 된다. 즉, 능선은 내려오면서 분파되고 올라가면서 합쳐지지만 물줄기는 내려오면서 합치고 올라가면서 분파를 이룬다. 흡사 나무가 지표 아래로는 뿌리요 지상으로는 가지이듯이 산줄기 능선이 나무원줄기와 가지에 비유되고 물줄기 원류가 뿌리 모양이 된다.

산줄기 능선이 내리 뻗는 것은 산의 힘이다. 산이 버티고 서 있을 수 있는 힘은 산줄기 능선 때문이다. 그래서 능선 하단부 끝을 산지각(山枝脚)이라 하며 산족(山足)이라고도 한다. 즉, 산의 다리와 발로 인해 산이 서 있을 수 있다는 말이 된다. 능선의 형태를 본다.

- 봉우리에 붙어서 봉우리의 연장선으로 내리 뻗는 것으로 대간능선[大幹陵線]
- 봉우리 아래에서 새로 생겨지는 천심지[穿心枝]
- 봉우리 앞으로 내리는 면향지[面向枝]

- 봉우리 뒤로 내리는 것으로 배향지[背向枝]
- 큰 줄기에 붙어 있는 것으로 간중지[幹中枝]
- 가지에 붙은 가지로 지중지[枝中枝]
- 가지가 본줄기로 변한 것으로 지중간[枝中幹]
- 본줄기가 가지로 향하는 것으로 간향지[幹向枝]
- 가지 줄기가 본줄기로 향한 것으로 지향간[枝向幹]

이러한 산줄기들은 봉우리로부터 사방으로 생겨질 수도 있고 또는 한쪽으로 치우칠 수도 있다. 그런가 하면 한쪽은 경사가 심하고 한쪽은 완만하여 고르게 균형을 잡지 못하는 경우가 대다수이다. 산 능선이 불균형이면 계곡도 마찬가지이다. 급한 곳은 계곡이 짧고 완만하고 능선이 긴 쪽은 계곡도 길고 또한 수량도 많게 된다. 이런 현상이 산의 앞뒤를 분별하게 한다. 경사가 심한 쪽이 뒤편[背,등]이 되고 완만한 곳이 앞편[面,얼굴]이 된다. 급한 쪽은 짧고 급하고 배반하고 핍착하여 불편한 기운이 되고, 완만한 곳은 장구하고 부드럽고 여유로워 편안한 기운이 된다.

봉만은 줄기능선으로 배면(背面)을 찾기도 하지만 봉만 자체에도 배면이 있다. 봉우리 정상을 찾아서면 향방이 보이게 된다. 완급과 토석으로 가려진다. 즉, 앞으로 향하여 휘어지고, 완만하고 생기로운 흙인 곳이 앞이요, 급하고 암석뿌리는 뒤가 된다. 능선은 능선과의 관계를

갖기도 한다. 능선과의 관계를 찾아보면

- 줄기가 대등하여 다함께 앞으로 나란히 뻗친다.
  순비[順比]
- 줄기 양쪽으로 가지가 나란히 난다.[順枝]
- 줄기 양쪽으로 가지가 지그재그 난다.[芍藥枝]
- 줄기 한쪽으로만 가지가 난다.[楊柳枝]
- 줄기 양쪽이 평지를 가둔다.[抱局枝]
- 줄기 양쪽이 평지와 나란히 간다.[平緩枝]
- 줄기 한쪽이 평지를 가둔다.[單提,單股枝]

4-6도 가지 능선

순비 순지(오동) 교차지(작약) 측면지(양류)

포국지 평완지 단고지

줄기 능선은 능선의 크기로 역량을 갖는다. 능선은 넓이와 높이, 위치와 경사도에 따른 역량 차이를 갖는다.

- 능선은 너무 넓으면 평강이 되어 무력해진다.[濶稜]
- 능선은 너무 급하면 기운이 쏟아져 무기해진다.[急稜]
- 능선이 너무 높으면 여러 강물이 보여 바람막이가 되므로 천해진다.[高稜]
- 능선이 너무 여러 갈래가 지면 산만하여진다.[散稜]
- 능선이 조악조잡하면 기운도 조잡하다.[粗稜]
- 능선이 여러 갈래로 찢기고 어지러우면 기운도 난만하다.[亂稜]

4-7도 능선

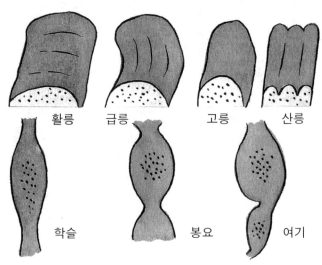

활릉 급릉 고릉 산릉

학슬 봉요 여기

- 능선 중심이 높고 양면이 낮아 초가지붕 같으면 상격이며 뱀등처럼 좌우로 굽고 상하로 솥을 엎어 놓은 듯한 등어리를 이루면 최상격이다. 이를 봉요학슬(蜂腰鶴膝)이라고 한다.
- 능선이 가다가 갑자기 방향을 바꾸면서 크기가 2/1 이하로 줄면 기운이 쇠잔해진다. 이를 여기(餘氣)라 한다.

8. 토양과 산의 비척(肥瘠)

산은 살찌고[肥] 메마른[瘠] 분별이 있다. 땅의 소재는 암석과 흙이다. 평지는 퇴사토가 많이 덮여 있는데 반해 산은 암반에 생토가 덮여 있다. 흙은 일반적으로 사질토, 사양토, 점질토, 황토 등으로 구분하나 풍수에서는 생토와 사토로 구분한다. 생토는 붉으레한 색에 윤기가 나는 부드러운 흙으로 생기가 넘치는 흙이다. 이것이 홍황자윤한 흙이다. 최상의 생기로운 흙을 오색토로 삼는다.[마사토 사양토 오색토] 사토는 검은색을 띄고 퇴적된 흙으로 지나친 모래흙이나 점질토로 메마르거나 수분이 과다하기 쉬운 흙이다. 생토는 지표의 높은 부분을 형성하여 받치고 있는 순정한 흙이므로 수분이나 나무뿌리 파충류의 침입이 이루어지지 않는 반면, 사토는 낮은 부분에 형성되어 퇴적된 흙으로 수분과 나무뿌리 파충류의 서식이 이루어지는 흙이다. 암석은 황토에서는 대체로 석회석이 나오고 마사토에서는 마사토의 비석비토가 표면에 나타나기 쉽다.

산은 대체로 상단부와 하단부로 나눌 때, 하단부에 자갈이나 암반이 나오면 상단부에는 생토[좋은 흙]가 나오고 [上肥下瘠], 상단부가 자갈이나 암반이 있으면 하단부에

4-8도 산의 비척

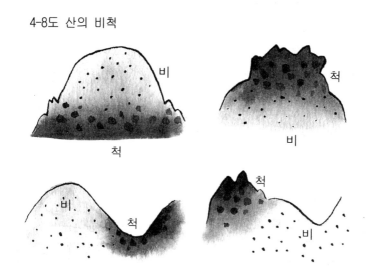

서는 좋은 흙이 나온다.[下肥上瘠] 또한, 능선과 계곡으로
도 나누어서 능선이 생토이면 계곡이 자갈이나 암반이요
능선이 암반이면 계곡 부근에 좋은 흙이 나타난다.

그런가하면, 작은 산은 대체로 능선에 생토가 있고 계
곡에 퇴적토[沙土]가 있는 반면 큰 산에서는 능선이 암반
이고 계곡이 생토이다.

생토가 있는 곳에는 땅이 윤기가 나고 단정하며 모양
이 반듯하다. 그러나 사토의 지역은 검으스레 하여 과습
하고 땅모양이 틀어지기 쉽다. 특히 사토는 힘이 없어
빗물에 씻겨 내려가기 쉽고 경사지에서는 홍수에 쓸려
산사태가 나기 쉽다. 땅모양이 구겨지고 산만한 곳은 땅
심이 약한 탓이다. 옛글에 "옷을 구겨놓은 것처럼 산만

하면 빈천한 땅이다[亂如散衣 貧賤之地]"라고 했다.

음택에서만 중요한 것 같으나 양택에서도 땅심이 약한 곳은 수기원의 파장을 받으므로 지기가 침하하고 건축물이 틀어지기 쉽다. 고인의 말에 "지기는 흙이 비옥한 땅에 있다[氣壯土肥]."라고 했다. 땅의 귀천을 가림에 암석의 형태와 토양의 질을 가려 생토를 구해야 한다. 특히 양택의 택지를 돋구거나 메울 때에는 생토를 사용하여야 하며 건축시 쓰레기 못 등을 깨끗이 청소하여야 한다.

가을 들판에서 잎이 무성한 곳이 있는가하면 알맹이가 소담스런 땅이 있다. 이 두 곳의 알맹이 천립중[千粒重:천알의 무게]을 계산한다면, 아마도 잎이 무성한 곳에 비해 알맹이가 소담스런 곳이 상당한 무게의 차이를 낼 것이다. 바로 이러한 차이가 생토와 사토의 차이이다. 흡사, 사람이 떠들기만 하면 가벼운 사람과 같은 것이다. 흙이 가벼운 곳에는 식물 알갱이도 가볍고 또한 그곳의 사람도 가벼워진다.

9. 경사(傾斜)

ㅡ ㅡ ㅡ ㅡ ㅡ ㅡ ㅡ ㅡ ㅡ ㅡ ㅡ ㅡ ㅡ

산은 높으므로 바닥까지는 경사를 이룰 수밖에 없다. 경사가 심하면 산이 차지한 수평의 면적이 적을 것이고 경사가 완만하면 산이 차지한 면적이 넓게 될 것이다. 산은 바닥까지의 경사가 일정하지 않다. 급한 곳이 있는 가하면 완만한 곳도 있고 봉을 만들기 위해 거꾸로 되올라 오는 경사도 있다. 이렇게 산봉우리로 되 올라오는 곳을 **기두**(起頭)라 한다. 능선 줄기가 경사로 내려오다 가 다시 하나의 봉만을 이루자면 거꾸로 솟아올라야 하 는 곳이다. 그리고 다시 경사로 내려온다. 산의 경사는 산면(山面)의 경사와 능선의 경사로 볼 수 있다. 경사의 비율에 의해 편한 산이 될 수도 있고 험한 산이 될 수도 있다. 즉 경사는 봉우리로부터 바닥까지 직선을 그을 때, 그 직선에서 보자면 무척이나 굽는 현상을 볼 수 있다. 그런가하면 좌우로도 마찬가지이다.

산의 경사는 능선마다 다르고 또한 위치마다 다르다. 산면(山面)의 경사를 바닥에서 봉우리까지 또는, 능선의 경사를 바닥에서 봉우리까지를 직선상에서 대략치를 측 정해 볼 수 있다. 이의 적용은 한 동리의 판세가 있다고 한다면, 그 곳의 세가 결집한 위치를 정하고 거기에서

4-9도　경사선

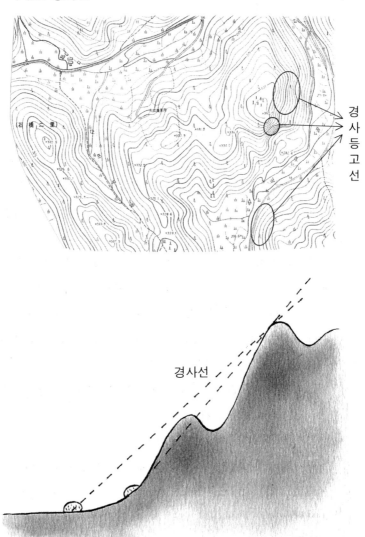

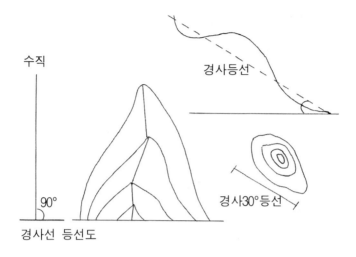

수직

경사등선

경사30°등선

90°

경사선 등선도

산봉과 일직선을 그어 경사를 측정할 수 있으며 능선마다의 측정도 가능하다.

　이것이 경사선(傾斜線) 경사측정(傾斜測定)이다. 특히 경사선경사측정은 지상풍의 마찰에 의한 마찰풍의 향방을 가늠하는 데 중요한 자료가 될 수 있으며 시각조응점(示覺照應點)을 측정하는 기본이 되기도 한다. 경사도를 알기 쉬운 것이 등고선도(等高線圖)이다. 등고선도에서는 산의 경사, 능선의 경사, 계곡의 경사와 이것의 향방을 알 수 있다. 경사선경사측정도에서도 경사선등선을 작성할 수 있다.

10. 지형도(地形圖)

현대는 문화의 발달로 공중에서 내려다 볼 수도 있고
자동차로 온 지역을 탐색할 수도 있다. 그런가하면 지형
도가 발달하여 국립지리원에서 발행하는 지형도를 잘 읽
을 줄 알면 지형지세를 쉽게 한 눈에 볼 수가 있다.

지도는 땅의 도면이다. 땅의 도면인 지도는 고대로부
터 출발하였고 특히 고산자 김정호의 대동여지도는 산과
수를 다룬 면에서 지형지세가 한 눈에 보여지도록 잘 나

4-10도 대동여지도(한양)

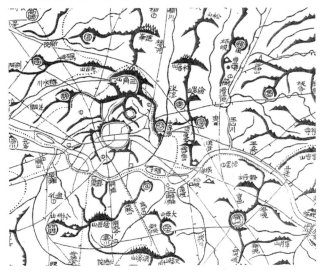

타나 있으니 이는 곧 풍수도이기도 하다. 단지, 혈과 판세에 있어 과장표시를 하지 않았으므로 일반 지도인 것이다. 만약 대동여지도에 혈을 중심으로 한 사세를 과장 표시한다면 곧 훌륭한 풍수도가 될 수도 있을 것이다.

지도 중 지형도는 그 내용이 상세하고 복잡하여 그 대략이라도 알아두지 않으면 올바르게 사용하기 어렵다. 지형도는 경도와 위도선상에서 지형을 등고선으로 표시하고 여러 가지 각종 기호들을 사용하였으므로 이것들을 잘 알아야 지형도를 읽을 수 있다.

1) 지성선과 지세

풍수에서 지형도를 잘 이용함에 지형도 전반적인 내용을 다 알면 좋지만, 그러기에는 또한 간단한 문제가 아니다. 대략적으로 등고선을 이용하여 능선의 연결을 선으로 그으면 지성선(地性線)이 되는데 이러한 지성선을 긋고 능선의 형세와 계곡을 읽어내고 방향에 따른 산의 모양을 그리며 배세(背勢)와 면세(面勢)를 가늠하며 개장(開帳)과 출맥, 혈과 호사(護沙), 판세와 수구를 추리하고 바람길을 가려낼 수 있다. 경사와 평지, 암반지대와 폭포, 댐, 자갈 모래와 진흙 등을 구분하고 도로와 지름길을 찾을 수 있다. 대략을 간추린다.

• 지성선을 세밀히 긋는다.

4-11도 지성선(地性線)

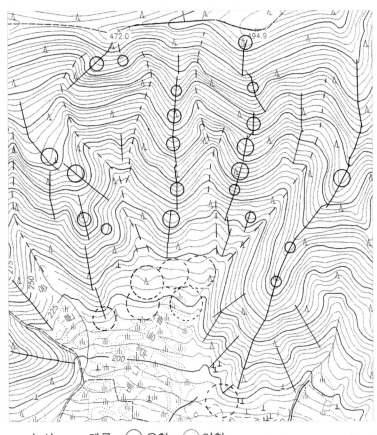

——능선 ----계곡 ◯음혈 ◯양혈

- 지성선으로 능선의 방향변화를 알아낸다.
- 지성선의 상대선으로 계곡선을 긋는다.(점선)
- 개장출맥을 찾아낸다.(천심)
- 청룡백호와 안산을 찾고 조당과 수구를 추측하며 방향을 찾아낸다.
- 물길과 바람길을 찾아낸다.
- 혈판의 응결지점을 찾아낸다.
- 평지낙맥을 추리한다.

2) 지형도와 나침반

지형도는 도북과 진북, 자북의 편차를 가진다. 도북은 지형도상에서 북쪽이고 진북은 지구상에서 북극의 북쪽이며 자북은 나침반의 자침이 가리키는 지구의 자극점 방향이다. 이것은 지구가 둥글기 때문에 수평으로 그려지는 지형도의 북쪽과 지구의 북쪽은 편차가 날 수 있다. 지구의 북쪽이 진북이고 지형도의 북쪽은 도북이며 진북과 도북의 편차는 도편각이라 한다. 자극점은 북위 75도 서경 100도 지점인 프린스오브웨일스 섬에 있어 도북, 진북과 오차가 생긴다. 도북과 자북의 오차를 도자각이라 하고 진북과 자북의 오차를 자편각이라 한다. 이것은 지역마다 차이가 나며 연도별로도 차이가 난다.

4-12도 북(北)과 자오침

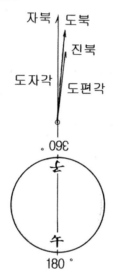

나침반 북(360°)과 남(180°)은 자오(子午)의 정중으로 지형도상에서 자북으로 나타나는 것인 만큼 진북과는 약 7.5°의 편차를 가진다.

3) 지형도 축적과 지번도

지형도의 축적은 5,000/1 25,000/1 50,000/1 등으로 되어 있고 지적도는 1,200/1 임야도는 6,000/1로 되어 있으며 지적도와 임야도를 함께 합한 지번도는 5,000/1 로 지도출판사에서 발행한다. 이를 확대 축소하여 지형 도와 동일 비율로 하게 되면 지형지적도가 만들어지고 목표한 지적도의 지형등고선을 읽을 수 있게 된다.

4-13도 지번도 능선

지번도

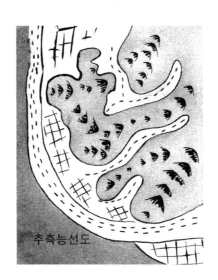

추측능선도

임야도와 지적도 역시 대충 추리로나마 능선을 읽을 수 있다. 임야도는 대략 능선과 계곡으로 분할되어 있으므로 임야도 상에서 가상적 능선과 계곡을 그릴 수 있으며 지적도면 역시 굴곡을 보아 예측이 가능하다.

4) 교회법(交會法)

지형도에서 목표지점의 위치를 정확히 알 필요가 있는가하면 현지에서도 일정지점을 알 필요가 있다. 현지에서 일정지점을 알려면 지형도상의 목표물을 2-3개를 정하여 나침반으로 목표물의 위치를 확인한다. 그리고 목표물과 일정지점을 직선으로 연결하면 직선이 만나는 지점이 지형도상에 나타난다. 이것을 교회법(交會法)이라 한다.

4-14도 교회법

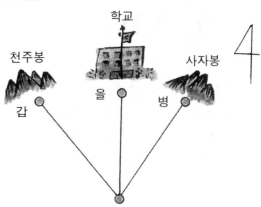

11. 풍수도(風水圖)

—— —— —— —— —— —— —— —— —— —— ——

　풍수도는 지형도와는 다르다. 지형도는 지형의 형태가 그대로 나타나 있는 것이라면, 풍수도는 혈[명당]이라는 지점을 중심으로 과장표시하고 밖으로의 지형을 시각적 측면에서 대략적으로 표시하여온 전래의 것이다.

　그리는 기법도 대개가 먹을 찍은 붓으로 그리기 때문에 단순하며 그리는 이마다 능선과 계곡의 표시기법이 다르기도 하다. 어떤 이는 대담한 선으로 표시하는가하면 어떤 이는 산수화를 능가하리 만큼 섬세한 표현을 구사하기도 했다. 때로는 산수를 그린 동양화에서 풍수도의 명당이 멋지게 표현되기도 한다.

　풍수는 비기(秘記)가 되어 그 전래해 옴이 주중교시(舟中敎示)를 했는가하면 비밀히 가전(家傳)되어 왔고 풍수도에 있어서는 명당의 표시이기 때문에 더욱 그러했다. 그러므로 풍수도 한 장이 지형도가 된다면 그것은 명당에 대한 직선적 표시이므로 탐욕자의 혼란을 피하기 위해서는 우회적 표현으로 풍수도가 전해졌을 수도 있다. 그래서 표기의 글자마져도 바꿔 놓은 예가 허다하다. 그런가하면, 논증한 바 없이 작자의 의중에만 심취되어 본질과는 편중되기도 하고 작자 미상의 것도 많다. 요사이도 비전의 풍수도에 매료되어 조동모서(朝東暮西)하며 헤매는 이를 가끔 볼 수 있다. 일단, 풍수도의 위치부근의 산세가 수려함은 인정할 수 있으나 전래의 풍수도로 혈[명당]을 찾는 일은 지양되어야 하며 그로 인해 풍수가 혼란스러워져서도 안 된다.

풍수도는 바람과 물길도이므로 한 지역권을 판세별로 나누고 현대기법으로 바람과 물길, 사세의 조응도를 자세히 조명할 필요가 있다. 그랬을 때, 낮추어도 될 산이 있는가하면 돋구어도 될 구릉지도 있다. 그 대략이 지형도에서 나타난다고 하지만 지형도를 응용한 풍수도가 탄생한다면 훨씬 일목요연해 지리라 보며 장차 지형풍수도에서 명당도를 볼 수 있게 되리라 기대해 본다.

4-15도 풍수비결

회룡산도(대동여지도)

풍수결록도

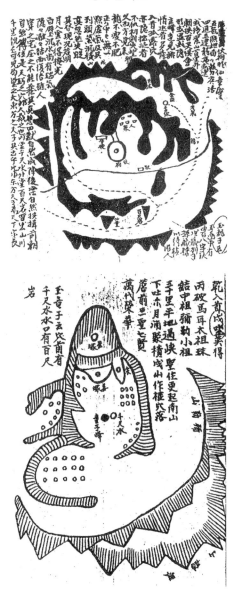

제2절 지리(地理)

1. 개설(槪說)

지리(地理)란 땅의 이치이다. 땅이란, '자전'에서 "흙이 니라[土也=地 土+也, 土部 也 3획]"로 되어 있다. 땅은 크게 두 가지 요소를 가지고 있다. 즉, 흙과 암석이다. 땅에서 는 암석이 뼈대로서 더 절대적이며 흙은 표면의 일부분 일 뿐이다. 그런데도 땅 지자(地字)를 써서 지구(地球)라 말하고 토구(土球)나 석구(石球)라 하지는 않는다. 이는 암석[石]은 내재적 소재요 흙[土]은 표면적 소재인 탓일 것이다. 더욱이 땅이 위대한 것은 만물을 실었기 때문이 고 만물은 흙에 의해 유지하기 때문이다.

땅은 표면에 흙과 아울러 물을 채우고 이를 대기(大 氣)가 둘러싸고 있다. 원론적으로 보자면 제1의 주체는 땅이요 제2는 물이요 제3은 대기이다. 이중 어느 하나라 도 없다면 만물에 있어 무용물이 될 수밖에 없다. 그러 나 1차적인 땅의 주체자가 없다면 물도 대기도 존재의지 할 곳이 없게 된다. 그러므로 물도 대기[바람 공기]도 땅에 의해 생리를 일으키게 되고 만물도 물과 공기에 의해 살아가지만 그것은 생체질서에서 이용되는 것이요 근본은 땅에 의해 존재되어지는 것이다.

풍수학을 지학(地學) 지리학(地理學) 또는, 지가서(地家書) 산서(山書)라고 말한다. 이는 풍수학이 근본적으로 땅에 대한 학문이라는 것이다. 그래서 풍수를 알려면 용혈사수(龍穴沙水)의 사과조(四課條)를 바탕으로 시작하여 공부하게 된다.

땅은 높은 곳으로부터 이어지는데, 낮은 곳 70%는 물이 채워져 있으므로 사실상 지리에서 응용이 불가하고

4-16도 생물권

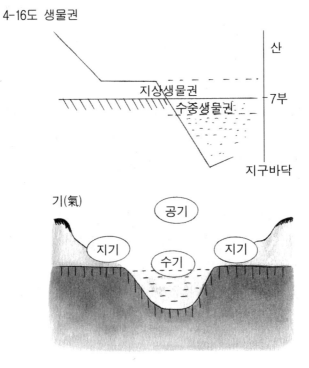

높은 곳도 온도와 바람, 교통으로 인한 문제들로 인하여 이용에 불가하며 수면과 가까운 해발 몇 백 미터 내에서의 땅을 이용한다. 땅은 물과 공기[바람]를 가장 쉽게 구할 수 있는 곳이라야 생물이 발달하고 그러한 곳이 곧 수면과 가까운 곳들이다.

땅에는 땅의 기운 즉, 지기(地氣)가 있다. 그런가하면 땅의 공극에 담긴 水에는 수기(水氣)가 있고 대기에는 바람의 기인 공기가 있다. 지기(地氣), 수기(水氣), 공기(空氣)는 생명에 있어 피치 못할 삼대(三大) 기(氣)이다. 지기(地氣)와 수기(水氣) 공기(空氣)가 어우러져 적절히 조화를 이루는 주체자가 곧 지기(地氣)요 이의 이치가 지리(地理)이다. 지리는 산을 포함하지만 산은 산대로의 형상이 존재하므로 지리는 산과 분리하여 논한다.

2. 천기(天氣) 지기(地氣) 인기(人氣)

━━ ━ ━ ━ ━ ━ ━ ━ ━ ━ ━━

하늘에서는 천기(天氣)가 내리고 땅에서는 지기(地氣)가 솟는다. 그리고 만물은 자신의 기(氣)를 토출(吐出)한다. '노자(老子)'는 "검고도 또한 가물가물한 것이 우주[생명]의 신묘한 문이다"라고 했다. 하늘은 현(玄)이라 한다. 즉, 검은 것이 하늘이란 뜻이다. 우주의 본래 근본은 검은[玄] 것이다. 그래서 '천자문'에서도 "하늘은 검고 땅은 누르다[天地玄黃]"로 시작하고 있다.

하늘이 검고 땅이 누르다면 빛은 붉음[赤]이다. 하늘이 검다는 것은 곧 우주의 본질이요 거기에 태양의 빛이 사라진다면, 우주는 본래의 검은 것으로 되돌아갈 것이다. 우주가 본래 검은 것에서 태양의 빛이 밝음을 낳았으니 음(陰)에서 양(陽)이 생겨남이다. 태양의 빛이 지상 만물의 에너지로 잉태됨이 위대하지만, 우주 현천(玄天)의 검음이야말로 초당 3만 미터를 내달린다는 지구덩이가 공간의 대기를 안고 뭇 성신들과 궤도의 질서를 유지하는 원천일 것이다.

다시 말해, 공중이라는 공연장에 뭇 성신들을 뿌려서 등장시켜 놓고 뭇 성신들이 심지어 초당 수 백 키로의 이동을 하면서도 무탈하게 진행할 수 있는 그 원천의 기틀이 곧 검음[玄]이라는 것이다. 그래서 알지 못해, 보지 못해 검은 것이요, 알 듯 말 듯한 가물가물한 것일 게다.

이러한 우주의 본질 검은 것에서 물을 낳고[天一生水], 거기에서 태양의 빛이 타오르고[二七生火], 빛을 받아 만물이 자라난다[三八生木]. 만물의 생육에는 땅의 뼈대가 단단히 응고하고[四九生金], 다시 흙으로 덮으니[五十生土] 지기(地氣)에 뿌리를 내린다.

검은(玄) 것이 우주의 본질로 하늘에서 땅으로 쏟아져 내리지만, 그것만으로 생명이 살아지는 것은 아니다. 그것은 대우주의 섭리일 뿐, 그보다 가까운 것이 지기(地氣)요 더 소중한 것은 인기(人氣)이다. 지기는 땅에서 하늘로 무한정 솟아나고 만물은 자신의 기를 부단히 토출시킨다. 하늘은 아래로, 땅은 위로, 연직선상으로 기를 왕래하고 만물은 횡(橫)으로 자신의 기를 시방(十方)에

4-17도 천기 지기 인기

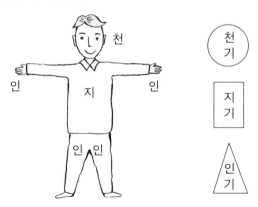

전달한다.

특히 사람은 소우주라고 말한다. 대우주에 비유할 만큼 그 조직이 유사하다는 말이다. 그러므로 천기(天氣)를 받아 하늘의 신령한 기운이 있고 지령(地靈)을 타고 만물을 영위하며 근면과 성실, 면학으로서 사람과 사람으로서 존재하는 사회생활을 하게 되니 이것은 인본(人本)인 인기(人氣)이다. 이로써 사람은 천기와 지기와 인기를 함께 갖추는 것이다.

3. 사(沙)

인생에 있어서 동반자란, 사람과 사람의 관계에서 가장 긴밀한 사이를 두고 하는 말일 것이다. 함께 짝이 되어 뜻을 같이하고 함께 즐거워하고 함께 슬퍼하며 인생행로의 시간대를 함께 할 수 있는 사이가 동반자일 것이다.

풍수에 있어 사(沙)란 말이 있다. 이 말은 자의(字義)로는 흙을 물에 씻어내고 남는 알갱이라는 모래를 뜻하지만, 여기서는 명당의 주변에 있는 산들을 통 털어 사(沙)라고 일컬으며 내 집 주변에 있는 건물과 나무 등의 형상도 사에 포함된다. 사란, 명당[내집]에 있어 동반자인 셈이다. 초원의 언덕이 있고 산 아래 고즈넉히 지어진 집이라면 하룻밤이라도 쉬어가고 싶을 것이다. 동반자가 있는 곳에서 살기를 희망하는 것이 사람의 본능이다. 명당[내집]이 허허벌판에 언덕도 나무도 없이 홀로 서 있다고 가정한다면, 거기에 살기를 희망하는 사람은 있지 않을 것이다.

사(沙)를 잘 분변하는 것은 동반자인 주위를 아는 일이다. 주위는 삶에서 여러 관계의 일들과 연관지어져 있어서 복잡하게 다양하다.

4-18도 명당 사신사

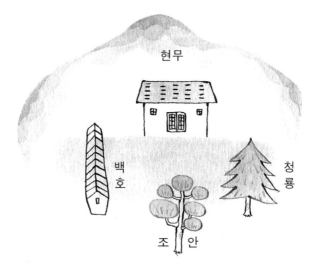

마찬가지로 사란, 가까이로부터 멀리까지 내재되어 있는 모두를 뜻하므로 식별에 어려움이 있을 수도 있으나 가까이로부터[近], 뛰어난 것으로부터,[秀] 공결(空缺), 요함(凹陷)에 이르는 순서에 의하면 쉬울 수도 있다.

1) 내사(內沙)

내사란, 명당으로부터 생겨나는 첫 번째 수기원(水氣元)을 형성하여 주는 사(沙)이다. 내사(內沙)는 **미망수(微茫水)**를 대동하여 생겨지는 사(沙)이기 때문에 **미망사(微茫沙)** 또는 **미망사수(微茫沙水)**라고 칭한다.

4-19도 미망사수 기파형성

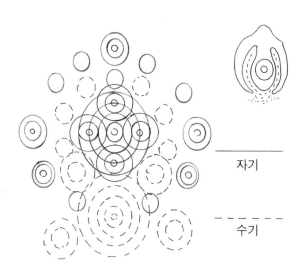

자기

수기

미망이란, 미세하다는 뜻을 가진다. 가벼이 보아서는 식별이 어려우며 논밭으로 변형된 땅에서는 분간이 더욱 어렵다. 그러므로 기파분변에 의하여서도 식별해 볼 필요가 있다하겠다.

2) 사신사(四神沙)

명당(내집)의 주변을 네 개 방향으로 쪼갠다면 전후와 좌우이다. 전후좌우에 있는 사를 **사신사**(四神沙)라고 한다. 즉, 전주작(前朱雀) 후현무(後玄武) 좌청룡(左靑龍) 우백호(右白虎)이다 . 이것은 풍수의 가장 기본적 근본구도이다. 이 구도가 전후와 좌우를 포함하여 넓이와 높이, 그리고 상하의 기울기가 잘 조화를 이루면 명당이 된다. 땅 자체가 구도의 조화를 이루면 땅이 명당이요 건축물이 구도의 조화를 이루면 건축물이 명당이 된다.

사신사(四神沙)란, 명당을 중심으로 형성된 전후좌우의 모든 사(沙)를 통 털어 하는 말이기도 하지만 부분적으로 가장 확실한 청룡 백호 현무 주작을 이르기도 한다.

명당에서 보아 산맥으로 사신사를 정확히 이루면 가장 좋지만, 명당의 요건을 전체적으로 사신사가 완벽히 이루어주는 경우는 아주 드물다.

4-20도 명당

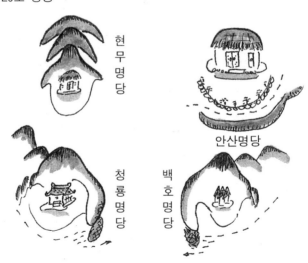

즉, 청룡이 좋으면 백호는 부실하기 쉽고, 안산이 좋으면 현무가 부실하고 하여 대다수의 명당은 좋은 점과 나쁜 점을 함께 가진다. 거기에서 좋은 점을 취할 수 있는 것이 풍수를 가리는 일이다. 청룡 하나만 훌륭하여도, 또는 안산만 좋아도 그것을 취하면 청룡명당, 안산명당이 이루어진다.

3) 외사(外沙)

사신사(四神沙)가 미미하여 부실할 때, 사신사 밖으로 나타나는 沙이다. 대체로 멀리 나타나기도 하고 또한 높이 나타나기도 한다. 내사 또는 사신사가 높으면 압도 당하거나 그에 의하여 명당이 갇히는 형상이 되어 불리하지만, 외사는 거리가 멀기 때문에 높이 솟아도 시각점이 거리에 의해 낮아질 수 있다. 보통 외사는 **관귀금요**(官鬼禽曜)로 구분 지으며 각기 위치를 가지게 된다.

안산 너머에서 나타나는 조산(朝山)들을 관(官)이라 하여 **명관**(明官)과 **암관**(暗官)으로 나누어 명관은 확연히 나타나 보이는 산을 말하고 암관은 보이지 않고 숨은 산을 말한다. 명관(明官)은 역량이 큰데 비해 암관(暗官)의 역량은 적다.

뒤편의 산 너머에 능선이 붙으면 이를 **귀**(鬼)라 한다.

4-21도 사의 높이와 거리(시각)

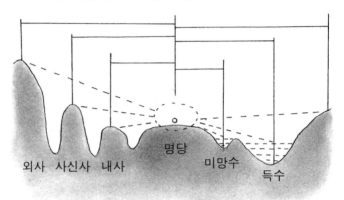

귀는 그림자라는 뜻으로 해석되며, 뒷산이 안전하려면 뒷산 너머에 능선[산줄기]이 버팀목이 되어 주어야 한다. 즉 뒷산의 그림자란 뜻으로 귀(鬼)이다. 만약, 이 부분이 미약하면 곧 뒷산너머에 골짜기가 형성될 것이고 그로 인하여 불어대는 바람은 뒷산을 넘어 명당까지도 침범하게 된다. 그러므로 귀가 있어야 명당의 역량이 튼튼해진다. 그러나 귀가 너무 길어지면 역효과가 생기게 되어 명당의 기운이 도기(盜氣)하게 된다.

금(禽)이라 함은, 새란 뜻으로 여러 유형의 새들이 내려앉는 모양을 이른다. 명당의 판세가 만들어지면 판세의 아랫부분에 수구가 형성되고 수구는 허탕하기 쉬우므로 수구에는 좌우의 산들이 내려앉게 된다. 그 모양이 수구의 바깥으로는 큰산이 솟고 그 안쪽으로는 나지막한 산들이 여러 개가 내려 앉으면 흡사 내 집 담장 안 대문

근처에 새들이 모여 있는 모양이나 가축을 놓아둔 모양을 연상할 수 있다. 이는 수구를 긴밀하게 만들어 주는 효과가 되며 이로 인해 수구에서 들어오는 바람은 걸러지게 되어 그 세력이 줄게 되고 온화한 바람으로 변화한다.

요(曜)란, 청룡백호가 똑같은 높이로 형성될 수는 없다. 허하여 결함된 부분이 나타나게 되면, 그 너머에서 외산(外山)이 솟아주어 허한 결점을 보완하게 된다. 이를 요라 한다. 때로는 청룡백호가 적당히 정상적 높이일 때도 그 뒤로 외산이 솟아오르는 경우도 있다. 이때에 그 모양이 넘겨 보이는 규산(窺山)과는 다르다. 규산은 대체로 겨우 붙어 보이는 모양이 적지만 요성은 확연히 세(勢)와 형(形)을 이루어서 나타나는 것이다.

4-22도 관귀금요

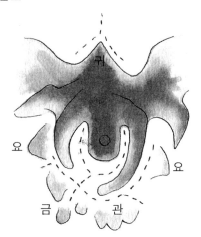

관귀금요(官鬼禽曜)는 결국 외곽경비에 해당한다. 중요
지역을 담당하는 경비는 담장 또는 성곽 밖에서 경비를
서는 것에 해당하는 것이다. 외풍을 막아주고 명당에 조
응하는 영향을 갖게 된다. 내사는 나의 가족이라면 사신
사는 나의 일터의 가족이요 관귀금요는 나와 연관된 외
부의 중요인사들에 해당한다. 나의 가족인 내사(內沙)가
가장 중요하지만 때로는 일터인 사신사나 또는 외부인사
인 관귀금요가 더 출중하여 중요할 수도 있다.

4-23도 명당구조

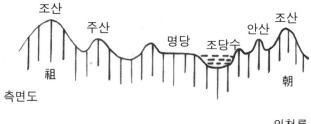

측면도

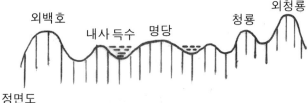

정면도

4) 주객(主客) 조응(照應)

사신사와 더불어 내사와 외사는 바람을 막아주어 명당 판국을 보호해 주고, 水는 명당과 사(沙)를 구분지을 수 있는 경계를 만든다. 이로써 지형의 형태는, 명당이 뒤의 현무보다 낮고 앞의 조당(朝堂)보다 높으며 조당 밖으로 안,조산이 높다. 좌우로도 명당은 좌우 득수보다 높고 좌우수가 낮으며 다시 청룡백호가 높아진다.

이렇게 되면 주위와 명당의 관계가 설정된다. 명당이란 주인의 위치요 주위란 손님의 위치이다. 명당이란, 주인을 위해 형성되는 관계이니 주객의 입장이 된다. 이는 군주와 신하, 노와 사의 입장과도 같이 되는 것이다. 즉, 모든 일은 주인을 근본으로 한 상대와의 관계에서 비롯된다는 개념이 설정되는 것이다. 모든 사람은 자기의 입장에서 본다면 자신을 위주로 해서 자신의 일이 이루어져 간다. 만약 자신이 없다면 자기의 일은 더 이상 이루어질 수 없다. 명당이라는 개념이 바로 명당과 주위와의 다양한 관계에 있는 것이다. 이는 수치상의 개념 내에서 적정형태의 유형으로 기본구도가 그려질 수 있다. 기본구도에서 벗어날수록 ±의 수치가 매겨질 수 있다.

명당과 사수의 관계가 바람을 잠재울 수 있기 위함이긴 하지만 명당과 사수의 관계는 조응(照應)에 더 큰 비중이 있다. 조응이란, 형체가 보이게 되면 그 형체에서

4-24도 주객조응

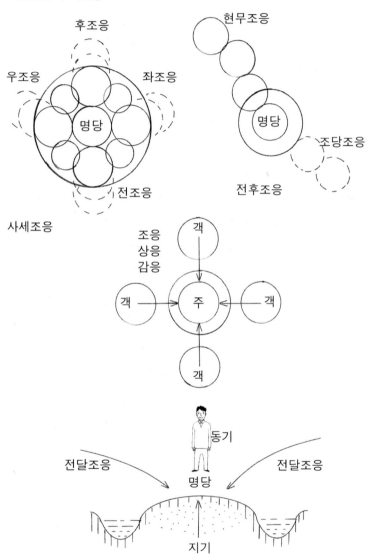

후조응

현무조응

우조응 좌조응

명당

명당

조당조응

전조응

전후조응

사세조응

조응
상응
감응

객

객 주 객

객

동기

전달조응 전달조응

명당

지기

비춰지는 기의 영향을 받아 감응(感應)하게 되는 것이다. 즉, 사수형체의 기가 명당에 전달되어 상응(相應)하고 명당은 그 기(氣)를 받아 명당에 기거 내지는 존재하는 자에게 전달되는 것이다. 이것이 곧 조응으로 인한 감응(感應)이다.

현무가 뛰어나면 현무의 기가 명당에 조응하고 명당은 그 기운을 명당에 존재하는 자에게 감응하는 것이다. 감응은 동기가 아니면 감응하지 못한다. 명당에 청룡이 없다면 청룡은 명당에 기를 감응하지 못하고 명당에 청룡기가 존재하지 않으면 명당에 청룡동기의 감응은 이루어지지 못한다. 이렇게 감응할 수 있는 기운이 있어야 동기(同氣)는 이루어질 수 있는 법이다. 다시 말하여, 명당에 아무리 인걸적(人傑的)인 지령의 기가 있다하여도 거기에 인걸을 생산할 수 있는 자가 와서 인걸을 생산하던가 또는, 기가 있는 인재가 와야 명당의 지령기와 그 품에 들어온 자의 기가 동기(同氣)가 되어 감응할 수 있는 것이다.

4. 지기원(地氣元) 수기원(水氣元)

땅에는 지기의 군락지가 있고 수기의 군락지가 있으니 지기원과 수기원이다. 지기의 군락지에 비해 수기의 군락지는 지중의 수기 함유량이 많은 곳이다. 지표면으로 본다면 낮은 곳인 수면 아래로는 수기원이 되고 수면 위로는 지기원이 될 것 같으나 실상은 그렇지가 않다. 지표에 영향을 받지만 절대는 아니다. 그러므로 산 정상에서도 수기원이 존재하며 수면 아래에서도 지기원은 있게 된다.

지기원에 존재하는 수기는 지기권역 내의 조그마한 수기이고 수기원에 존재하는 지기는 수기권역 내의 조그마한 지기이다. 지기는 혈에서 존재하고 지기원 내의 혈은 여러 개가 존재할 수 있다. 또한 수기는 반혈에서 존재하고 수기원 내의 반혈은 수맥과 함께 수기가 군락지어 있게 된다.

1) 혈

혈이란, 구멍이란 뜻이다. 땅에는 지혈과 지맥의 맥락이 있고 사람에게는 맥과 혈의 경락이 있다.

4-25도 혈형

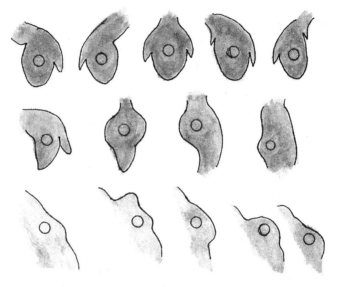

지혈(地穴)이란, 지기가 솟아나는 구멍이요 지맥은 지기가 출발하여 생성되는 곳이다.

그러므로 지기의 혈은 지맥과 이어지고 지맥과 혈의 형상은 매우 다양하다. 지맥이 좌나 우에서 오는가하면 중앙이나 측면으로 돌기도 하고 수기를 건너뛰기도 한다.

2) 혈병(穴病)

혈이 크면 큰 구멍[넓이]에서 지기가 솟아오르고 혈이 야무지면 단단한 지기가 솟아오르며 혈이 기울어지면 지기 역시 뒤틀어져 오른다. 혈은 기의 문호(門戶)인 셈이다. 혈의 지기는 수직적으로 팽창하며 그 팽창은 수평적으로 퍼지게 되고[기파장 참조] 그것은 수기원의 수축기운에까지 상관관계를 형성한다. 즉, 혈의 지기는 수기원의 수기에서 역량이 그치게 된다. 그러므로 혈의 지기(地氣)와 수기원의 수기(水氣)는 절대 상대적 관계를 형성한다. 혈의 지기가 형성될 수 있는 요인도, 대소의 역량도, 결국은 수기원의 수기에 의해 조절된다는 것이 역설적으로 이루어진다. 이것이 음양의 조화이다. 지기(地氣)란 음적 존재요 수기(水氣)는 양적존재이다.

음적존재의 지기가 형성되려면 양적존재의 수기가 혈의 사면(四面)에서 둘러싸 혈의 기운이 뭉쳐지도록 경계를 단단히 이루어야 하기 때문이다. 만약 수기가 경계를 소홀히 하여 혈의 음적기운이 새어나가면 혈은 그만큼

4-26도 혈병(穴病)

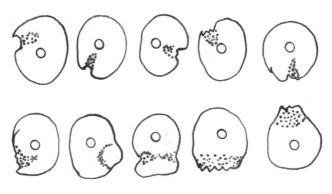

혈형 수기 침투

도기(盜氣), 누기(漏氣)되는 것이니 혈내에 수기가 침투하면 혈병(穴病)이 일어나게 되는 것이다. 혈병은 사람의 오장육부에 병을 유발시키는 결과와 같은 것으로 혈병이 미세할 때는 매우 알기 어렵다. 그러므로 혈을 안다는 것은 그만큼 수기원의 수기를 잘 알 수 있어야 한다.

3) 기혈(奇穴) 괴혈(怪穴)

혈을 아는 것은 쉬울 수 있다. 그러나 혈을 알아서 지기를 다 알기란 어렵다. 즉, 혈은 여러 형태의 형상을 증거로 추리하지만 형상의 예외에 있는 지기도 있을 수 있기 때문이다. 지기가 토색을 겸비하였을 때나 산맥의 연장선에서 내맥이 확실할 때는 토색과 토질을 파악하고 산맥의 대소굴곡을 찾아내면 혈과 지기는 거의 차이나지 않게 정확하다할 수 있다. 그러나 지기(地氣)가 암반지대이거나 평지 또는 맥의 형상이 애매모호한 때에는 지기가 혈의 기본형상 예외일 수 있기 때문이다. 즉 기혈, 괴혈이다.[예로 경주 석굴암이나 삼각산 도선사 기도바위, 팔공산 갓바위, 바위벽에 붙은 고찰암자 등은 보통 괴혈기혈이며 옥룡자 도선이 버려졌다는 구림이나 보리암 태조 이성계 기도터도 암반괴혈이다.]

그러므로 암반의 땅에 바윗돌이 널려 있다하여도 음과 양의 기운을 구분하여 사세를 파악해 보고 지기를 간파해야 한다. 먼저 수기원의 극점을 찾아내고 수기원(水氣

4-27도 괴혈암반

영암 구림 옥룡자 도선 탄강지

남해 보리암 이성계 기도터

元) 극(極)에 상대될만한 지점[보통 수기원으로부터 적정지점 30m±지점]을 찾아보면 혈이 될만한 곳은 있을 수 있다. 혈이 찾아지면 기파를 잘 관찰하여 용불용(用不用)을 진단한다. 평지도 마찬가지이다. 평평히 정지된 땅이나 구획정리가 된 땅, 또는, 평야지가 그러하며 이미 건물이 지어진 곳도 마찬가지이다.

4) 혈과 경사

산맥의 연장선에서 내맥의 경사가 확실하고 토색과 토질을 구분할 수 있으면 경사의 완만도를 보아 가장 크게 구(毬,공)를 지은 곳이 혈[地氣]이다. 구의 형성이 경사지를 지나고 다시 잘록 오목해지다가 볼록히 완만하여 등 그런 모양을 형성하는 곳이다. 즉, 기파의 본래 형태를 닮은 곳이다.

4-28도 혈과 경사

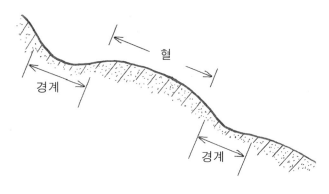

5) 흙과 초목

토색과 토질을 보아 자갈이나 모래[堆沙土]와 생토[本土]를 구분하여 혈을 찾고 풀을 보아서 잡초[쑥대]가 무성

4-29도 흙과 초목

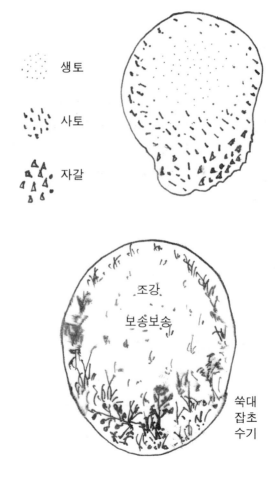

생토

사토

자갈

조강.

보송보송.

쑥대
잡초
수기

히 우거지거나 수기가 차고 바닥이 보이지 않을 경우와 상대적으로 잡초가 크게 자라지 못하고 바닥이 조강하여 보송보송해 보이면 혈(穴)이다. 혈을 찾으면 기파를 잘 가려보고 기파를 응용한 혈을 건물의 중요부위로 재단하여 설계할 수 있다.

6) 절토 보토

평지는 대개 퇴적토가 쌓여 이루어진다. 큰 강물은 홍수에 퇴적물을 운반하여 평야지를 만들고 삼각주를 만들기도 하며 본래의 물길과는 달리 수세(水勢)에 의한 새로운 물길인 변형물길을 만들기도 한다. 평지 중 본래의 물길이 퇴적토에 의해 이루어진 평지는 수기극을 이룰 수 있기 때문에 매우 위험하다.[화재 불치병 도난 강도 사고 등] 그러나 명당이 물길에 침해되었다 해도 거기에 명당의 기는 그대로 존재한다.

절토나 보토, 또는 구획정리에 의해 이루어진 곳도 퇴적물에 의한 평지와 유사하다. 다만 공간기(空間氣)가 변형되었을 뿐이다. 본래의 지기원을 절토나 보토를 하여도 지중기는 지기원이고, 본래의 수기원을 절토나 보토를 하여도 지중기(地中氣)는 수기원이다. 그러나 공간에서 조응되는 기는 형상이 변한 만큼 변하게 되는 것이다.

4-30도 절토 보토

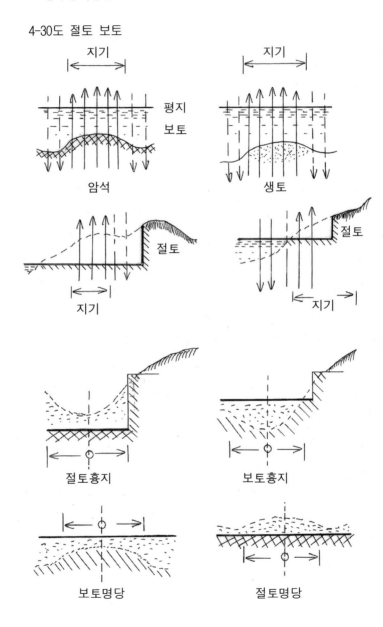

5. 반혈(反穴)

지기[혈]는 땅의 어느 한정된 넓이 내에서 반드시 존재한다. 그것이 크던 작던, 크게 좋던 작게 좋던 간에 땅이 있으면 분명히 존재한다. 예로 100평 넓이의 땅이라면, 그 100평 내에는 분명히 음적 수축의 기[水氣]와 양적 팽창의 기[地氣]는 함께 대립적으로 반비례작용을 하며 공존한다. 즉, 혈의 기와 **반혈**(反穴)의 기가 공존한다. 이것이 면적의 위치에 따라 혈과 반혈이 차지하는 비율의 차이가 날 수 있다. 혈이 70% 이상이라면 명당혈이 되고 30%미만이라면 흉지이다. 즉 반혈이 70%를 차지하는 셈이 된다. 반혈은 혈의 반대이다.

본래의 지형이 너무 퉁퉁하고 넓으며 온통 양질의 토양으로만 이루어지면 어디를 봐도 명당처럼 보인다. 이럴 때는 혈중에 **반혈**(穴病)이 존재한다. 단단히 뭉쳐진 기(穴)를 찾을 수 없으면 반혈(反穴)이다. 또는 넓은 명당판이 상하로, 폭[가로]에 비해 길이[세로]가 2배 이상 길어지거나 좌우로, 길이에 비해 폭이 1.5배 이상 길어질 때는 그 중에 반혈이 존재하게 마련이다.

이 때에도 단단히 뭉쳐진 기[혈 명당]를 찾을 수 없으면 반혈이지만, 어딘가 한 부분에 치우쳐서 혈이 존재할

4-31도 반혈(反穴)

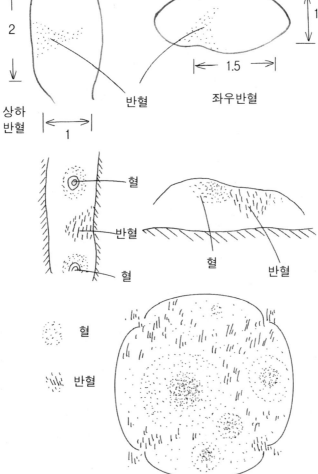

2

상하
반혈

반혈

좌우반혈

1.5

1

혈

반혈

혈

혈

반혈

혈

혈

반혈

혈이 지나치게 크고 넓을 때

수 있기 쉽다. 또한, 과맥처럼 보이면서도 혈이 남을 수
도 있다. 흡사, 여러 사람이 뭉쳐 모임을 열어가다가 일
부 사람이 따르지 않고 쳐져서 따로이 모임을 여는 것과
도 같다. 지세가 흐르다가[과맥] 쉬는 듯 주춤거리면 거기
에서 얼마간의 지세는 남아있게 된다. 즉 **과여맥**(過餘
脈)이다. 이 때에는 혈에 상반하려는 反穴과의 비례가
중요하다.

4-32 과여맥

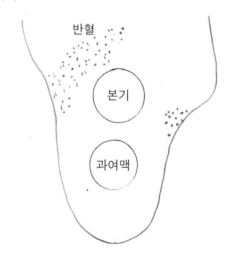

6. 땅의 역량

━━ ━━ ━ ━ ━ ━ ━ ━ ━ ━ ━ ━ ━

아무리 좋은 땅도 건축이 잘못되면 명당은 가치가 줄
어질 수 있고, 아무리 잘 지은 건축도 좋은 땅에 세워지
지 않으면 온전한 명당은 아니다. 그러므로 땅의 역량과
건물의 역량이 조화를 이루게 하고자 하는 것이 풍수양
택의 근본 이론이다. 요즈음 건축은 과거의 주거택 개념
에서 벗어나 업무용 빌딩들이 들어서고 고층아파트가 즐
비하게 늘어선다. 빌딩의 높이가 큰 산더미를 능가하리
만치 가물가물하고 그 넓이가 한 동리를 넘어선다. 땅의
구조 역량이 건물을 수용해줄 수 있는 적당한 역량이 있
으며 이 역량은 건물과 건물 사이에도 적용이 된다. 지
반이 약한 개울을 막고 늪지까지 이용하여 큰 건물을 세
운다거나, 주위의 높은 산을 능가할 만큼 높아지거나, 또
는 빌딩 숲 속에 작은 집을 고수한다거나, 홀로 우뚝 높
은 건물들은 주위와의 구도에서 조화를 이루지 못하게
된다. 땅에는 명당이 가지는 넓이가 있다. 즉, 명당의 **역
량**(力量)이며 땅의 역량이다.

땅의 역량은 지기를 아끼고 보호하기 위해서는 그 훼
손을 가장 작게 해야 하지만 사람의 행동반경과 수용인
원의 활용면적상 땅의 지기 역량대로만 이용될 수 없는

게 사실이다. 땅의 역량은 지기와 사세의 역량으로 비추어 볼 때, 지기는 지기극을 보호하여야 하고 사세는 사세를 넘지 말아야 한다. 지기극은 공간조응으로 보호되어야 하고 수기는 중심에 두지 말아야 한다. 사세는 안산을 넘는 높이는 되어도 현무는 넘지 말아야 한다. 땅의 역량은 공간 조응역량에서 ±되어진다.

4-33도 역량

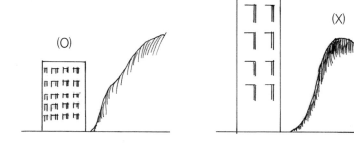

7. 체득(體得)

━━ ━ ━ ━━ ━ ━━ ━ ━━ ━ ━━ ━ ━━ ━ ━━ ━ ━

풍수는 지형지세에 기인한다. 지형지세를 잘 알기 위해서는 해당지역을 여러 번 반복 답사하면서 산형태와 水형태, 그리고, 토양을 구분하고 판세를 정하고 사수의 조응을 가려 기운의 성정을 마음으로 측량하면 가부의 깨침을 얻을 수 있게 된다. 옛적 어느 풍수인은 마음에 둔 지역이 있어 그곳으로 아예 이주하여 살면서 마음에 둔 자리를 10년 이상 탐색했다는 얘기는 가끔 들리는 바이기도 하다. 즉, 한 곳을 알기 위해 거듭거듭 발로 땅을 밟으면서 탐색하노라면 체득에 체득을 거듭하게 되는 것이니 전신으로 감응을 이루게 되는 것이다.

체득은 정득(正得)과 편득(偏得)으로 구분할 수 있다. 정득은 사리분별에 올바른 바탕을 두고 이루어지는 것이라면, 편득은 사리분별과는 무관하게 스스로 구분 짓는 편견의 인지(認知)로 인해 체득되어지는 것이다. 특히, 풍수는 현장을 바탕으로 이루어진 학리인 만큼 학리가 현장을 지배하다보면 학리의 밖에 있는 현장은 학리의 편견에 의해 인지의 편득을 초래할 수 있게 된다. 그러므로 편득이 의심날 땐, 여러 가지의 방법을 동원하여 구체화해 볼 필요가 있다. 즉, 혼자 끌어안고 있지 말고

대중 논리에 비추어 보고 학리에만 머물지 말고 지기에
의존해 보는가 하면 내버려 두고 꿈이나 기타 징후의 예
시를 기다려 보기도 하는 등으로 체득의 진위를 가려볼
필요도 있다 하겠다. 그런가하면, 마음을 고요히 하여 마
음공부의 수행을 쌓고 정성을 들이는 기원과 아울러 정
신세계의 수련도 함께 이루어 봄직하다. 가장 중요한 것
은 중심을 잃지 않는 것이라 할 것이다.

제5장 구조풍수(構造風水)

1. 개설(槪說)

구조(構造)란, 어떠한 전체에서 부분들로 이루어져 있는 짜임새의 조직 체계를 말한다. 양택의 구조에서는 사람이 기거(起居)하기에 편리하도록 여러 공간을 복합시키며, 또한, 구조의 재료와 방향, 그리고 크기에 있어 매우 다양하게 전개된다.

다양한 체계의 구조로 구성시키는 것이 양택(陽宅)이다. 그것은 생활자체가 한두 가지 거동으로만 이루어지지 않기 때문이기도 하다. 즉, 잠자는 곳, 세수하는 곳, 식사하는 곳, 모여 쉬는 곳, 취미 등등으로 다양한 만큼 그에 맞는 공간이 주어져야 하므로 복잡성을 가지며, 또한, 생활과 공간은 서로가 연계되어 있기 때문에 연계성이 편리하여야 하면서도 따로 독립되어야 하기 때문이다. 그래서 자칫 대지(垈地)와 반대의 체계를 갖기도 하고, 구조자체의 연계성이 뒤틀리기도 하며, 대소(大小)의 순서와 방향의 위치가 바뀌어 지기도 한다.

공간의 체계를 이루는 구조에서 완벽을 이루어 낼 수는 없다. 어느 일정 부분에서는 불편을 감수할 수밖에 없는 것이 구조의 모순점이다. 그것은 결국 생활의 다양한 변화에서 편리함의 이면에는 그에 상반함이 따르기 때문이다. 양택의 구조론은 구조에서의 모순점을 최대한 줄이면서도 생활의 기준 법칙에 의한 순서대로 조직체계를 지키고 자연질서의 내왕에 순응하고자 하는 것이 목적이다. 생활이란, 구조의 다양한 공간들을 내왕하는 것이다.

구조는 크게 용도에 따라 다르며 시대 상황에 따라 바뀌기도 하고 지역배경에 따라, 민족의 풍속에 의해 다르기도 한 것이다. 땅과 관계구조, 생활과 관계구조를 구조에서의 체계를 찾아본다.

2. 대지(垈地)

━━ ━━ ━━ ━━ ━━ ━━ ━━ ━━ ━━ ━━

양택의 구성은 대지(垈地)가 있으므로 가능하다. 대지
는 연접한 땅과의 관계에서 지리(地理)를 이루고 지리에
서 대지가 위치한 곳은 혈이라야 하고 명당을 이루어야
한다. 대지는 선택이 중요하고[지리] 선택된 대지는 지리
의 응용이 중요하다.

1) 대지선택

대지는 혈과 명당의 조건이 필요한대로 정리되어 있는
것이 아니라, 획일적으로 재단되어 있거나 원래 지적도
의 형태대로 있어서 거기에 맞추어 사용해야 할 경우가
대다수이다.

원래의 지적도는 자연 구성으로 이루어진 소유에 의해
측량되었고, 이후, 구획정리 사업에 의해 구획적으로 변
하여 왔다. 땅의 원래 형태를 짐작하는 데에는 획일적인
지적도 보다 자연스럽게 이루어진 지적도가 땅의 지리를
판단하는데 훨씬 쉬울 수 있다. 이는 땅의 원래 형태가
도면상에 나타나 있기 때문이며 이를 짐작하고 원래 토
양의 높낮이를 추측할 수 있기 때문이다.

5-1도 지번도 길지

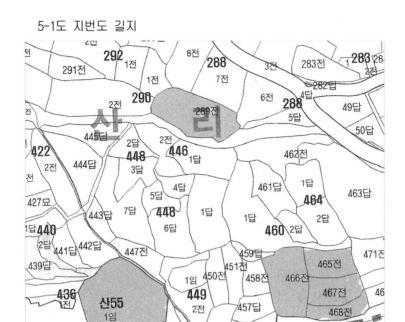

　획일적으로 구성된 대지라면 전체 중에서 좌향의 정면
을 중심으로 이룬 위치가 우선하고, 일반 지적[임야]도일
경우는 요함(凹陷) 부분과 사첨(斜尖) 부분이 없는 것이
우선이며 지리의 순서이다.

2) 대지비율

　대지는 지적도에 의한 위치를 가지게 되고 위치의 모
양과 구조의 구성이 조화를 이루어야 한다.
　좋은 대지란, 건물과 공간으로 활용하기에 가로 세로[

5-2도 대지 비율

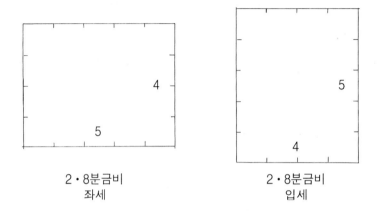

2·8분금비
좌세

2·8분금비
입세

5-3도 대지경사

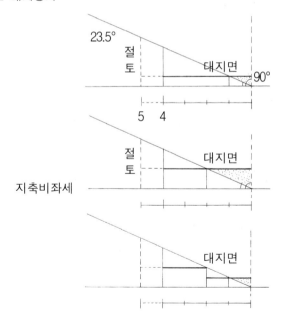

지축비좌세

종횡]의 비율이 적당하여야 한다. 또한, 지리적 경사와 명당의 조건을 갖추어야 하며 경사의 적정비율은 주거택일 경우이며 가로와 세로의 비율은 5 : 4[2 · 8분금비]와 5 : 3.5[3 · 7분금비] 중 2 · 8분금비가 우세하고 입세보다는 좌세가 안정적이다.

3) 대지와 건물

또한, 대지의 형태에 따른 양택의 구조구성은 매우 중요하며 그 방법이 다양할 수 있다. 그러므로 대지와 건물의 조화를 형성하는 것이 곧 양택의 공간명당을 이루는 것이 된다.

건물의 면적이 좌세를 취하고 마당의 넓이가 좌세를 취하다 보면 전체 대지는 입세라야 가능하게 된다. 즉, 입세대지＋좌세건물＋좌세마당이 된다. 원형의 대지일 경우도 원의 지름으로 분금비를 형성하며 좌세와 입세도 동일하다.

대지와 건물에서 대지의 정중과 편측으로 위치가 정해질 수 있다. 특히 지기와 관련한 문제이기도 하다. 정중과 편측일 때도 좌세와 입세로 구분된다. 대지의 전체가 중심을 이루나 변두리 부분이 어지러우면 중심부를 재단하여 사용한다.

5-4도 대지와 건물

① 좌세편측

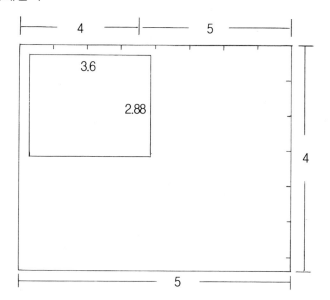

② 좌세정중

③ 입세편측

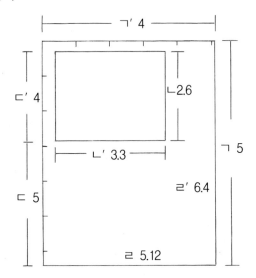

④ 입세정중

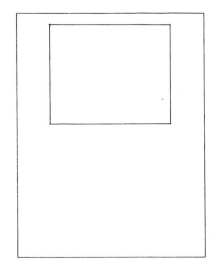

4) 흉지

대지의 흉지는 풍수와 지리의 흉지이다. 대지의 형태로는 원만한 모양이 아니고 들쭉날쭉하여 혼란스러운 모양이다. 특히 활등이나 그믐달처럼 들어간 모양이나 뾰족하여 빗나간 모양[사첨]은 매우 흉지이다. 그러나 대지가 필요이상으로 넉넉히 크다면 사첨된 부분들을 모두 재단하고 그 중심만을 이용할 수도 있을 것이다.

5-5도 흉지

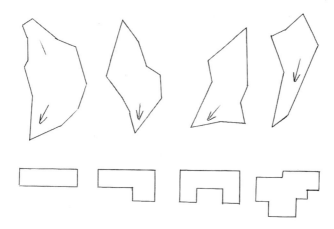

5-6도 흉지 다듬기

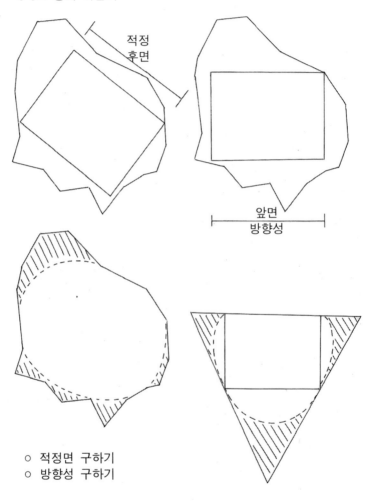

o 적정면 구하기
o 방향성 구하기

3. 구조(構造) 구성(構成)

양택의 구성은 벽, 천정, 바닥으로 이루어지고 출입하
는 문과 채광 환기를 위한 창문이 필요하다. 집 한 채에
한 칸으로 이루어질 때는 이들의 조합이 비교적 자유롭
지만, 대체로 집 한 채에는 필요에 따른 여러 칸의 공간
이 이루어지므로 벽과 문, 창문은 부득이 상대공간에 의
해 뜻대로 되지 않는 경우가 많다. 이들 상대공간의 침
해를 피하기 위해 애쓰다보면 공간의 전체 모양이 들쭉
날쭉하여 균형을 이루지 못하게 되기 쉽다.

양택은 전체의 형틀 안에서 여러 공간을 나눌 수 있는
가하면 부분공간에 의해 전체공간이 이루어질 수 있다.
그 중에 전체를 중시할 수 있는가하면 때로는 부분집합
에 의해 전체가 형성될 경우가 중시될 수도 있다. 전자
는 전체 외형은 이루어지나 내부공간의 편리를 이루지
못할 수 있는가하면, 후자는 내부공간은 이루지만 전체
모양인 외형은 이루지 못하기 쉽다.

풍수는 모든 대상이 살아가는 기의 생성체로 보기 때
문에 벽도, 천정도, 바닥도, 문도, 창문도, 모두가 기(氣)
자체를 생성해 내는 본체가 되는 것이다. 이들이 서로의
관계에서 주종(主從) 화합하게 하여 생기를 협력 생산토

록 하고자 하는 것이 목표이다. 그러므로 양택의 구조구성은 양택의 주된 기의 그릇이라 할 수 있다. 주(主)된 기(氣)의 그릇이 양택의 외형이라면 내부의 공간들은 그릇 내부의 분리로 기(氣)의 생성이 독립되는 셈이다. 즉, 양택의 외형은 내부에 분리된 다자(多者)의 집합체이다. 다자의 집합이 상응하면 좋은 기를 생성하고 외형이 이를 잘 집합할 수 있는 형틀을 갖추면 길택(吉宅)이 되며 내부의 다자 공간이 주종의 질서를 갖추고 상관관계의 형성이 조화를 이루면 공간명당이 된다. 즉 외형과 내부는 함께 중요하다 하겠다.

4. 구조(構造) 외형(外形)

━ ━ ━ ━ ━ ━ ━ ━ ━ ━ ━ ━

구조의 외형(外形)은 곧 양택의 외형이다. 양택의 외형은 양택의 외형과 더불어 마당, 정원, 담장, 대문, 도로와 그리고 지형지세와 아울러 조화를 이루게 된다. 이는 구조의 외형에만 한정된 문제라기보다 양택이 가지는 전체 문제이기도 하다.

외형의 모양과 주위와의 조화, 그리고 크기, 높이, 색상, 방향 등등의 조화가 이루어져야 하며 조경 문제까지를 포함한다. 조경은 조경수목이 포함되므로 별도로 두고 양택 외형과 마당, 정원, 담장, 대문과의 연계성을 고려해 본다.

1) 외형(外形)

양택의 외형은 지붕과 벽면으로 이루어진다. 지붕이 원형의 조화를 이루기도 하고 벽면이 조화를 이루기도 한다. 지붕은 하늘을 차단하여 빗물을 방지하고 벽은 외부를 차단하여 바람을 막아낸다. 그 모양에 있어 양택의 외형은 기본적으로 삼재형(三才形)을 들 수 있다. 三才란 天,地,人의 3요소로서 둥근 형은 천(天)[○] 모난 형은 지

5-7도 원 방 첨

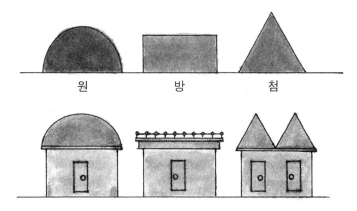

원　　　　　방　　　　　첨

(地)[□] 각진 형은 인(人)[△]으로 원,방,첨(圓方尖)의 삼
요소이다.

ㄱ. 원형(圓形)

둥근 형은 기(氣)의 생산이다. 우주가 공(空)하고 하늘
은 둥글다. 지붕이 둥근 것은 하늘을 대표하는 형상이다.
그러므로 하늘을 대표할 수 있는 구조의 건물에서 적합
하다.[대표최고기관 대표인재 대표선수] 산의 모양으로는 금성
산(金星山)에 해당한다. 개혁적이고 의리를 지킨다. 사람
의 형상에서는 머리에 해당하여 두령으로서 통솔하는 위
치에 해당한다. 둥근 형은 아래에서 모나게 받쳐져야 안
정감을 이룬다. 단점으로는 원형이 사방으로 똑같으면
좌와 향이 없게 되므로 주관이 없게 되며 구조의 실내

5-8도 천원지방

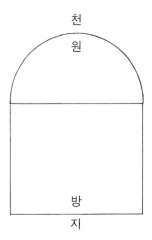

천
원

방
지

이용효율이 떨어지게 된다. 주위에 더 큰 건물이 있으면 격이 떨어진다. 그것은 원은 으뜸이기 때문에[地,人보다] 제일 높아야 한다.

ㄴ. 방형(方形)

네모진 형은 기의 저장이다. 땅(地)을 대표하는 형상이다. 일반적으로 슬라브 건물이 방형(方形)의 구조이며 기운을 갈무리하며 오래도록 유지되는 게 특성이며 주위의 건물들에 영향을 받지 않는다.[저장 창고 공장] 오행산으로는 土山에 해당하여 공훈의 녹이 진진하다. 인체로는 몸통에 해당하여 오장육부의 생성체계의 주밀함에 해당한다. 방형(方形)의 구조는 실내의 이용효율이 가장 높으며 적당한 장방형[가로 : 세로=5 : 3.5]이 되면 좌향의 최적을 이룬다. 단점으로는 지나치게 일직선으로 높아지거나 가로 세로의 비가 지나친 장방형은 불안하지만 일직선으로 높아지면 木형에 해당하여 인재가 특출하고 장방형은 횡목이 되어 문인에 유리하다.

ㄷ. 각형(角形)

각(角)은 기의 소비이다. 원에서 기는 생산되고 방에서는 저장되며 각(角)에서는 소비하게 된다. 즉, 천지의 기운을 사람이 소비하는 것이다. 일반적으로 기와집 지붕이 각형이다. 기를 소비하는 것은 재주[才藝]이다. 기술과 더불어 문필문장이 특출하다. 오행산으로 木火山에 해당하여 인자함과 예의를 덕성으로 기른다. 인체의 수족에 해당하여 갖가지 재예(才藝)를 익혀낸다. 특히 실내에서 천정이 각형(角形)으로 구성되면 기의 응결이 가장 완벽하게 중심을 형성한다. 실내 공간효율이 좀 떨어지지만 좌향은 정중으로 이루어질 수 있다. 단점으로는 지붕[외형]에 비해 실내 면적이 적게 되고 옆 건물과 연결성이 결여되기 쉽다.

ㄹ. 첨형(尖形)

첨(尖)은 각(角)을 뾰족하게 만든 것이다. 첨은 기를 극적으로 소비하며 하늘로 지기(地氣)와 인기(人氣)를 쏘아 올려 전달한다. 일반적으로 종교건물에서 흔히 볼 수 있다. 산형으로는 독화성산(獨火星山)에 속하고 인체로는 손가락 손톱에 속한다. 속성속패할 수 있고 천기의 전달 매체로 신과의 교감을 이루기도 하며 실내의 독성을 하늘로 뿜어내기도 하니 삶의 하소연이 이루어지기도 한다. 일반주택으로는 바람직하지 못하다. 실내 공간 효율이 많이 떨어지고 안정감이 결여되지만 먼 거리까지 보여지는 전달효과와 일시적으로 보아줄 예술효과는 뛰어나다.

2) 마당

마당은 주택이 좌(坐)와 향(向)을 가지면 주택의 향인 앞면을 차지하는 공간터이다. 양택의 좌와 향은 음택의 좌와 향에 비해 가로와 세로 폭의 비(比)가 정 반대가

5-9도 음택형과 양택형

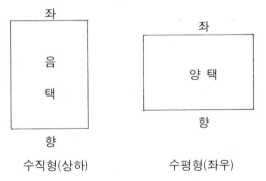

수직형(상하)　　　　　수평형(좌우)

된다. 양택에서 마당이 없으면 양택 건물자체가 세로에 비해 가로가 더 길므로 양택의 향이 불안정하게 되고 또한 양택의 전면에서 조응되는 기를 생활에서 감응하지 못하게 된다. 그러므로 양택의 마당은 양택 전면의 중앙에 위치하도록 하여 양택 전면의 형상적 조응기(照應氣)가 극점운(極点暈)을 형성토록 하여야 한다.

마당의 크기는 양택의 높이와 넓이의 면에 비례하도록 분금비를 적용한다.

양택의 높이 : 마당의 세로 = 3.5 : 5

양택의 폭 : 마당의 가로 = 3.5 : 5

또는 양택의 폭[가로]을 마당의 세로로 하면 양택폭 : 마당의 가로 = 3.5 : 5가 된다.

이상은 분금비로서 가장 이상적인 마당이다.

- 마당이 너무 넓으면 상대적으로 집이 왜소하게 되고 기를 움츠린 모양이 된다.
- 마당이 전면(前面)이 아니고 측면에 있으면 전면의 조응기(照應氣) 극운(極暈)을 이루지 못한다.
- 마당이 방정한 가로 세로의 적정비를 이루지 못하거나 들쭉날쭉하면 마당의 중심점이 결여된다.
- 마당이 뒷면에 있으면 후저(後低)가 되어 불리하다.
- 마당은 양택보다 수평으로부터 적정경사까지의 높이를 낮게 해도 가능하며 유리하다.

5-10도 건물과 마당

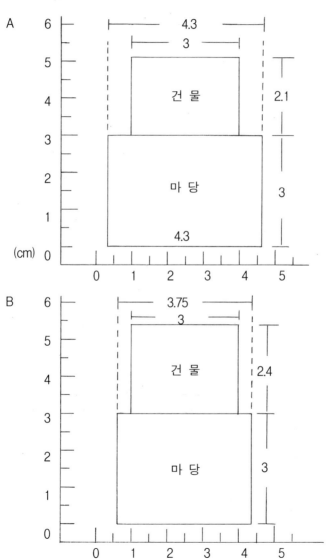

건물의 가로를 3cm로 잡았을 때,[5-10도]

(A)3:2.1=5:3.5—3,7분금비   (B)3:2.4=3.75:3—2,8분금비

• 마당이 너무 크면 외부마당과 내부마당으로 하여 둘로 나눌 수 있다.
• 마당의 둘레에는 조경수를 심어 기의 응결점을 보호할 수 있다.

3) 정원(庭園)

정원은 정원수를 심는다. 정원을 별도로 만들어 정원수를 심으면 양택의 허(虛)한 기운을 보강할 수 있다.

양택의 허한 곳이나 마당의 측면이나 돌출부를 이용하여 정원을 꾸밀 수도 있다. 정원은 마당의 중심을 이루

5-11도 기 응결과 분산

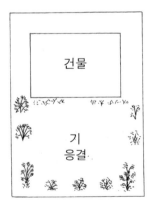

기 위해 꾸며져야 한다. 정원으로 인해 마당이 침해 당
하면 안 된다. 특히 마당의 중심 위치를 정원으로 만들
어 나무를 심으면 양택의 기(氣)를 분산시킨다. 정원은
조경을 목적으로 하는 만큼 조경수 선택도 중요하다.

4) 담장

담장은 양택을 보호하기 위한 수단으로서 가장 적절하
다. 담장의 높이는 뒷면과 양 옆면보다 전면이 낮으면
좋다. 담장이 너무 높으면 집이 갇히는 결과가 되고 너
무 낮으면 갈무리가 부족하게 된다. 담장은 대문과 조화
를 이루어야 한다.

5-12도 담장

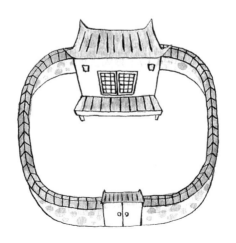

5) 대문(大門)

대문은 담장과 연결되어 양택의 갈무리 기운을 외부와
교환하는 구멍이다. 대문의 크기는 내왕에 적절하면 되
고 지나치게 크거나 허술하면 좋지 못하다. 대문의 지붕
이 있을 경우는 수평보다 각지는 게 좋다. 지붕이 없을
때는 담장과 일적선상으로 세우는 것이 좋고 지붕이 있
을 경우는 대문 칸을 만들 수도 있다. 지면에 경사가 있
을 경우 대문이 마당 쪽으로 들어갈 수도 있다. 수평에
서 대문이 들어가는 것은 폐쇄적이라 좋지 않다. 도로보
다 집이 낮을 경우는 들어가서는 안된다. 대문은 담장과
연결선상에 위치하므로 대문이 너무 크거나 웅장하면 담
장과 조화를 이루지 못한다.[문참조]

5-13도 대문

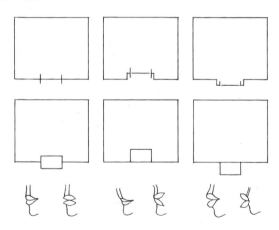

5. 구조 내부

1) 주종(主從)

내부공간을 구성함에 있어 용도에 따른 주종(主從) 관계를 설정해야 한다. 상가나 사무실, 공장 또는 주택에서 각기 여러 공간으로 구조를 형성하면 거기에 각기 사용할 부서와 직위 또는 가족이 주어진다.

즉, 인적관계가 주어지면 그것은 곧 주종관계를 형성하게 된다. 공간에 있어서도 마찬가지이다. 공간과 공간이 독립적으로 연결되면 앞뒤좌우의 순서와 대소(大小)

5-14도 주종

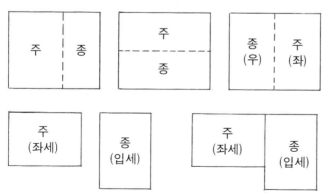

의 우열이 나타난다.

대소에서 큰 칸이 주(主)라면 작은 칸은 종(從)이 되고 뒤가 주(主)라면 앞이 종(從)이 되고 좌가 주(主)라면 우는 종(從)이 되며 좌세(坐勢)가 주라면 입세(立勢)가 종이 된다. 또한, 이는 인적구성의 연령에서도 차이날 수 있다.

2) 방(房)과 침실(寢室)

방은 주택에서의 분리 독립된 공간으로서 집이라는 외형의 내부에서 여러 개의 방을 만들 수 있다.

주택에서 거실 주방 화장실은 식구가 공용할 수 있지만 방은 식구 중에서 선택하여 독자적으로 사용한다. 집이라는 것은 모든 식구에 해당하고, 방이란, 식구 중 그 방을 사용하는 주인 자신에게 해당한다. 낮 동안 온갖 곳을 다니다가[공용] 최종적으로는 결국 자신의 방에서야 독자적 공간의 생활을 이루게 된다. 비유하자면, 몸에서는 심장이요 식구 중에서는 자신으로 분리되는 것이다. 세상에서 가장 소중한 자신의 몸을 걱정 없이 맡겨 밤새 잠을 자기도 하고[침실] 또한, 자신에게 가장 소중한 물건들을 보관하기도 한다. 그러므로 자신에게 있어 자기 방이란, 자기의 생활무대 중 가장 깊은 곳이며, 그 깊은 곳에 자신을 맡기는 것이 된다.

청오경에서 "어둡고 깊은 곳에 갈무리하는 것이 실제로는 편할 수도 있지만 때[흉]가 낄 수도 있다.[藏於杳冥 實關休咎]"라고 하였으니 자신의 깊은 공간인 방에서 갈무리가 잘 되지 않으면 신체 부분에 때가 끼는[불치의 병] 현상을 유발하고 또는 통장 갈무리가 되지 않아[때:부채] 적자를 일으킬 수도 있다.

대다수 사람들은 1/3 이상은 자신의 방[침실]에서 시간을 보내게 된다. 거의 매일을 똑 같은 시간대에 똑 같은 장소에서 시간을 보내는 것이 자신의 방이요 거기에서도 침상에서의 수면(睡眠)일 것이다. 그러므로 자신이 하는 일 모두는 자신의 방과 무관할 수 없다. 어느 교통사고로 방을 떠나는 불귀의 객도, 어느 복권이 당첨되는 행운의 주인공도 어느 날 자신의 방에서 연계된 계시의 꿈을 떠올릴 수 있을 것이다.

집의 구조상 방은 외부로부터 가장 치밀하게 차폐시키고 있다. 즉, 온도나 바람의 조절이 가장 완벽한 곳이다. 이러한 방의 구조는 문, 벽, 천정, 바닥, 창으로 구성한다. 방의 크기는 이것들의 크기에 비례하고 방의 조화는 이것들의 구성에 달려 있게 된다. 그 외 가구와 소품들에 의해 중심위치가 다소간씩 바뀌어질 수도 있다.

ㄱ. 적정 크기

방의 크기는 사용자 즉, 방의 주인 성향에 따라 다르

다. 노인과 젊은이 또는, 학생이나 어린이에 대한 차이와 직업이나 방에서의 시간 소비에 따라서도 차이가 날 수 있다. 잠만 잘 경우와 잠 외에도 생활 일부를 해야 할 경우는 그 크기가 차이나야 한다. 그런가 하면, 방의 생활용품에 따라서도 크기의 필요는 달라질 수 있다.

이외에도 방을 함께 사용해야할 경우도 있다. 부부간이나 형제간 또는 친구간 외에도 부득이 함께 거처해야 할 경우도 있을 수 있다.

사람의 인체에서 유발되는 기[人氣]는 가장 잘 보관될 수 있는 적정공간이 있다. 그 중 방이야말로 가장 긴밀하다. 여럿이 사용하는 공간은 여러 사람의 기가 혼합해 있지만 한두 사람이 사용하는 방은 그들의 기(氣)만으로 꽉 채워져 있게 마련이다.

그러나 생활의 사정에 의하여 부득불 적정비보다 적게 사용할 수 있는가하면 괜한 욕심으로 지나치게 크게 사용할 수도 있다. 적은 것은 오히려 기운을 충만시키지만 너무 크게 되면 기(氣)는 허탕하게 된다.

본서에서 방위의 분금을 적용한 분금비(分金比)의 법칙이 있는데, 앞에서도 이미 응용했지만 방의 크기에서도 분금비를 적용할 수 있다. 수면공간비와 생활공간비로 나누고 성향과 인원수에 따라 적용해 보기로 한다.

ㄴ. 분금비 적용

1인 수면 면적은 1인용 침상을 생각해 볼 수 있다. 1인이면 1인 침상을 놓을 수 있는 공간 정도로 필요하지만 침상과 공간의 비율이 필요하다.

수면을 편히 하는 데 있어서는 침상에 반듯이 누워서 자는 것이 아니다. 침상의 넓이 한계가 인식되어 있으므로 수면 중에서도 침상 밖으로 떨어지지 않으려 함은 도리어 편한 수면에 방해가 될 수 있다.

방바닥에서 마음껏 내버려둔 채로 수면한다면 이리 뒹굴 저리 뒹굴 할 수도 있다. 그러므로 면적은 침상보다 늘어날 수 있다.

이때, 상하보다는 좌우로 늘어난다. 즉, 머리와 발쪽의 상하로 이동하는 것보다 좌, 또는 우로 뒹구는 폭이 넓어지므로 좌우의 넓이에 더 비중이 크다. 물론 어린이와 어른은 다르다.

어린이는 상하로 키가 크며 생각을 키우는 시기이므로 상하로 많이 움직인다. 그러나 어른들은 현실적인 문제들에 집착하므로 좌우로 많은 면적을 차지한다. 좌우는 횡적 수평존재로 실제 활동상황이다.

사람의 키를 180cm라고 가정한다면, 분금비 3·7을 적용할 때, 비례식은 $180 : x = 3.5 : 5$가 적용되고 답은 257cm 가 된다. 여기에서 다시 좌세(坐勢)를 적용하면 $257 : x = 3.5 : 5$ $3.5x = 1285$ $x = 367cm$가 된다. 즉,

180cm의 키를 가진 사람이 방바닥에서 수면할 수 있는 적정면적은 257cm×367cm의 면적을 구할 수 있다. 이 면적은 바닥 면적으로 세로257cm×가로367cm의 좌세이다.

방은 건축상 편의를 위해 벽의 높이와 천정의 높이를 방마다 거의 동일하게 한다. 그러나 실상은 방의 크기에 따라 천정의 높이도 조절되어야 균형을 이룰 수 있다. 벽과 천정을 바닥에 의한 분금비를 산출하면 벽면이 세로257cm×가로367cm이라면 높이 257cm[367cm에 대한 분금비]가 되어 바닥의 넓이가 방의 가로 길이의 벽면이 된다. 그리고 방의 세로 벽면은 257cm×257cm의 정사각이 된다. 천정은 바닥과 같게 된다.

5-15도 적정넓이(분금비)

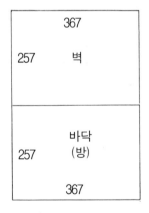
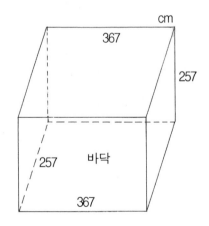

3 · 7분금비의 1인 적정 공간(키 180cm) 방 · 침실

분금비의 2·8을 적용한 비례식은

180cm : x = 4 : 5 x = 225cm 세로

225cm : x = 4 : 5 x = 281cm 가로가 된다.

수면 외에 생활의 일부 활용공간으로 이용할 경우 분금비를 적용하면 위에서 3·7분금비에서 367×257에서

367 : x = 3.5 : 5   3.5x = 1835 x = 524

곧, 비례식에서 367cm×524cm의 크기를 구할 수 있다. 또는 367cm×367cm의 정방형도 구할 수 있다.

2·8분금비를 적용한다면 281×225에서 281 : x = 4 : 5

4x = 1405 x = 351   281cm×351cm가 된다.

ㄷ. 침대

방에서 제일 신경써야 할 중요성은 침대의 방향과 위치이다. 그러면서도 한두 가지의 방법 외에는 별다른 방법이 나오기 어려운 게 사실이다. 그것은 방의 면적에서 침상이 차지하는 면적이 절대이기 때문이며 방문, 장롱, 화장실 등으로 이미 공간구조가 짜여져 있으므로 침대의 위치가 한정될 수밖에 없기 때문이다. 그러므로 침대의 위치는 설계 때부터 정하여질 필요가 있다. 대지에서의 침대 위치가 기파에 의해 정해진다면 침대는 좋은 기파에 위치하게 될 것이다. 또한, 방의 구조 역시 지기의 형성에 의해 적정비율을 구성할 수 있게 된다.

  지기파의 제일 중심점은 거실 중심에 두고 다음 중심점은 안방에 둔다. 그 중심점에 침대를 놓는 것이 최상의 지기를 얻는 것이다. 그리고 거기에서 분금비의 좌세형 방에서 분금을 적용하면 되는 것이다.

- 방이 좌세를 형성하면 분금이 적용될 수 있지만 정방형이나 입세가 되면 분금을 적용할 수 없게 된다.
- 지기의 형성을 찾아 그 중심극점에 침대를 둔다.
- 지기파의 정중에 위치하여 좌세이면 3·7분금을 적용한다.
- 3·7 또는 2·8분금은 정분과 편분으로 나눈다. 편분은 정분보다 변화[지혜]의 극치를 이룬다.
- 지기의 편중이 없는 한 영록,차록분금을 취한다.
- 방이 적고 정방형이면 정중에 위치하여도 무방하다.

5-16도 수면 분금

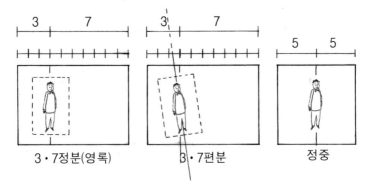

3·7정분(영록)   3·7편분   정중

- 수기의 형성을 찾아 그 위치를 피한다.
- 가급적 벽과는 30cm정도 가량 띄운다.[특히 윗면]
- 지세에 역행하지 않는다.
- 발 부분은 출입문 쪽으로 둔다.
- 발 부분을 창문 쪽으로 두거나 불가능하면 좌우 측면으로 창문을 두는 것도 가능하다.
- 머리 높이보다 낮은 창문은 절대 머리 부분에 두지 않는다. 머리보다 월등히 높은 창문은 머리 쪽도 가능하다.
- 큰 거울이나 가족사진 액자 등은 가급적 벽에 걸지 말아야 하며 특히 벽중심을 피한다.
- 침대 머리부분 벽은 순벽이 제일 좋으며 온전벽을 만들면 좋다.
- 방안의 주(主)는 온전벽이다.

ㄹ. 방(房) 정리

방에서는 장롱과 화장대, 문갑, 옷걸이를 들 수 있다. 이들은 비교적 큰 면적을 차지하므로 아무렇게나 두기 어렵다. 주로 문과 창문에 관계될 수 있고 침상과의 문제에 비중이 주어진다.

장롱은 문의 맨 안쪽 벽 전면을 택하기 쉽고 화장대 문갑은 창문 쪽이 되고 옷걸이는 남는 귀퉁이를 이용하게 된다. 그 외 여러 소품들은 넣어두고 외부에 늘어놓지 말아야 한다. 방은 단순하고 단조롭게 정리되어야 하고 여러 소품들이 널려 있으면 잡된 기운만 응집하게 된다. 최소한 한 면의 벽은 온전벽을 유지한다. 특히 액자와 시계 등은 벽의 갓 부분에 두거나 걸지 말고 거울은 화장대 외에는 두지 않는 게 좋다. 거울은 반사면이 단조로워야 하므로 순벽이 나타나는 정도라야 한다.

ㅁ. 문 창문

방은 문의 위치에 따라 공간기의 형성이 달라진다. 대개 거실과 좌향에 영향이 되므로 부득이한 경우가 있으나 설계부터 감안하여야 옳은 양택의 문과 창문이 형성될 수 있다.

방문은 방의 정중에 두지 않는 게 좋다.[기충파] 좌나 우측으로 기울어져 두고 입세의 면보다 좌세의 면에 두어야 한다. 밖에서 안으로 밀고 들어가야 하고[기저장] 안에서 밖으로 밀고 나오면 기는 소모된다.[기소모] 좌세의 측면에 문을 두었을 때, 방안의 주벽[온전벽]이 위치하는 곳을 중심으로 청룡문이냐 백호문이냐를 따질 수 있다. 그러므로 주벽이 없으면 기의 질서는 어지럽게 된다. 주벽의 앞으로는 창문이 날 수 있다.

창문은 벽의 절반 이상으로 크면 벽의 중심에 둘 수 있지만 절반 이하이면 벽의 중심에 두지 않는다. 좌나 우로 치우쳐 두어야 한다. 창문이 벽 전체면이면 바닥에

5-17도 문과 창문

문

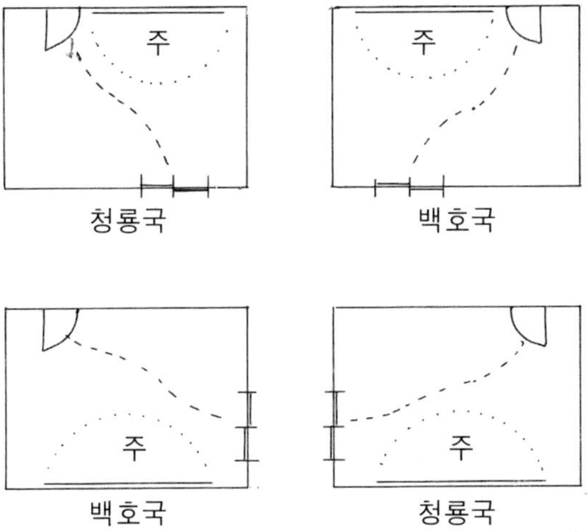
주
청룡국
주
백호국
주
백호국
주
청룡국

창문

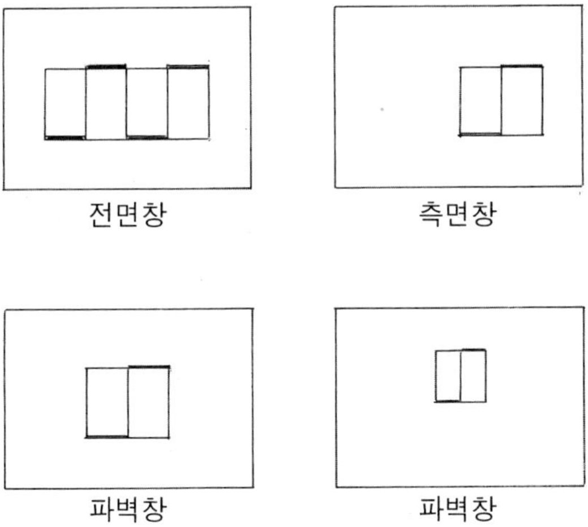
전면창
측면창
파벽창
파벽창

서 윗부분까지 창문이 가능하지만 문이 적어질수록 중심
의 윗부분으로 올라가야 한다. 문과 창문은 마주보도록
일직선 방향에 두지 말아야 한다.

3) 거실(居室)

거실은 온 가족이 공용하는 곳이다. 그러므로 내부구
조의 어느 곳에서든 출입이 쉬워야 한다. 공간의 독립성
으로 보자면 출입구가 한 곳이라야 하지만, 거실은 어느
방에서든 출입이 쉬워야 하므로 타 공간과의 통로가 주
어지게 마련이다. 안방과 작은 방, 주방, 그리고 화장실
간의 연결이 잘 이루어져야 한다. 그런가하면 앞 전면에
는 채광이 들어야 하고 쇼파 TV 음향기기 에어컨 등등
의 가재도구들이 놓여져야 한다.

이러한 부분들이 자유로우면서 거실 공간 독립성을 유
지하려면 각기 연결 통로를 줄여야 한다.

특히 주방과 거실을 함께 연결하는 수가 많은데 그렇
게 되면 공간이 지나치게 장방형이 되거나 또는 뒤틀린
모양이 되기 쉽다. 주방과 거실은 별도로 공간독립이 되
어야 한다.

대개의 거실은 주방이나 통로로 인하여 온전한 벽이
아니기 쉽다. 거실에서 온전한 벽은 주종의 주 위치에서
이루어져야 한다. 거실은 주로 쇼파와 TV가 중요한 위

5-18도 휴식 흉도

치를 차지한다. TV는 벽을 타고 전면으로 나가고 쇼파
는 온전한 벽을 의지하여야 한다. 쇼파가 전면의 위치에
서 집안을 들여다보고 앉는 것은 매우 위험하며 여가로
낮잠을 자는 것도 이러한 위치는 위험하다.

4) 주방(廚房)

주방은 식사를 제조하는 곳이다. 활동할 수 있는 힘의
원천을 제공하는 곳인 만큼, 주방은 공기의 소통이 원활
해야 하고 채광도 필요하며 식구가 모이기 쉬워야 한다.
대체로 거실과 연결되기 쉽고 또한 그것이 편리하다.
주방은 음식을 조리하기 위한 여러 가지 기구와 재료들
이 즐비하다. 가스렌지와 씽크대로부터 냉장고 식탁에
이르기까지 빼곡히 자리를 채운다. 그 중에서 가스와 조
리대[씽크]가 제일 중요하다. 가스렌지와 조리대의 위치

5-19도 주방 향

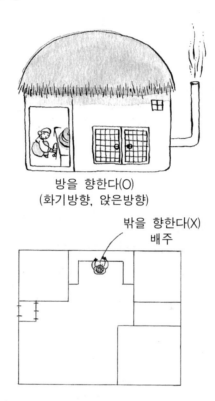

방을 향한다(O)
(화기방향, 앉은방향)

밖을 향한다(X)
배주

를 정함에 있어 집의 내부를 향하게 해야 한다.

화기(火氣)란, 옛날로 치면 아궁이에 해당하고 아궁이는 방을 향하게 마련이다. 주방의 가스렌지도 마찬가지로 집의 내부[거실, 안방, 방]쪽으로 향하게 설치함이 중요하다. 또한 조리대 역시 집의 내부 쪽으로 설치해야 조리인이 집의 내부를 향하고 일하게 된다.

즉, 향에서 집의 내부를 얻어내는[朝堂得水] 일이다. 향을 하므로 식구를 생각하게 되고 식구의 구미에 맞아지는 음식[맛]이 만들어지게 되는 것이다. 향에서 생각을 얻고 생각에서 화합을 얻어내는 일이다.

만약, 반대로 집의 바깥쪽이나 창문 앞이라면 향은 밖을 내다보는 꼴이 되어 외부손님 내지는 외식, 또는 바깥일에 정신이 팔려 식구의 구미를 소홀하게 된다.

꿈속에서도 화기(火氣)의 꿈을 꾸는 경우가 종종 있다. 화기의 꿈 중에 아궁이에 불을 지피고 그 불이 잘 타오르고 더운 기운을 느끼면, 그로부터 가운(家運)이 일어나는 길몽이다. 가스렌지의 불이 비록 방안을 덥히는 난방기구는 아니지만 집안 내부에서는 가장 큰 화기임에는 틀림없다. 온난한 기운은 내부로 향함이 마땅하며 집이라는 주체자는 곧 가족이라는 주체자라 하겠다. 단지, 화기구 설치로 주방에 정체되는 기를 신선하게 해 주어야 함은 필수이다. 아궁이에 굴뚝이 있어야 함과 마찬가지이다.

냉장고 다용도실은 바깥 벽 쪽이라야 하고 식탁은 벽을 의지하는 것보다 독립시켜야 한다.

주방의 문이 없는 경우가 있다. 이때, 전체의 한 면이 트이면 안된다. 문의 넓이만큼만 트이면 문이 없어도 무방하며 커텐의 이용도 가능하다.

5) 화장실(化粧室)

　화장실은 배설과 함께 땟물을 빼는 곳이다. 배설은 먹는 일만큼이나 중요하지만 현상의 상황은 반대이다.

　그러므로 멀리쯤에 두어야 마땅하지만 그렇게 되면 불편하다. 집의 내부에서 멀리 띄울 수 있는 방법은 간단하다.

　현관, 또는 거실에서 화장실 문이 보이지 않으면 된다. 화장실 문의 위치가 살짝 들어간 모퉁이가 제격이다. 즉, 화장실을 숨기는 꼴이 된다. 세상에는 선악과 미추가 있게 마련이다. 제조공장에서 제품을 생산하려면 분명 쓰레기가 나오기 마련이다. 인체에서 에너지를 생산하려면 또한, 쓰레기[배설]가 나오기 마련이다. 쓰레기는 제품과 분리하듯이 배설장소의 문도 골목을 돌아 분리해야 한

5-20도 화장실

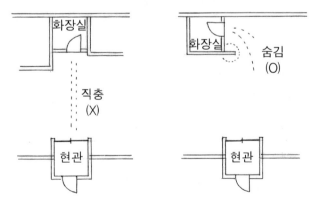

다.

그것이 살짝 한 두 자라도 들어간 모퉁이가 제격인 것이다. 반대로 화장실이 집안의 중심에 위치하거나 화장실 문이 현관, 또는 거실과 정면에서 버틴다면 쓰레기장의 쓰레기에서 질병을 옮기는 것과 같은 현상이 된다. 즉, 나타나야 할 것은 나타나야 조응기파(照應氣波)가 발생하고 나타나지 말아야 할 것은 나타나지 말아야 조응기파가 발생하지 않는다.

6) 기물 및 소품

양택에서의 공간은 여러 기물과 소품들로 채워진다. 방은 방대로, 주방은 주방대로, 거실은 거실대로, 기물과 소품들이 놓여지고, 또한, 벽은 벽대로 여러 장식물들이 걸려진다. 이런 것들은 하나의 형(形)과 상(象)을 나타낼 만큼 위상이 지어지면 거기에서 조응되는 기의 형성이 가능하지만 위상이 적게 되면 조응의 기는 쓰레기에 불과하다. 단지, 인지감응, 상교감응에서 얻어지는 정신의 확대일 뿐이다. 그러므로 작은 소품은 특이한 한두 가지 외에는 함에 넣어 보관해야 하고 진열장처럼 늘어놓지 않는 게 좋다. 이는 벽도 마찬가지이다.

특히 벽은 액자로 장식하려는 경향이 있지만 기파를 어지럽히게 될 뿐이다. 대웅전의 탱화와 불상처럼 주된

기의 형과 상을 나타내는 것이 아니라면, 온전벽을 유지
하는 게 조응기의 형성이 완전해진다. 소품은 모양과 크
기 용도에 따르고 반사 빛의 발생도 참작해야 한다. 어
항과 화분, 수석과 아울러 소품의 일부는 조경으로 꾸며
질 수도 있다.

7) 오행(五行)과 팔괘(八卦)

구조에서 공간의 주종관계와 채광, 문의 출입과 공기
의 순환 등을 고려하여 최대한 적절히 맞추는 게 구조를
구성시키는 일이다. 또한, 음양오행의 고정방위와 변용방
위, 그리고, 팔괘방위의 특수성도 고려되어야 한다. 음적
기운과 양적기운의 상대 충돌 방향과 오행과 팔괘가 가
지는 좌향과 가족구성의 상관적 통변구성이 이루어져야
한다. 이는 복잡다단한 논단이므로 오행과 팔괘편[하]을
참조하기로 하고 여기서는 응용도표만 표시한다.

5-21도 오행 팔괘 응용

오행응용표

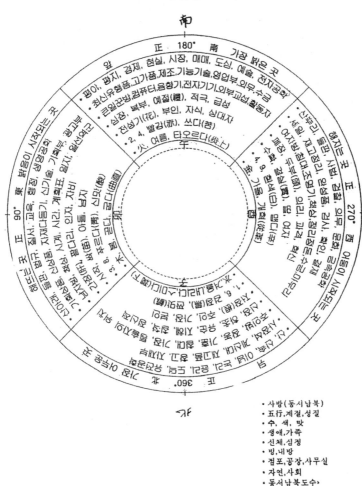

- 사방(동서남북)
- 五行,계절,성질
- 수, 색, 맛
- 생애,가족
- 신체,심정
- 방,내방
- 점포,공장,사무실
- 자연,사회
- 동서남북도수)

팔괘응용표

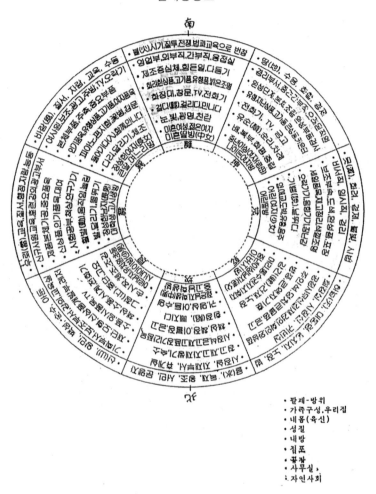

- 팔괘-방위
- 가족구성,우리집
- 내용(육신)
- 성질
- 내방
- 점포
- 사무실,
- 자연사회

6. 벽(壁)

1) 천정(天井)

천정(天井)은 한 공간에서 윗부분인 하늘을 뜻한다. 정(井)은 땅을 파서 물이 나오는 샘[穴地出水]을 뜻하니 이러한 뜻으로 시정(市井) 천정(天井)이란 말을 쓴다. 시정이란, 샘물이 좋은 곳에서 사람들이 모여 시가지를 이룬다는 뜻이요 천정(天井)이란, 천장(天障)으로 하늘 칸막이이니 지기가 반사되어 천기가 모이는 곳이다.

천정은 바닥을 정면으로 내려다보는 천감(天鑑)이다. 천정의 넓이에 비례하여 벽의 높이가 분금비를 이루면 천정의 조응기파는 바닥에서 정점을 이루게 되고 바닥에 기거하는 사람에게 감응한다. 그러나 천정이 너무 넓거나 넓이에 비해 높이가 월등하여 분금비를 잃게 되면 바닥의 조응점은 형성하지 못한다. 경우에 따라 천정을 여러 개로 쪼개어 칸 처리가 될 경우 칸마다 다소의 조응점을 기대할 수도 있다.

천정은 대체로 바닥면적과 같게 되지만 바닥에는 여러 소용품들이 자리를 차지하므로 용도면에서 바닥보다 넓게 된다. 천정은 대개 수평으로 이루어지고 거기에 전등

불이 매달리며 더운 공기, 탁한 공기가 차지하게 된다.
그러므로 환기의 흐름을 조절할 수 있으면 유리하다.

　천정의 높이는 벽 높이에 해당하므로 벽 높이는 내부
의 크기에 따라 차이날 수 있다. 특별한 경우 호텔, 빌딩
료비나 공연장, 예술원 등은 예외이다.
　적정한 공간내에서는 천정을 2중층으로 파낼 수 있다.
이 때, 4각 모난 형과 원형이 있으므로 4각은[方] 지(地)
요, 원(圓)은 천(天)이니 원이 하늘에 있으면 득위(得位)
하는 것이다.
　그 중 천정이 가운데가 내려오게 되면 공기의 흐름이
옆으로 흩어지게 되고 천정기파의 조응점(照應點)이 분

　5-22도 천정

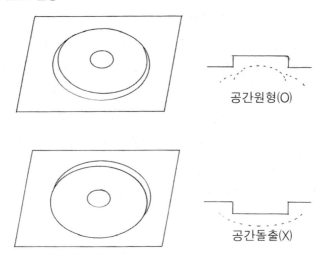

공간원형(O)

공간돌출(X)

산하게 되며 천정 하늘에 땅이 매달린 격이 된다. 흡사 우물 샘의 밑바닥 가운데가 깊어야 하는데 반해 밑바닥 이 불쑥 솟은 것에 비유할 수 있다.

천정이 2중층으로 들어가면 벽과의 관계에서 모서리가 줄게 되는 결과가 됨으로 천정공간은 원형[계란형]에 가까 워지게 된다. 그러므로 이상적이라 할 수 있다.

2) 바닥

바닥은 수평으로 설치하면 된다. 그 중 방일 경우 바 닥은 난방시설이 설치되는 곳이다. 침상을 이용할 경우 벽면에 난방을 설치하는 것이 이상적이나 설치 상 어려 우므로 바닥에 설치한다.

침상을 이용하지 않을 경우는 필연적으로 난방은 방바 닥에 설치해야 한다. 인체가 바닥이나 벽이나 너무 가까 이 가면 좋지 못하다. 그러나 바닥은 난방시설이 있으므 로 바닥에 누워 편히 잠잘 수 있다. 즉, 난방시설로 인해 해독(解毒)이 되는 셈이다.

바닥은 책상이나 침상 등의 여러 집물(什物)들이 있다. 이들은 구석이나 벽면에 의지하게 되고 그로 인하여 구 석이 줄게 되고 가운데는 깊어지게 되는 현상이 된다. 즉, 공간이 둥근 형[계란형]으로 가려하게 된다.

이는 이상적 현상이며 그렇게 구조를 할 수도 있다.

5-23도 바닥중층

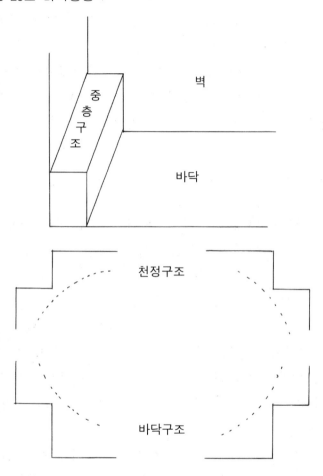

4면 중, 한두 면은 중층(重層)을 만들 수도 있다. 중층에
는 소품을 진열할 수도 있고 응용에 의해 다각도로 쓰임
새를 창출할 수도 있다. 낮으므로 조응기파의 영향을 크

게 받지 않는다.

3) 벽(壁)

양택은 자연 공간을 인위적으로 나누기하는 것이고, 그것은 벽으로 경계를 짓게 된다. 벽은 공간을 갈림질 시키는 역할을 한다. 벽에 의해 분리된 공간은 벽으로부터 보호받을 수 있게 된다. 벽이 완전하다면 공간도 완전한 것이고 벽이 허물어지거나 반듯하지 못하다면 공간도 불안전하게 된다.

벽은 벽으로 반듯하게 두어야 하지만 그렇지가 못하다. 문과 창문이 벽에 끼어야 하고 또한, 각종 전시물들이 걸리거나 벽을 의탁하여 기대서게 된다. 벽은 여러 가지의 정황들로 인하여 벽다운 벽면을 유지하기가 어렵게 된다. 벽이 벽으로서의 벽스러움을 유지 못하게 되면 **병벽**(病壁), **불구벽**(不具壁)이 된다. 벽이 온전치 못하면 벽이 반사하는 기파 역시 온전치 못하여 기파의 촛점을 이루지 못하게 된다.

4각 공간에서는 벽이 4개나 있게 된다. 그 중 하나는 출입문으로 깨지고 하나는 장롱이나 책장으로 막히고 그리고 남은 벽 하나마져 시계니 액자니 하여 벽을 병들게 하고 마는 예는 보통이다.

일상적으로 벽의 보존에 대한 개념이 없는 것이다. 한

공간에서 하나의 벽은 온전히 살아 있어야 한다. 공간의 수평적 기파 조응은 벽에 의해 이루어진다. 공간의 보호와 공간을 거느릴 수 있는 것이 벽이며 벽 중에서도 가장 건장한 벽이 주벽(主壁)이다. 온전한 벽이 한 면도 없으면 공간은 온전한 중심된 기응점(氣應點)을 한 면도 갖지 못하게 되는 것이니 전체 기응점은 혼란해지고 주인이 없는 결과가 된다.

온전한 벽은 벽의 일부분으로도 형성할 수 있다. 벽의 아래쪽 일부가 기물에 의해 잠식되었을 때, 윗부분만으로도 온전해질 수 있다. 윗부분에 나타나 있는 부분만으로 분금비의 좌세를 형성하면 된다. 나타나 있는 부분이 중심위치가 되면 가장 좋고 그렇지 못할 경우 치우쳐서도 가능하다.

예로, 방바닥에서 120cm까지 소파나 기물에 막혔을 때, 윗면 120cm가 남았다면 120cm의 분금비로 좌세(坐勢)를 이루면 훌륭한 온전벽을 이룰 수 있게 된다.

$$120cm : \chi = 3.5 : 5 \qquad 3.5\chi = 600 \qquad \chi = 171$$

120cm×171cm가 된다. 즉, 벽 윗면으로부터 세로 120cm×가로171cm의 벽을 색깔 또는 자재를 응용하여 구분 분리되게 하고 벽으로 비워두어 보존하는 것이다. 벽의 크기는 대개 공간의 크기에 비례하게 된다. 벽이 지나치게 크게 되면 사람에게 위압을 주게 되고 너무 작으면 활동에 불편해진다.

5-24도 온전벽

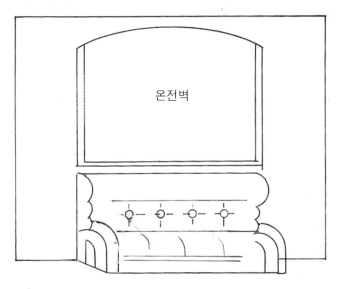

온전벽

4) 벽독(壁毒)

세상 모든 것은 부분적으로나마 작게든 크게든 어느 상대에겐가에 대한 독을 지니고 있다. 그것은 상대에게 해롭거나 아프거나 괴롭고 악하고 한되는 독기를 지닐 수도 있고, 또한, 모여 있을 수도 있으며 상대에게 불필 요한 기운들이 포함된다.

이러한 독기는 생체일수록 많이 파생시키며 상대 개체 와 가까울수록 심하다. 인체 역시 많은 독을 내뿜고 있 다. 체내에서는 힘[力]을 생산하기 위해 많은 독성을 쓰 레기로 배출하게 되고 또한, 체내에서 생산하는 힘 자체 에도 해독(害毒)은 실려 있으며 선량한 기와 표독한 기 가 공존한다. 독기는 생체의 리듬을 타고 해독의 파장으 로 실려 퍼진다. 그러한 해독은 공간에서 조응기파(照應 氣波)와 함께 퍼져 분해된다. 만약 독기가 체내에 쌓이 기만 하고 발산 분해되지 않는다면 질량적으로는 장부와 신진대사에 쌓이고 기파적으로는 배꼽[陰田]에 쌓이게 되 어 신체는 응고되어 간다.

벽에도 인체에 대한 독이 있다. 그것은 벽이라는 고체 의 자재는 공간의 외부와 내부를 단절시키므로 벽의 외 부와 내부가 가지는 온도차로 인해 공간의 중심과 벽이 가지는 온도에는 차이가 있게 마련이다. 그것은 겨울과 여름이면 더욱 심할 것이다. 그런가하면, 실내의 공기는 순환에 있어 유형끼리 몰리는 곳이 있게 마련이다. 그곳이 벽면으로부터 침체해지게 마련이다. 겨울철 문틈 새에 코를 대고 잠을 자면 영락없이 감기에 걸린다. 보온이 잘된 곳이라도 벽에 코를 대고 잠을 자면 건강은 결여된다. 온도차이와 벽의 특정기와 공기의 오염을 그대로 접하기 때문이다. 이러한 것들이 벽의 독이라 할 수 있다.

그러므로 호흡기관은 벽과의 거리를 30cm이상은 떨어져야 한다. 특히 침상은 벽에 바짝 붙이는 게 불리하다. 30cm정도 띄우는 것이 이상적이라 하겠다.

5-25도 벽독

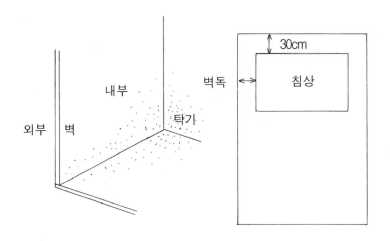

7. 문(門)

문의 뜻은 매우 넓게 쓰인다. '자전'에서 "사람이 출입하는 곳이 있는데, 당(堂)이나 방은 호(戶)라하고 구역에 위치하면 문이라 한다[人所出入

在堂房曰戶 在區域曰門]"라고 하여 대문을 일컬었으며 "생활하는 가정을 말하여 문[生活依託處]"이라 하며 "한 성씨의 문중[門閥]"을 이르기도 하고 "한 종류의 전문성(專門性)"과 "분류상 구별"을 이르기도 한다.

춘추시대의 노자는 도덕경에서 "현묘하고도 현묘한 것이 도(道)인데 도는 모든 미묘함이 나오는 문이다[玄之又玄 衆妙之門]"라고 했다. 이는 인간의 인식밖에 있는 것이 도(道)라고 한다면 인간에게 있어 없는[無] 것이 되지만, 도(道)가 형(形)으로 나타나면 유(有)가 되고 만물이 시작되므로 인간의 인식에 들어오게 된다. 만물의 유형(有形)은 무(無)에서 오고 무(無)에서 유(有)로 오는 것이 도(道)의 문(門)이라는 것일 것이다.

양택에서의 문은 한 공간을 밀폐시켜 놓고 밀폐된 공간을 드나들기 위하여 만들어진 통로가 문이다. 필요에 따라 열고, 필요에 따라 닫아서 다시 공간을 밀폐할 수 있게 만들어진 것이다[所以謹護閉塞也 文室之口]. '자전'에서는 "실의 입구를 호라 하고 당의 입구를 문이라 하며 실내 입구는 호가 되고, 실외 입구는 문이 되며, 외쪽은[홀수] 호가 되고, 양쪽은 문이 된다[凡室之口曰戶 堂之口曰門 內曰戶 外曰門 一扉曰戶 兩扉曰門]."라고 정의한다.

한 공간이 주어지고 문이 만들어져 문의 개폐에 의해 외부와의 출입이 허용되면 문의 출입은 여러 갖가지의 길흉화복이 출입하게 되는 것이다. 즉, 실내에서 생겨지는 모든 작사(作事)가 문으로 출입하게 되는 것이니 문은 실내와 실외를 구분하는 접경이 된다. 문을 닫으면 실내로 차단되고 열면 실외와 연결된다. 실내의 공기와 실외의 공기를 교환시키기도 한다.

1) 문호(門戶)

양택의 구조가 현대화하면서 호라는 말은 거의 쓰이지 않고 모두가 문으로 통칭되어지고 있는 실정이다. 그러나 문호는 문으로부터 실내에 이르기까지의 드나드는 긴요한 곳이 문호(門戶)이다.

아무리 훌륭한 실내공간도 문호가 없다면 외부와의 소통이 불가능해진다. 그러므로 양택에 있어 어떠한 공간

5-26도 직충풍 회선풍

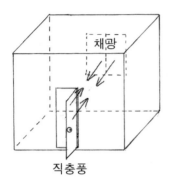
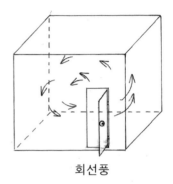

직충풍   회선풍

도 결국 문호는 필요로 하게 된다. 다시 말하자면, 구멍
에 개폐장치를 하면 곧 문이 되는 셈이다. 언제나 열려
있는 것은 구멍이요 필요에 의해 개폐하면 문이 되는 데
문이 집의 실내 문으로 이어지면 문호(門戶)가 되고 문
이 길로 이어지면 문로(門路)가 된다.

문은 내부의 기운 형성에 영향력을 가지며 외부의 주
된 기운을 끌어오는 데에도 영향을 가진다. 외부의 뭉쳐
진 기운을 쉽게 손상 없이 끌어들이고 내부의 기운점 형
성이 손상 파괴되지 않도록 모여지게 해야 하며 외부의
공기를 여과하여 받아들이고 내부에 **회선풍**(回旋風)이
되도록 하여 **청정기**(淸淨氣)를 이루도록 하여야 한다.
특히 출입문과 창문의 조화를 이루어 채광과 아울러 청
정기를 이룰 수 있어야 한다.

또한, 실내 벽면과의 직충 마찰을 피하고, 열고 닫는
방향에 따른 배역을 피해야 하고, 벽에서 형성되는 기운

점의 선상에 위치하여야 한다. 주택에서 대문을 마당의 중심에 두지 않으며, 현관문과 일직선상을 피해야 하며, 집의 정면 중앙에 두지 않는다. 혹 내당 외당으로 여러 칸을 경유할 때는 예외도 있을 수 있다.

2) 대문(大門)과 도로(道路)

대문은 밖의 길로 이어지므로 문로[門路 : 양택의 개념상 문로라 함]가 되는 셈이다. 대문의 바깥 도로와 문은 불가분의 관계를 갖는다. 도로와 연결되는 형태에 따라서 문의 위치가 정해질 수 있다.

도로가 문밖에서 횡으로 날 수도 있고 직선이나 곡선으로 날 수도 있으며 돌아서 올 수도 있다. 그런가하면,

5-27도 도로

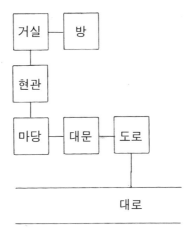

도로가 문보다 낮을 수도 있고 문보다 높을 수도 있다. 문의 유형이 다양하고 도로의 유형이 다양하므로 도로와 문의 조화가 적절히 이루어지기가 또한 쉬운 일이 아니다.

문과 도로는 도로에서 문과 현관문의 연장선을 이어 봐야 한다. 생활에서 도로는 일직선이면 빨리 가고 좋지만, 그러한 도로는 고속도로일 때 그렇고, 대문과 이어지는 도로는 방까지의 과정이 여러 번 굽고 곡절되어야 한다. 도로에서 1차 굽는 곳이 있어야 하고, 대문에서 굽고, 현관에서 굽고, 그리고 거실에서 방으로 굽는다. 그러기 위해서는 도로에서 직선 들어옴을 피해야 한다. 특히 도로가 대문보다 낮거나 높을 때는 돌아서 들어오도록 해야 한다. 도로와 문은 음택에서 수구가 관난(關欄)함과 같은 것이다.

3) 문과 지기(地氣)

문로는, 지기로 따지자면 수구지점의 구(口)와는 다르다. 수구지점의 구(口)는 바람과 물만을 주로 왕래 삼지만, 문은 사람의 왕래를 주로 삼는 것이다. 바람과 물은 수기(水氣)에서 그 속도를 가속화하여 지기(地氣)에서 멎는다. 사람은 지기에서 모이고 수기에서 흩어지며 미끄러진다.

　그러므로 문은 지기(地氣)를 타야하며 지기의 핵점은 문의 내외에서 조응점 위치에 정해져야 한다. 이는 가정의 문으로 본다면, 현관문이 수기(水氣)에 있어 지기(地氣)의 조응점(照應點)을 형성치 못하면 가운이 막히고 가주(家主)가 바람나고, 방문이 수기운에 젖으면 방주가 방황하며 외부로 떠돌고 실수로 낭패를 보게 된다. 만약, 방주가 방 중심기까지도 수기운에 니습(泥濕)된다면 매우 위험해진다. 이는 관공서나 공장 사무실 점포도 마찬가지이다. 특히 개인 점포에서는 도로와 연결되므로 점포 기운점 핵형성이 문과 도로 지점까지 뻗치면 도로의 손님을 끌어들이는 영향을 행사하므로 번창하게 되지만

5-28도 문과 지기

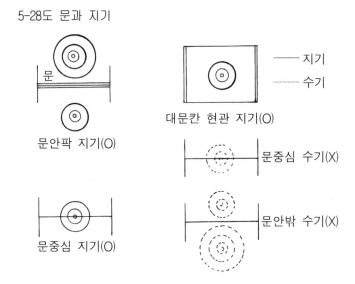

문안팍 지기(O)

대문칸 현관 지기(O)

지기
수기

문중심 수기(X)

문중심 지기(O)

문안밖 수기(X)

문의 조응점에 수기(水氣)가 엉긴다면 오려던 손님도 되려 나가버리기가 일쑤이다.

4) 문 유형

문은 여러 가지 형태의 크고 작은 문이 있다. 도성의 문[동대문 남대문 등]이 있는가 하면 항만 포구도 항구도시의 문이요, 동리어귀는 동구문이다. 관공서 학교 공회당과 빌딩 호텔 사찰 농장으로부터 화장실 창고에 이르기까지 보관 관리가 이루어지는 모든 공간은 개폐의 문이 있게 마련이다.

문은 출입의 유형에 따라, 위치의 편리성에 대한 문의 형성과 크기는 다단하다. 대체적으로 문이 중심 위치에 있는 것과 측면이 있고 건물공간에 비례한 문의 크기가 있으며 여닫는 방법과 재질, 모양에 따른 문의 형성이 달라지는 것이다.

산사의 일주문 같은 경우는 본 대웅전으로부터 거리가 떨어져 있는 경우가 대부분이니까 우람하게 큰 것이 오히려 경건심을 높일 수도 있다. 그러나 실내는 좁은데 문채만 크게 만들면 내부 기운의 유출만 심하게 된다. 이를 '황제택경'에서는 "문이 크고 집이 작으면 기(氣)가 허(虛)하다"라고 했다.

문의 열리는 방향과 벽의 위치를 보아 좌선문, 우선문

과 청룡문, 백호문 그리고, 당문과 측문으로 구분한다.

- 좌선문(左旋門) : 왼손으로 문을 당기고 밀며, 밀치는 문이다. 좌선순행의 뜻이 담긴다. 상생순리를 뜻하지만 민첩하지 못하다.
- 우선문(右旋門) : 오른손으로 문을 당기고 밀며, 밀치는 문이다. 우선역행의 뜻이 담긴다. 역행상극하는 뜻으로 적극성을 가지며 급하여진다.
- 청룡문(靑龍門) : 내부에서 주(主)를 정했을 때, 주에서 향을 청룡국으로 이루면 청룡문이다. 학문 문서 공명을 뜻한다.
- 백호문(白虎門) : 내부에서 주(主)를 정했을 때, 주에서 향을 백호국으로 이루면 백호문이다. 무역 교역 재물을 뜻한다.
- 조안당문(朝案當門) : 향 앞 정중으로 난 문. 상쟁, 파괴, 충돌을 이룬다. 판국이 넓을 때에는 예외이다.
- 조안측문(朝案側門) : 향앞 측문으로 청룡 또는 백호문을 이룬다.

양택의 위치를 보아 문의 유형을 대문과 현관, 그리고 방 등으로 구분한다.

- 대문(大門) : 집의 큰 문으로서 조안당문[정면]으로

나면 바깥마당과 안마당이 분리되어야 하고 그렇지
않으면 조안측면이 유리하다. 밖에서 안으로 밀고 들
어간다.[들어가기 위한 문] 만약 안에서 밖으로 밀고
나오면[나오기 위한 문] 집안 기가 빠진다. 대문은
넓어 양문으로 이루어지고 대개 쪽문을 붙인다. 쪽문
은 밀고 들어가며 대문이 청룡문이면 쪽문은 우선문
으로, 대문이 백호문이면 쪽문은 좌선문이 좋다.

• 현관문(玄關門) : 현관문은 대문보다는 대개가 높은
위치이다. 집의 정면이나 측면에 날 수 있으며 대문
처럼 밀고 들어가기도 하고 당겨 열기도 한다. 현관
문은 건물의 반듯한 면에 나야 한다. 들어간 면이나
돌출부 또는 모서리에는 불리하다. 들어간 부분이면
외부 일이 불리하고 돌출하면 내부 가정사가 외
부로 나돈다. 즉, 들어간 부위이면 들어가기만 하고
돌출한 부위이면 나오기만 한다. 현관은 반쯤 들어가
고 반쯤 돌출하면 이상적이다. 좌우선은 판국에 준한
다.

• 방문(房門) : 방문은 밖에서 밀고 들어간다. 방에 들
어가면 더 이상 들어갈 곳이 없게 되므로 가장 오랜
시간을 나오지 않고 편안히 있어야 하므로 벽면의 중
심부인 조안당문을 피하고 조안측면인 청룡,백호문으
로 나야 한다.

• 주방문(廚房門) : 집의 양측면에 위치함이 유리하고

미닫이문으로 열어두거나 문설주만 하여 미닫이문을
열어둔 만큼 거실과 연결되게 하여 식사하는 것을 온
식구가 자연스레 알 수 있도록 하는 게 좋다.

- 화장실문(化粧室門) : 화장실은 쉬이 들어가고 오래
  있을 필요는 없다. 왼손으로 당기는 좌선문을 만들고
  실내에서의 측면에 위치토록 한다.
- 창문(窓門) : 창문은 채광 위주일 때는 좌선문이 좋고
  경관 위주일 때는 우선문이 좋다.
- 방화문(放火門) : 방화문은 안에서 밖으로 우선으로
  밀고 나온다.
- 창고문(倉庫門) : 큰 창고일 때는 밀치는 문으로서 좌
  선문[장기보관], 작은 창고로 수시로 여닫는다면 우
  선문으로 당기는 문이 좋다.

이외 덧문 다락문 지하문 쪽문 등 여러 문이 있다. 다
같이 중요한 것은 용도와 크기에 있어 청,백문을 응용할
수 있다.
건물의 유형에 따른 문의 분류도 다양할 수 있으나 문
의 응용측면에서 이치는 같다하겠다. 공공성과 상가로
나눈다.

- 관공서문(官公署門) : 관공서 회관 빌딩 등은 정문이
  정면에 있어야 하고 밀고 들어가고, 밀고 나올 수 있

어야 하며 밀고, 열고 함이 자유로우며 회전문도 좋
다. 정중에 있음은 당당함이요, 정면에서 밀고 들어가
고 밀고 나옴은 정당히 들어가고 정당하게 나옴이다.
문 칸이 앞으로 돌출됨은 들어옴을 맞이하고 음사를
짓지 않으나 구설이 따른다. 문 칸이 들어감은 위축

5-29도 문 허실

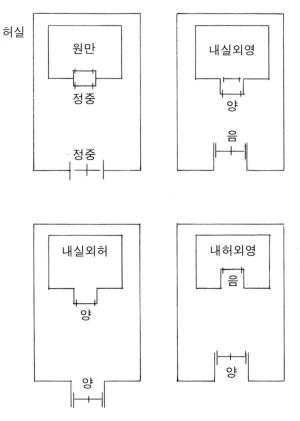

되어 정당치 못하고 음사(陰事)가 생긴다. 담장이 있
는 대문은 건물의 문과는 달리 들어와야 하고[迎] 나
가면 기가 누출되며 오만해지고 구설에 오른다.

• 상가문(商街門) : 상가문은 지기를 타야하고 조안당문
[정면]일 경우 여러 칸을 형성하여야 한다. 칸의 형
성이 분금비를 넘지 말아야 하고 진열대, 계산대와
함께 조화를 이루어야 한다. 한 칸의 구조에서는 판
국에 따른 좌,우선문을 택할 수 있다.

5-30도 문 위치

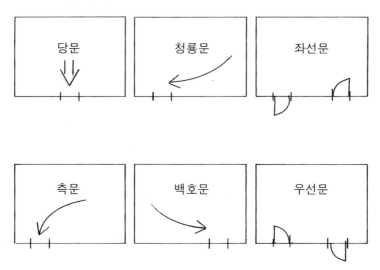

8. 구조로 본 양택 유형

구조로 보는 양택의 유형은 매우 다양하다. 그러나 쉼터와 일터의 개념에서 인위적 구조 공간을 형성한 것으로 유추한다면 건축물의 유형으로 나누어 볼 수 있다. 건축물로 나누면 단독주택, 아파트, 점포, 사무실, 빌딩, 공장 등으로 나눌 수 있다. 이 외에도 세부적으로 따지자면 여러 형태가 있을 수 있으나 대략적으로 여기에서 포함하여 응용할 수 있을 것이다.

풍수의 구조는 여러 유형으로 나누어지지만 대체적 풍수의 특성이 어느 한 부분에만 특별나게 국한되는 것은 아니다. 생활의 활동으로 인한 공간구조의 다변화에서도 어느 공간이나 풍수의 원칙론은 같게 적용되고 거기에서 허실을 따질 뿐이다.

이는 풍수적 개념과 생활의 개념 차이일 뿐, 원초적 개념에서 본다면 상호 연관성으로 대소와 형상의 차이일 뿐이라는 점이다. 오장육부가 방촌간(方寸間)에서 이웃해 있음이 확대하면 가족관계가 되고, 다시 이웃이 되며, 나아가 국가와 민족이 되고, 인류에 이르며, 크게는 대우주 창조와 연관성이 이루어질 수 있다는 것이다. 그런 점에서 풍수의 원칙론은 어디서든 동일시 통용되는 법칙이 있을 수 있게 되어 공간의 대소와 위치변동에 있어 변통할 수 있게 되는 것이다. 다시 말해, 한두 평의 방 한 칸을 볼 줄 알면 하늘을 찌르는 빌딩이나 도읍의 궁성도 그 통변에 있어 만법귀일의 법칙이 곧 풍수의 원칙론이라는 것이다. 여기에 풍수 원칙론은

- 지기원을 얻는다.
- 수기원을 피한다.
- 주종을 세운다.
- 앞뒤를 정한다.
- 공간은 문을 얻는다.
- 상대는 상응한다.
- 기파는 조응한다.
- 동기는 감응한다.

등의 원칙론은 어디서든 적용될 수 있는 부분이다. 이를 바탕으로 두고 몇 가지의 건축물 유형의 특성들을 알아본다.

1) 단독주택

단독주택을 유형으로 나눈다면, 여러 가지가 나올 수 있다. 건물의 형태와 건물과 마당 공간과의 조화, 산과

수의 관계, 향[팔괘]의 관계, 도로와 문, 그리고 정원의 문제와 조경 등등이 나올 수 있다.

양택의 가상(家相)은 그 기본이 단독주택의 표준형으로부터 출발한다고 할 수 있다. 그러므로 생활에서 땅과 자연과 인공적 공간과 가장 적절한 조화를 만들 수 있는 것이 단독주택이다.

그것은 생활에서 필요한 부분을 직접 얻어낼 수 있는 공간이 형성되기 때문이다. 우물이 필요하면 샘[지하수]을 얻을 수도 있고, 흙을 밟으며 잔디와 수목을 접하고, 마당을 이용한 운동과 산책[산보]내지는 일터도 되며, 나의 소유를 얻는다는 인식 때문이기도 하다. 나의 소유인만큼 관리도 소홀하면 안 된다. 지기, 건물, 담장, 대문, 조경을 두루 관리하여야 하는 번거로움도 갖게 된다.

2) 아파트

아파트 문화가 시작된 지 30 여 년에 불과한 지금, 주거문화는 놀라우리만치 온통 아파트 문화로 탈바꿈했다 해도 과언이 아니다. 그것은 바쁜 생활과 맞물려 관리체계의 부담 없이 주거의 편리를 향유할 수 있기 때문이다. 현관 하나로 외부와의 차단이 온전히 되고 이웃과의 간섭이나 분쟁의 소지가 있을 게 없다.

아파트의 로얄층은 6, 7층에서 25층까지 올라가 있다.

고층에 살면 지기가 올라오지 못하고 위험하다는 생각에서, 오히려 멀리 볼 수 있는 시각의 전망과 태양의 채광율이 높음을 선호하여 바뀌어 지고 있는 것이다.

지기는 아파트 높이 때문에 단절되지 않는다. 지기의 영역은 수목의 높이에 있는 것이 아니라, 대기권의 높이를 능가하여 중력권역에 이르는 것이다. 단지, 공간구조 역량이 타 건물과의 관계에서 높아질수록 허점(공결)이 많이 생겨질 수 있음이다. 특히 아파트에서는 이웃한 동과의 관계가 배역 충사하지 말고 순조로워야 하며 호수(戶數)에서 중심과 가장자리의 차이가 생겨지니 제일 가장자리는 피하는 게 좋다. 동의 가장자리도 마찬가지이다. 단지, 이것이 땅의 지기를 능가하는 것은 아니다.

3) 점포

점포는 일반점포와 상가건물의 점포로 분류한다. 일반점포는 크기와 위치에서 다양한 형태가 있으나 상가건물의 점포는 거의 획일적이거나 유사한 형태의 모양을 갖는다.

일반점포에서는 문, 주와 진열의 조화를 도모하여 지기의 우열을 가려야겠지만 상가 입점 점포는 획일성이므로 지기를 중요시해야 한다.

일반점포에서는 간판의 풍수해석과 입간판의 위치, 출

입문과 내부구조의 문제가 중요하며 VIP석과 고가품, 그리고 카운터 등의 위치는 지기의 운극점(暈極点)을 찾아야 한다. 수기원에는 화분, 칸막이 등으로 이용을 억제시킨다.

4) 사무실

사무실은 적고 크고의 차이를 들 수 있다. 10명 이내의 사무원이 사용하는 공간이 있는가하면, 그 이상의 많은 사무원이 부서별로 있을 수도 있다. 이때에 공간비율을 분금비에 가깝게 맞추되 전체에서 분금비율과 부서별 분금비율로 분리한다. 분할된 공간들은 주종에 맞게 하고 공용할 수 있는 집결공간을 중심부위에 둔다. 그리고 휴게실은 화장실 부근 변두리를 이용한다.

사장실을 따로 둘 경우 외진 곳, 돌출된 곳을 피하고 기의 운극점이나 전체공간을 끌어안아 수용할 수 있는 위치에 두고, 가능하면, 사장실을 따로 두더라도 전체 사무실의 수장위치에 자리하나쯤 배치해 두고 가끔 앉아 보는 것도 바람직하다.

5) 빌딩

빌딩은 임대수요와 더불어 지가 상승과 아울러 환금성

까지도 고려되어야겠지만, 지기의 문제와 도로 접근성, 그리고 향과 건물구조의 문제가 따른다.

풍수적 개념에서는 역시 지기가 가장 우선하며 기존의 도로문제도 마음대로 어쩌지 못한다. 그런가하면, 구조와 엘리베이터도 기존건물이라면 재정상 쉽게 변화시키기 어렵다. 신축한다면 여러 측면을 고려한다지만, 기존건물일 경우 어떻게 손을 쓰기 어려울 것이다. 그러나 가능한 한계에서 찾아보면, 여러 가지 방법이 모색될 수도 있을 것이다.

출입문 도로부분과 로비 부분의 지기를 가려 출입을 유도하고, 주차공간의 안전과 경비실의 위치, 공용장소, 옥상관리에서 풍수의 허실을 가리며 건물의 지기형성도를 작성하여 수기파의 위치에 위험업소를 두지 말아야 한다.

6) 공장

공장은 면적의 크기와 건물의 규모, 생산내용물에 있어 일반적 상식이나 인식으로는 판단이 불가능한 경우가 많다. 사무실이 100평이라면 공장은 몇 천 평이 넘을 수도 있고, 건물 역시 바닥면적과 천정 높이 면에서 엄청나며, 생산과정의 내용 면에서도 뜨거운[화기] 것이 있는가 하면 냉각이[물] 있고, 쇠가 있는가하면 목재도 있으며, 화학물의 특수성을 가진 과정도 있다. 공간으로도 운동장과 오락실, 식당, 회의실을 갖추고 대형차의 출입로와 생산품의 야적장도 갖추게 된다. 이런 곳을 그냥 한 바퀴 답사하는 정도로만 전체의 위치파악이 인지되기는 어렵다. 그런가하면, 기계 한 대에 몇 십억을 호가하는 귀중한 기구도 있다.

그러므로 전체의 지세파악에서 문과 건물이 설정되고 사무실의 위치와 고가기계의 안치 장소가 물색되고 그리고, 생산라인의 원자재진입로로부터 완제품검사까지의 위치분별이 정해져야 하는 것이다. 위치측량의 지점확인이 도면에서 표시되어야 하고, 그와 함께 설계가 이루어져야 가능한 일이다.

풍수의 문제가 일반적 인식이 전문적 견해와는 너무나 차이나 있다. 일반적 견해로는 지팡이 하나 짚고 서서 "좋아! 됐어! 대성하겠어! 여기에 지어!" 하면 모든 게 끝나는 것으로 생각하고 그 다음은 풍수에 대해서 모두 마쳤다고 생각한다. 그러나 사실은 그렇지가 않다.

모든 중요성의 순서를 감안하여서 위치의 지점측량에서부터 방향과 적소를 맞게 설계하기까지는 기맥도와 수맥도에 이어, 기파점 조응도와 바람길도, 물길도를 완성한 바탕에서 구도가 잡혀지고 설계가 되어야 옳은 풍수를 완성하는 것이다.

땅 하나만 좋다해서 되는 일이 아니다. 땅이 좋다는

것은 면적 중 일부분이지 전체 아무 곳이나 다는 아니다. 땅이 좋아도 좋은 대로의 위치순서가 있게 되고 그 순서에 의해 사용의 질서가 잡혀져 명당은 명당의 위치 지점을 가질 때, 명당이 되는 것이다.

9. 미래공간

미래의 공간은 횡적으로 이루어질 것이다. 수직은 엘리베이터의 기계에 의존하고 인간은 수평적 활동으로 활발해진다. 건물과 건물이 수평통로로 이어지고 아파트에도 마당, 정원이 갖춰질 것이다.

건물과 건물의 구조가 수평적 통로를 이루어 수평선상에서 시장과 업무 등, 생활 대부분이 이루어질 것이다. 인간의 문화는 새로운 것에, 편리한 것에 도전해 가기 때문일 것이다.

시대의 변화는 항상 한 가지에만 매달려 있는 것이 아니다. 문화란, 변해가는 것이다. 사람이 사람과 모여 사는 것이 도회요 아파트라면, 사람이 땅과 만나 함께 사는 것이 자연이요 전원주택이며, 사람이 하늘과 더불어 살고자 함이 산중 높은 바위틈이다.

미래는 도회에 젊은이의 문화가 있고 자연에 노년의 문화가 적절히 조화를 이루어가야 할 것이다.

제6장 분금풍수(分金風水)

제1절 분금(分金)과 분금비(分金比)

제2절 분금비 적용

제1절 분금(分金)과 분금비(分金比)

1. 개요(槪要)

모든 일에는 중요한 부분이 있는가 하면, 대충 흘려보내도 될 일부도 있다. 일뿐 아니라, 물건에도 그렇고 심지어 돈에도 그렇다. 사람들은 누구나 돈을 많이 벌고자 한다. 많은 돈을 벌려면 알뜰살뜰 작은 돈도 모아야 하는 것은 누구나 잘 알고 있다. 그러나 대다수 사람들은 작은 돈 모으기에 소홀하다. 즉, 몇 백만 또는 몇 천, 몇 억하면 중요시 여기지만 차 값 또는, 식대정도는 서로 낼려고 줄을 선다. 그러다가 몇 백억, 몇 천억, 또는 그 이상의 숫자에 가면 그 숫자에 가늠이 되지 않아 중요성 자체에 개념마져 없어진다. 그래서 그냥 말로만 쉽게 수치를 가벼이 떠들어대기 일쑤이다.

이렇듯 사람들은 자신의 생활에 맞는 중요성을 갖는 수치가 있다. 수치가 적으면 단순하여 소홀하고 수치가 무한정 넘쳐 가늠하기 어려우면 수치로서는 존재할 뿐, 그 중요성에는 현실성이 부여되지 않는다.

나경의 방위가 그렇다. 360°선상에서 4방 8방 또는 24

방위하면 배분된 방위의 넓이가 크므로 방위의 분변이 쉬워 소홀히 다루기 쉽다. 그러다가 60, 72개의 방위로 쪼개지면 방위의 폭이 좁아 정확히 분별하기가 여간 어려워지는 게 아니다. 여기에다가 120개의 방위로 나아가면, 한 눈금이 3° 밖에 되지 않으니 나경의 자침을 완전히 고정하고도 방향지시선을 이용하여야 어느 정도 확실해진다.

수치의 이용을 세분화하는 것은 사용의 정확성을 기할 수 있음에 중요성을 갖는다. 나경의 방위가 수치상으로 120방위 이상 365.24도가 있으며 거기에서는 1도를 100분하여 수치의 극대화가 가능하지만 그것은 수치상의 이론일 뿐, 실제 사용에 있어 자침의 고정능력한계와 사물의 응용불일치로 인한 자침의 편차능력한계를 벗어나는 수치이기 때문에 응용력을 잃는다.

그래서 사용에 가장 미묘적절한 120분금의 이론에 많은 무게를 실어 다양한 이치를 적용시켜 놓았다. 분금이야말로 사용에 있어 가장 세밀한 방위인 셈이다.

분금을 이해하기에는 나경을 이해해야 한다. 풍수학이 방위학이고 보면 방위는 곧 나경이 그 잣대이다. 분금이 발생하기 전까지는 그 본신이 여러 경로를 거친다. 즉, 본신의 과정을 알아야 분금을 이해할 수 있다.

그것은 천지로부터 삼반삼침(三盤三針)을 거쳐 지반과 천반에서 채용의 3·7과 2·8의 분금을 발생시킨다. 천지에서 지자기의 발생으로 태극(太極)이 설정되고 지반 (地盤)과 천반(天盤)이 자북(磁北)과 진북(眞北)을 대변한 다.

분금(分金)은 분금비(分金比)를 낳고 분금비는 천지의 질서를 대변하고 만물의 보편성을 지칭한다. 다시 분금 선으로 분할하니 인사(人事)와 자연의 내왕(來往)에서 조 화(造化)가 여기에 있다.

필자가 분금비와 분금선을 제창함에 있어 선현들의 학 덕에 누를 범하지 않을까 심히 조심스러우나 이러한 부 문은 앞으로도 끊임없이 개발되어가야 할 부분이라는 생 각에 주저하지 않는 것이다.

2. 지자기(地磁氣)

　지구가 가지는 대표적인 기운으로 중력과 지자기(地磁氣), 그리고 지기(地氣)이다. 중력(重力)과 지자기는 현대 과학에 의해 자세히 규명되었으나 지기는 아직 관심 밖의 대상으로 여기고 있다. 그러나 언젠가 지기도 과학의 범주에 들게 될 것이라 생각한다.

　지자기는 지구가 가지는 자기(磁氣)로서 자기의 극인 자극(磁極)과 지자극(地磁極)을 가진다. 자극은 남,북 양반구에 자력(磁力)을 가지는 자극점(磁極点)이 있고 자극점은 자석의 자력으로 자침이 자극점의 방향을 가르키게 된다. 그러나 이 자극의 지점내에서는 자석의 방향이 일정치 않게 된다.

　이 자극점은 1980년도 조사에서 북자극은 북위 77.3°와 서경 101.8°이며 남자극은 남위 65.6° 동경 139.4°에 위치해 있으며 자극의 위치는 약간씩 변하고 있다.

　지자극(地磁極)은 남북의 자극(磁極)을 축으로 하여 지구의 중심내부에 자석을 놓았을 경우 자석의 방향선이 통과하는 남북자극의 지표(地表)를 말한다. 지자극의 축은 지구의 자전축과 11.5° 기울어져 있으며 지자극 역시 위치가 변하고 있다한다.

지자기는 일변화와 자기폭풍의 변화를 가지게 되고 이
로 인하여 자력은 변화를 받게 되며 자침은 미세하나마
방향의 변화를 초래하게 된다.

6-1도 지자극

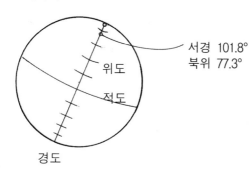

서경 101.8°
북위 77.3°

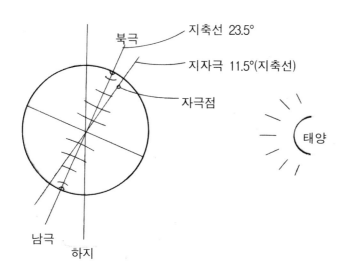

고대 주나라[BC,1122] 주공(周公)은 지남거(指南車)를
만들어 남북을 분별했다한다. 시서(詩書)와 더불어 제자
백가의 틈새에서 남북의 분변은 곧 방위의 확대로 이어
지고 그것은 나경(羅經)으로 발전되어 왔을 것이다.

나경은 삼반 삼침을 비롯하여 자연의 모든 법칙을 방
위로 풀어가고자 여러 칸의 층층으로 이론을 세분화시켰
다. 본서에서는 분금(分金)에 필요한 정도로만 열거한다.

3. 천지(天池)와 삼반(三盤)

백두산은 해발 2,700여 미터의 높이에 달하면서도 그 중심에 천지(天池)를 안고 있다. 지하수가 용출하여 천지에 가득한 물은 땅의 신비와 그 비경에 감탄할 따름이다. 그 천지 가운데를 가로지르는 자석 막대를 띄운다면 그것은 곧 천지침(天池針)으로 남북을 가르킬 것이다.

나경은 자침이 북쪽을 가리키는 것에서 출발하니 자침이 회전할 수 있는 반경의 공간이 곧 천지(天池)이며 천지에서의 자침(磁針)은 곧 천지침(天池針)이다.

천지에서의 남북은 태극(太極)에서 양의(兩儀)의 발전이요 음양(陰陽)이 분판(分判)되어지는 것이다. 만유의 창시가 여기에서 출발하고 내왕의 질서와 휴멸의 귀납(歸納)이 음양에 수반한다. 음양이 백번, 천번, 만번을 쪼개져 미세 예리하다하여도 그것은 음양권내에서의 존재할 뿐이다. 현대과학은 이를 원자에서 쿼크라는 원소로 분리하였으니 그것은 음양에서 다시 태극으로 환원시킨 셈이요 다시 무극으로 귀환시킬지는 영원한 미지수일런지도 모른다.

천지침의 고정으로 4방 8방이 형성되고 간지(干支)의 응용으로 24방위가 균분(均分)한다. 자침이 지자기의 자

6-2도 정침

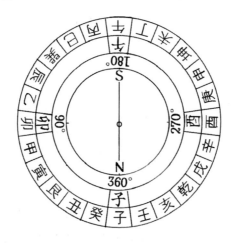

력에 의해 북쪽을 가리키는 지점[0°=360°]을 24방위중의
하나에 해당시켜 그 정중(正中)에 고정 배분하니 곧 지
지자(地支字)의 子칸의 중앙[0°]이 된다. 0°로부터 좌우로
7.5°씩의 15°를 子가 차지하는 방위의 폭이 된다. 子의
선방위(先方位)[좌선방향 : 시계바늘방향]에 壬[陽]의 천간(天
干) 글자 칸이 차지하고 후방위(後方位)에 癸[陰] 천간 글
자칸이 차지한다.

이렇게 壬子癸의 3칸이 45°로서 북쪽을 대변하는 八卦
의 감방(坎方)이 되는 것이다. 이와 상대하여 반대편은
丙午丁의 이방(離方)이 남쪽을 대변한다. 이와 90°의 각
도로 동쪽이 甲卯乙 진방(震方)이 되고 서쪽은 庚酉辛
태방(兌方)이 된다. 이것이 동서남북의 설정이요 여기에

서 간방(間方) 4개[북동, 동남, 남서, 서북]가 합해져 8방을 형성한다.

간방 4개를 그물 눈코에 비유하여 사유(四維)라 하였으니 건곤간손(乾坤艮巽)이 그것이다. 즉, 丑艮寅은 동북이요 辰巽巳는 동남이요 未坤申은 남서요 戌乾亥는 서북이다. 이렇게 얻어진 24방위는 자침을 기준으로 가장 정당하게 배분된 것이다. 이것이 곧 지반정침(地盤正針)이라 하는 것이 된다.

지반정침을 사용함에 있어, 사물의 섭리가 분류상에서 단분류로 얻어진 이치가 다분류 내지는 다단분류의 적용에서는 오히려, 그 해답에 모순점이 발생한다는 착상에서 지반정침(地盤正針)은 다시, 인반중침(人盤中針)과 천반봉침(天盤縫針)으로 좌(左)로 인종(引從) 7.5° 우(右)로 인종(引從) 7.5°의 응용 반침(盤針)을 창안하게 되는 것이다. 이것이 삼반삼침(三盤三針)이니 여기에서 천사(天事)와 지사(地事)와 인사(人事)의 분류를 시켜내게 되는 것이다.

땅은 정(靜)하여 고요하고 고정된 것이라는 관점으로 볼 때, 거기에는 지반정침이라는 고정방위가 필요하지만, 땅은 그 형상이 변화로워서 높고, 낮고, 굽고 하여 움직이는 모양으로 본다면 인사(人事)와 같아 인반중침이 필요하고, 땅은 하늘과 늘 함께 있으나 지축의 기울기로 계절의 한서(寒暑)가 하늘 기후와 땅의 기후가 똑같지

아니하니 천반봉침이 지반에 얽혀 있다. 이렇게 하여 지
반이 72후(候)의 본을 받아 72룡(龍)을 낳고 인반이 60성
신(星辰)의 강림을 빌어 60룡(龍)으로 솟고 천반이 지반
의 120 분금(分金)을 끌어 하늘과 땅의 무궁한 조화를
자아내게 하였다.

6-3도 나경도

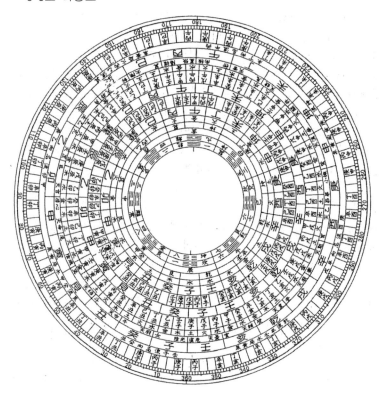

4. 분금(分金)의 어원(語源)과 미묘(微妙)

────────────────────────

분금(分金)의 어원으로 분(分)은 "분별하다 분리하다 분산하다 분란하다 쪼개다 찢다 분배하다 부여하다 분정하다 균분하다 물건을 여러 개로 가르다 틈지다 명분 위치 [別也 總物折成多數 裂也 判也 賦也 施也 與也 隔也 徧亂 名分位也 散也 均也 定也]" 등등이다.

금(金)은 "모든 쇠를 총칭하며 황금 금전 같은 귀중한 보배로운 가치"를 말한다.

"분금(分金)" 이라는 합성글자는 "어떤 전체에서 하나 하나 나누어 진수를 구별하는 것"이며 "어떠한 전체를 진수(眞髓)로 만들어 낼 수 있는 수치"를 뜻한다.

분금의 어원은 나경의 삼반(三盤)이 형성될 시기쯤으로 추측할 수 있을 것이다. 지반(地盤) 24방위까지는 고대 선현들께서 전래된 것이요, 인반(人盤)에 이르러, 뢰공(賴公)과 요공(寥公)의 업덕으로 돌리고, 천반(天盤)은 양공(楊公)이 제정하여 수수입향(收水立向)에 적용하였다 한다. 분금은 지반정침과 천반봉침에서 출발하여 체(體)와 용(用)의 관계로 응용된 점으로 보아 당나라 국사 양균송 선사가 천반봉침선을 제정하면서 분금선을 그었으리라 보며 분금이라는 어원이 출발하였을 것으로 본다.

천반을 양균송 선사가 제정했다는 것은, 천기후와 지기후의 감응이 곧 지구의 지축기울기로 태양의 회귀선에 의한 계절과 또한, 자극점과 북극점의 차이에서 나침반은 7.5°의 차이를 발생시킬 수 있으니 이것은 양공이 나경의 7.5°를 얽어 봉침을 창안한 것과 일치한다.

자북과 진북을 지반과 천반에서 정침과 봉침으로 나타내었으니 각기 24산에 매산마다 5등분으로 균분하면 120등분[24×5=120]이 주어지고, 1산의 5등분 중에서 어느 하나를 이용하는 것이 분금이다.

1산의 폭이 15°인데 비하여 분금의 폭이 3°이다. 15°의 폭에서 좌향을 정한다면 정중에서 좌우 편차를 7.5°나 허용해야 하지만, 분금에서는 분금 정중에서 좌우 1.5°에 지나지 않는다. 자침의 고정능력의 좌우 편차를 감안한다면 24산에서 120분금을 이용한다는 것은 정말 허허벌판에서 황금을 찾은 격이다. 24산에서 좌우 편차로 인해 우왕좌왕하다가 분금을 사용한다는 것은, 고삐 없는 소를 몰다가 고삐를 잡고 소를 모는 격이다. 그래서 고인들이 분금에 대해서는 "지극히 정교하고 지극히 미묘하다[至精至微]"라고 극찬을 아끼지 않았다.

즉, 분금은 좌향을 함에 있어 지극히 편리한 잣대인 셈이다. 그것은 응용면에 있어 지반과 천반을 동시에 사용하는 체(體)와 용(用)의 관계를 형성할 수 있게 되기 때문이기도 하다.

지반 천반 도수표

24 向	정침정중	정 침	봉침정중	봉 침
자(子)	360°	352.5-7.5°	7.5°	360-15°
계(癸)	15°	7.5-22.5°	22.5°	15-30°
축(丑)	30°	22.5-37.5°	37.5°	30-45°
간(艮)	45°	37.5-52.5°	52.5°	45-60°
인(寅)	60°	52.5-67.5°	67.5°	60-75°
갑(甲)	75°	67.5-82.5°	82.5°	75-90°
묘(卯)	90°	82.5-97.5°	97.5°	90-105°
을(乙)	105°	97.5-112.5°	112.5°	105-120°
진(辰)	120°	112.5-127.5°	127.5°	120-135°
손(巽)	135°	127.5-142.5°	142.5°	135-150°
사(巳)	150°	142.5-157.5°	157.5°	150-165°
병(丙)	165°	157.5-172.5°	172.5°	165-180°
오(午)	180°	172.5-187.5°	187.5°	180-195°
정(丁)	195°	187.5-202.5°	202.5°	195-210°
미(未)	210°	202.5-217.5°	217.5°	210-225°
곤(坤)	225°	217.5-232.5°	232.5°	225-240°
신(申)	240°	232.5-247.5°	247.5°	240-255°
경(庚)	255°	247.5-262.5°	262.5°	255-270°
유(酉)	270°	262.5-277.5°	277.5°	270-285°
신(辛)	285°	277.5-292.5°	292.5°	285-300°
술(戌)	300°	292.5-307.5°	307.5°	300-315°
건(乾)	315°	307.5-322.5°	322.5°	315-330°
해(亥)	330°	322.5-337.5°	337.5°	330-345°
임(壬)	345°	337.5-352.5°	352.5°	345-360°

5. 체용(體用)

━ ━ ━ ━ ━ ━ ━ ━ ━ ━ ━

　지반(地盤)을 자기(磁氣)의 본체로 보고, 천반(天盤)을 자기(磁氣)의 용체(用體,眞北)로 보아 지반은 방위를 태생 설정시키고, 지반의 용체인 천반으로 좌와 향을 고정하면 곧, 지반은 체(體)가 되고 천반은 용(用)으로 설정되는 것이니, 이것이 1차적 지반, 천반의 체용(體用)관계이다.

　24산에서 지반, 천반의 체용관계를 정확히 하기 위해서는 분금으로 이어지게 마련이다. 분금은 지반에서 이루어지는 지반 분금이 있고 천반에서 발생하는 천반분금이 있다.

　지반분금과 천반분금에서 지반을 체로 삼고 천반에서 좌향을 했으므로 천반의 좌향에서 지반분금을 인종하여 사용함은 당연하지만, 지반에서 천반분금을 인종하여 사용할 수는 전혀 없다. 그것은 지반에서는 좌향이 이루어지지 않기 때문이며 지반분금과 천반분금은 배열상 좌선 순행하여 지지의 순위상 같은 지지자의 분금형성이 되지만, 지반에서 천반분금을 인종하면 우선역행의 현상이 일어나고 상이한 지지자(地支字)의 현상을 초래하게 된다. 그러므로 지반을 체로 삼고 천반을 용으로 향을 정함에 지반분금을 인종할 수 있게 된다.

이것이 3·7분금이라 하며 만물의 변화 가능성을 대표하는 분금비(分金比)를 형성한다. 여기에서 천반으로 향을 정하고 천반분금을 응용하는 것은 천반 본체에서 발생한 분금이므로 변화하는 상호관계의 미묘함이 적지만 응용은 가능하며 이것이 2·8분금이 된다. 이는 지반에서 지반분금의 발생과 같은 2·8분금을 만드는 것으로 만물의 기원생성(氣元生成)을 대표하는 분금비를 형성한다.

6. 분금(分金)

――― ――― ――― ――― ――― ――― ―

　분금은 지반정침분금과 천반봉침분금의 두 가지가 있
다. 즉, 지반(地盤)에서 분금을 분류하고 천반(天盤)에서
분류할 수 있는 것이다.

　분금은 24방위를 120방위로 세분화하는 것이니 24방위
에서 1방위는 5개의 방위로 고르게 쪼개지는 것이다.
360°선상에서 1방위는 15°이고 15°인 1방위에서 5분금은
각기 3°씩으로 1분금이 된다. 이를 "1산은 5금(金)이요 1
금(金)은 3°이다"라고 한다.

　분금의 출발은 24방위에서 기인한다. 24방위는 12지지
방위에 천간 12방위를 더한 것이다. 그러므로 24방위의
모체는 12지지방위이다. 분금의 출발도 지지방위의 첫
글자 출발인 子의 시작점에서 출발한다. 쌍산(双山)으로
壬子가 동궁이지만 壬에서 출발하지 않고 子의 시작점에
서 甲子分 3°를 시작하여 좌선순행으로 丑의 시작점3°에
서 乙丑하여 순회한다.

　60갑자가 지지(地支)에서 一순회하고 좌선 천간자(天
干字) 아래에서 一순회하여 120분금으로 나누어진다
[60×2=120]. 이는 오운(五運)이 甲子---乙亥의 좌선순행하
는 본체인데 반해, 육기(六氣)는 甲子---甲戌의 우선역

6-4도 지반분금 천반분금

① 분금시작

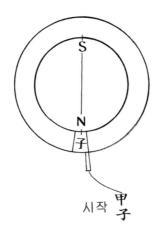

시작 甲子

② 순역

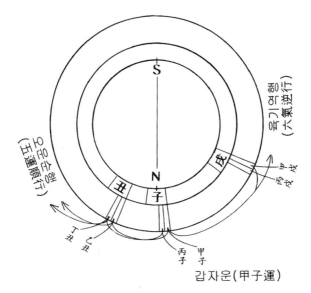

갑자운(甲子運)

③ 분금 구분

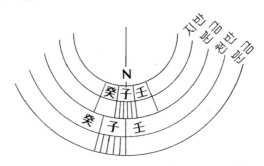

행으로 용체(用體)가 되는 것이다.

1) 분금 중앙선

분금은 3°의 폭을 가지지만 3°의 정중앙선인 1.5°의 위치상에 그어진다. 곧 분금선이다. 이 선은 매 분금마다의 정중앙에 그어지고, 이로부터 자침(磁針)의 선상에서 몇 도에 위치해 있느냐 하는 도수의 위치가 된다. 이는 좌(坐)와 향(向)에서 또는, 사물의 목표에서의 위치이기도 하다. 이 위치의 일직선의 연장이 곧 방향지시선에 일치되는 것이니, 확대하자면, 지자극(地磁極)으로부터의 자기자오선(磁氣子午線)과의 도수 위치이기도 하다.

6-5도 자기자오선

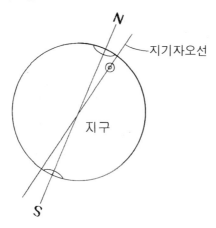

2) 방향지시선

나경을 사용하는데 있어 선의 방향을 정확히 보기 위해 보조적인 지시선(指示線)이 필요하다. 고인들은 활총선을 만들어 방향지시선으로 이용했다. 이는 풍수의 개념에서 매우 중요하다.

하나의 향을 정함이 미래지향적으로 긴 시간대로 본다면 방향의 분별이 몇m의 가까운 거리에서는 그다지 중요성을 느끼지 않겠지만 지구의 지자극으로부터 그어지는 자기자오선과 대조할 만큼 크게 본다면, 그 차이는 엄청나게 된다.

6-6도 방향지시선

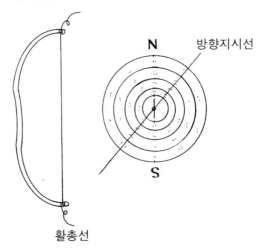

활총선

그래서 고인들이 "한 눈금의 차이가 만산을 차이에 둔다면 화복은 천리나 된다" 라고 했다.

3) 240분수(分數)

1산(山)을 10등분으로 쪼개어 내면 24산은 모두 240등분으로 나누어진다. 이를 240분수라 한다. 360°를 240으로 나누면 1등분은 1.5°가 된다.

분금을 분변함에 240분수를 적용하여 산출한다.

24방위를 1산 10이라는 가정수로 나누면 24방위는 240수를 형성한다.[240수는 구궁낙서수의 종,횡,사의 합수이기도 하다. 15×16=240] 이 수는 전체 방위를 분석하기에 세밀성을

6-7도 분수

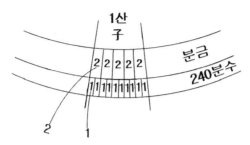

포함하여 적정한 수이다.

1산 10수를 분금에 대입하면 1금[분금]은 2라는 숫자가 분배된다.[1금(2)×5금=10 ── 1산]

4) 3·7분금(分金)과 2·8분금

분금은 1산에서 어느 위치에 존재하느냐를 따져서 3·7 또는 2·8분금이라 한다.

240분수에서 1산을 10등분하였으며 120분금은 1산 5등분이므로 분수를 분금에 대입하면 매 분금마다 2라는 숫자가 돌아간다. 2라는 숫자판 5개가 1산 15°이다. 여기에서 가장 중앙은 양쪽으로 2라는 숫자판 2개씩을 갖추어야 10이라는 숫자의 1산에 해당한다.

나경의 子를 보자. 子의 정중 좌우로는 공란이 있고 다음의 좌측에는 丙子가 있고 우측에는 庚子가 있다. 이 丙子와 庚子를 예로 들어 보기로 한다.

6-8도 2·8분금 3·7분금

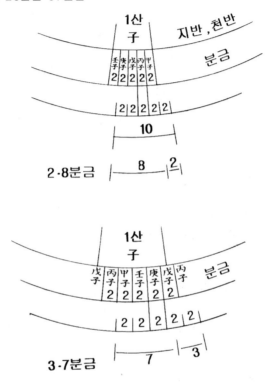

丙子를 몇몇 분금인가를 계산하려면 丙子는 10등분의 2에 해당하고 子 1산은 10수로 형성되어 있으므로 좌측과 우측에 각각 2개씩의 분금 10등분의 4를 두어야 한다. 그러면 丙子의 우측에 2수의 2개 칸이 있고 좌측에도 2개의 칸이 있다. 그러면 丙子는 壬과 子의 경계선에서 壬에 1칸 子에 4칸이 되어 있음을 알 수 있다. 즉 壬 2 子8의 2·8분금으로 되어 있다. 다시 庚子의 分金을 보면 庚子는 子8 癸2로 2・8분금이 되어 있다. 이것이 지반정침(地盤正針)의 분금일 때, 이를 천반봉침(天盤縫針)에 인종(引從)하여 쓰게 되면 庚子는 壬3 子7의 3・7분금이 되고 丙子는 壬7 子3의 3・7분금이 된다.

5) 분금의 고허왕상(孤虛旺相)

분금의 사용에 있어서는 丙丁과 庚辛을 이용한다. 이것을 왕상분금(旺相分金)이라 한다. 분금에는 60갑자의 2회 반복으로 이루어지고 거기에는 매산마다 일정한 위치가 정해져 있다. 즉, 갑자운(甲子運)은 첫 칸이요 병자운(丙子運)은 둘째 칸이요 무자운(戊子運)은 중심 칸[셋째]이요 경자운(庚子運)은 네 번째, 임자운(壬子運)은 다섯 번째로 그 위치가 정해져 있다. 그러므로 오운(五運)에 왕상고허(旺相孤虛)를 적용하여 갑자운과 임자운은 고허(孤虛)라하고 무자운은 정중(正中)이라 구갑공망(龜甲空亡)이라 하여 사용하지 아니하고 병자운과 경자운을 왕상운(旺相運)으로 사용하는 것이다. 이것이 위의 3・7 또는 2・8분금인 것이다. 이는 혼천갑자(渾天甲子)에서 오는 정음정양(淨陰淨陽)의 납갑(納甲)에 의하여 구육충화(九六衝和)의 순음순양을 제외하고 음양상배(陰陽相配)를 응용하는 것이다. 정음정양을 보면 갑[≡건갑(乾甲)] 병[≡간병(艮丙)] 무[月體] 경[≡진경(震庚)] 임[≡이임(離壬)]이다.

오운(五運)의 괘에서 양효와 음효의 배합을 상효(上爻)

와 하효(下爻)에서 찾아보면 음양의 배합은 丙과 庚이다.
☰[건괘] 상하효 양양 ☶[간괘] 상하효 양음 ☳[진괘] 상
하효 음양 ☲[이괘] 상하효 양양이다.

　이로 보아 음양의 구륙충화를 이룬 괘는 간괘(艮卦)
진괘(震卦)이니 간은 간병(艮丙) 합으로 병자순(丙子旬)
이요 진은 진경(震庚) 합으로 경자순(庚子旬)이 된다. 좌
향의 방위 사용에 있어 병자순과 경자순을 사용하는 것
이 음양화합의 왕상분금이 된다. 이것이 3·7 또는 2·8
분금이다. 양택의 좌향에서도 침대의 분금에서도 3·7분
또는 2·8분금을 응용하며 주로 미묘함이 깊은 3·7분금
을 사용하고 부득이한 경우 2·8분금을 사용한다.

　양효의 대표수를 九라하고[1+3+5=9] 음의 대표수를 六
이라하니[2+4=6] 9와 6이 만남을 구륙충화(九六衝和)라하
고 이는 음양이 배합하는 이치가 된다.

7. 분금비(分金比)

1) 분금비(分金比)

분금은 향을 정하는 가장 미묘한 척도이다. 향(向)이란, 향이 위치하는 도수를 가지게 된다. 24산 중의 1산에서 향을 정한다면 향의 전체 단위는 1산[15°]의 폭이 되고 1산은 분금이 정해질 수 있는 전체 단위 15°이다. 이때 전체수(全體數)와 분금수(分金數)가 가지는 비는 분금비(分金比)이다.

어떠한 전체수(全體數)에서 변화수(變化數)의 응용(應用)을 가질 때, 전체수와 변화수는 적정비율을 가지게 된다. 분금비는 전체수와 변화응용수의 적정비(適正比)를 이르는 것이다.

분금의 사용에 있어 병자순(丙子旬)과 경자순(庚子旬)을 사용하니 이는 곧 3·7과 2·8분금이었다.

분금비에는 3·7분금비와 2·8분금비가 있다. 즉, 3·7분금비는 천반에서 지반분금을 인종한 것이고 2·8분금비는 지반에서 지반분금, 또는 천반에서 천반분금을 발생한 것이다.

이는 1산을 전체라고 가정한다면 1산에서 3·7분금이

6-9도 3·7과 2·8분금비

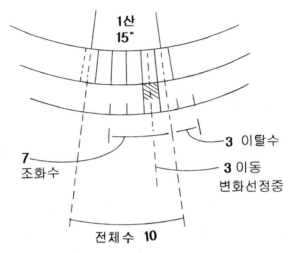

3·7분금비(10:7=5:3.5)

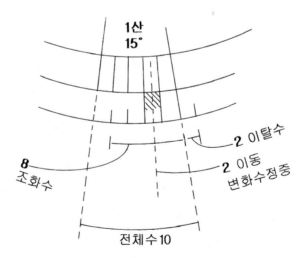

2·8분금비(10:8=5:4)

가지는 위치가 전체와 형성되는 관계의 비율이다. 3·7
분금일 때, 240분수에서 전체는 10이라는 숫자가 되었고
3·7분금은 3이라는 숫자가 전체의 바깥으로 이탈되었
다. 그러므로 3을 뺀 수 즉, 7이란 수가 전체수 10에 대
한 비를 형성하게 된다. 이는 10：7이 되고 줄이면 5：
3.5가 된다. 고로 3·7분금비는 5：3.5이다. 이는 2·8분
금에서도 이탈수 2를 제하면 10：8이 되고 이는 5：4이
다. 즉, 2·8분금비는 5：4가 된다. 이는 3·7분금비가 3
이 이탈됨은 중심이 정중에서 3이 기울어진 것이요 2·8
은 정중심이 2가 기울어진 것이다. 여기에서 더 기울어
지면 중심을 잃게 되고 더 중심으로 서게 되면 조화가
없게 된다. 이는 지축이 기울므로 계절의 조화(造化)가
있는 것과도 같은 이치이다.

　24산은[지반, 천반] 1산 15°이다. 15°라는 천체에서 분금
이 가지는 비의 비례식은

　1산 10：7=5：3.5 ┄┄┄ 3·7분금비
　1산 10：8=5：4 ┄┄┄ 2·8분금비

2) 분금선

　3·7분금비의 계산 방법을 보면 분금의 위치는 좌우로
2라는 수[240분수] 2개씩을 가지고 있어야 중심이 되며 1
산의 전체 폭을 가지게 된다. 좌우로 2라는 수 2개씩을

6-10도 분금선

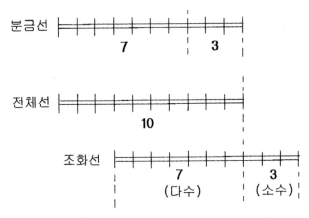

붙이면 3이라는 수치가 1산의 범위를 벗어나게 된다. 즉, 1산에 7이라는 수가 있고 1산 밖에서 3이라는 숫자가 자리한다. 여기에서 1산이라는 전체수 10수와 3수가 제외된 7수가 있게 된다. 10수는 전체수이고 7수는 10이라는 수의 가장 적절한 활용수이다. 10이라는 전체와 7이라는 활용수는 10 : 7의 비를 형성하고 10이라는 수만큼의 선과 7이라는 수만큼의 선을 긋는다면 분금선이 되고 10수의 선은 전체선(全體線)이고 7수의 선은 조화선(造化線)이다. 분금선에는 전체선과 조화선이 있다.

또한, 분금선은 가로와 세로로 했을 때, 직사각형을 형성한다. 전체선[10]을 가로로 하고 조화선[7]을 세로로 하면 횡으로 장방형이 되고 가로와 세로가 바뀌면 종으로 장방형이 된다. 가로로 장방형은 좌세(坐勢)가 되고 세로

로 종방형은 입세(立勢)가 된다. 좌세는 주체적 안정감을
갖게 되고 입세는 객체적 호위감을 갖게 된다.

3) 전체선(全體線) 조화선(造化線)

분금비에서 전체선과 조화선이 나오게 된다. 이는 분
금을 중심선으로 보았을 때, 3·7분금은 3이라는 숫자가
밖으로 이탈하고 2·8분금은 2라는 숫자가 밖으로 이탈
하게 된다. 이것은 다수[7]와 소수[3]의 관계이다.

중심점이란, 모여드는 주변이 있으므로 가능하다. 주변
이 없다면 중심이란 존재할 수 없다. 중심이 있어 중심
력을 가지게 되면 중심력으로 모여드는 힘에 상대하여
중심으로부터 이탈하려는 힘이 발생하게 된다. 예로 원

6-11도 원·구심력

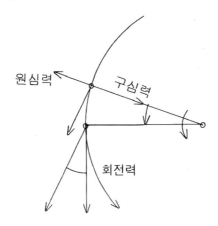

의 중심을 잡았을 때, 원을 회전하면 원의 중심은 원전체의 중심을 유지하려는 구심력이 모아지고 그 힘에 상대하여 원중심으로부터 멀어질수록 원심력에 의한 이탈력도 생겨지게 된다.

이것이 분금을 중심에 두었을 때 3·7은 3이 이탈[원심]력이 되고 7이 중심[구심]력이 되며 2·8은 2가 이탈되고 8이 중심력이 되는 것이다. 그러므로 분금은 다수를 얻고 소수를 버리는 법칙이기도 하다. 만물의 질서가 다수는 이루지만 절대전체는 이루어지지 않기 때문이다.

다수를 얻으면 질서와 체제를 유지하는 것이며, 소수를 마져 다 채우려 한다면 상대적 개념은 사라지고 조화는 이루어지지 않는 법이니, 곧, 분금의 무자운(戊子運)인 구갑공망(龜甲空亡)에 해당하는 것이다. 민주주의는 다수이지 전체는 아니다. 전체를 이루면 공망에 빠지는 것이다.

4) 좌세(坐勢) 입세(立勢)

분금선인 전체선(全體線)과 조화선(造化線)으로 가로 세로를 그으면 분금도형이 된다. 분금도형은 전체선과 조화선의 가로 세로의 교차에 의해 눕힌 모양과 세운 모양의 4각형을 형성할 수 있게 된다.

전체선이 가로선으로 된 도형은 좌세(坐勢)가 되고 전

6-12도 분금도형

3·7분금도형

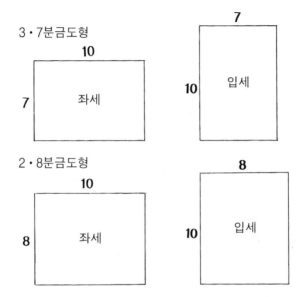

2·8분금도형

체선이 세로로 된 도형은 입세(立勢)가 된다.

좌세는 편안한 안정감을 주고 입세는 좌세에 비해 불안정하다. 이는 앉은 사람과 선 사람으로 비유된다. 앉은 사람은 움직이지 않을 뜻이요[靜] 선 사람은 이동을 뜻한다.[動] 그러므로 좌세는 앉은 형의 주인격이요 고요한 구도가 되고, 입세는 선 형의 시종격이요 활동적 구도가 된다. 6-13도의 입세도형을 보자.

이 도형은 신국판형의 책 크기를 비교할 수 있다. 도서의 대부분이 국×16절[切]로서 신국판형[22×15.4]의 입세이다. 도안상 시각적으로 분금선에 해당하는 경우이다.

6-13도 신국판 입세

5) 분금분할선(分金分割線)

분금비에는 분금분할선을 적용할 수 있다. 분금비의
분금도형에서 가로와 세로의 각각 길이에서 3·7분금비
와 2·8분금비의 분할선을 적용할 수 있다. 도형으로 설
명해 보자.[6-14도]

A선과 B선은 3·7분금비의 길이로 만들어진 직사각형
이다.

A선인 ac길이에서 3·7을 적용하면 10 : 7=ac : χ 10χ
=7ac이다.[ad]

B선인 ab길이에서 3·7을 적용하면 10 : 7=ab : χ 10χ
=7ab가 된다.[ae]

예로 A선의 길이가 22cm라고 할 때, 3·7분금비의 비

6-14도 분금분할선

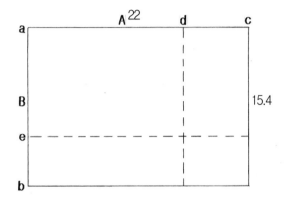

례식은

10 : 7=22 : χ   10χ=154   χ=15.4   B=15.4   ∴ 22cm의
분금비 도형은 22cm×15.4cm[신국판형]이다. 여기에서 분
금분할선을 계산하면

A선은 10 : 7=22[ac] : χ   10χ=15.4   χ=15.4   즉, 15.4의
정방형이 된다.[ab : ad]

B선은 10 : 7=15.4 : χ   10χ=107.8   χ=10.78이 된다.[ae]
이를 완성하면 6-15도가 된다.

6) 주형(主形)과 호형(護形)

분금분할선을 보면 정전법(井田法)의 도형을 연상할
수 있다. 이것은 주형(主形, 주인)과 호형(護形, 호종)으
로 나누어진다.

6-15도 분할선 주객

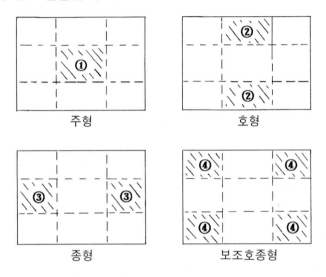

주형	호형
종형	보조호종형

①도형은 본 도형의 6.25 : 1의 넓이로 축소된 것으로 중심의 주인 위치에 해당한다.[主]

②도형이 아래 위에서 보호한 형세로 되고 보호형이 된다.[護]

③도형은 ①도형과 같은 주형세이나 좌우의 비를 형성하지 못하므로 주형으로서의 보조형을 유지한다.[從]

④도형은 보조형을 보호 호위하는 보조호종형이다.[護從]

이는 모든 단체나 모임의 집행부서나 국가의 정부구성도 주형세와 호형, 종형, 보조호종형의 양상과 흡사함을 유추해 볼 수 있다.

7) 분금분할선 비교

3·7분금분할선과 2·8분금분할선을 표시해 본다. 2·

6-16도 분금분할선
3·7 분할

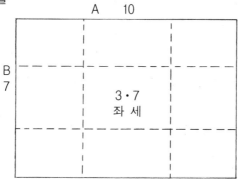

2·8 분할

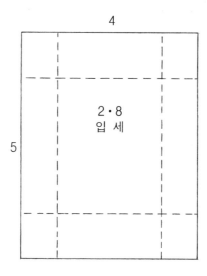

8분금분할선은 3·7분금분할선과 상당한 차이를 볼 수
있다.

3·7은   변화응용분금분할선(變化應用分金分割線)이라
면 2·8은 기원발생분금분할선(氣元發生分金分割線)이라
는 차이를 볼 수 있다.

3·7분금분할선이 상대적 개념을 갖는데 반해 2·8분
금분할선은 독존적 개념을 갖는다.

3·7분금분할선은 주위구성을 이루어 가는데 반해,
2·8분금분할선은 오로지 주(主) 자체의 형세만을 위주
한다.

3·7에 비해 오랫동안 유지할 수 있는 안정감이 있고
여러 유형의 집합조화가 3·7이라면, 단일 유형의 독존
적 유지 조화가 2·8이라 할 수 있다. 상자의 크기나 도
안구도에서도 흔히 볼 수 있는 형이다.

제2절 분금비 적용

1. 개설(概說)

━ ━ ━ ━ ━ ━ ━ ━ ━ ━ ━

형상과 질량은 시공상에서 자신의 질서를 가지게 마련이다. 자신의 질서는 연관해 있는 상대와의 흐름이다. 이 흐름은 절대(絶對)와 변화(變化)가 따르게 마련이다.

즉, 질서에는 항상 절대와 변화가 있게 되는 것이다. 질서의 모범이 규율이요 법이라면, 그것이 절대이지만, 상황에 따라 변화할 수 있게 되는 것이다. 절대란, 변화의 가능성이 이미 존재한다는 것이기도 하다. 사람의 삶은 절대 생명을 유지해야하지만 거기에는 이미 죽음의 변화가 존재하는 것이요, 올바르게 살아야 함이 절대이지만 거기에는 이미 그르쳐 후회해야하는 변화가 공존되어 있는 것이다.

이러한 절대와 변화가 어느 가치적 기준점이 있어 잣대역할을 해 준다면, 그것으로 인간은 본을 받으며 학리를 개발하고 인성과 인격을 도야(陶冶)할 수 있는 목표가 유연해 질 수도 있을 것이다.

제도와 규약이 있고 질량을 검척할 도량형기와 방원

(方圓)의 규구(規矩)가 예리하다. 그러나 저울로 길이를 정하기 어렵고 줄자로 무게를 측량키 어렵다. 이는 질량 과학의 한계이며 정확성 때문이기도 하다. 과학으로 정신을 온전히 저울질 하기는 어렵다.

풍수에는 방위를 측정하는 기구인 나경이 있다. 이는 방위를 척척 분간하지만 방위는 수평적 존재일 뿐, 수직의 상하변화에는 무력해지기도 한다. 풍수는 수평적 흐름이지만 고저에 의한 변화가 본능이다. 이런 것들이 변화이다.

태양궤도에서 남북극이 요연하여 절대이지만 지축은 기울어 있어 변화이다. 지구의 생명에는 물이 절대이지만 지표의 7할만 물이니 변화이다. 계란이 둥글지만 길쭉한 것은 변화이다. 이러한 변화를 분금비와 연관하여 그 변화성을 상고해 보기로 한다.

2. 지축(地軸) 분금비(分金比)

1) 지축

지구는 남북의 축이 23.5° 기울어져 있으므로 태양이 황도선을 1주함에 남북 회귀선을 가지게 되고 이로 인해 계절의 한서를 맞게 된다.

만약, 지축이 기울지 않으면 태양은 적도선 만을 회선할 것이고 따라서, 계절은 어디에도 없을 것이다. 연중 기온이 같고 연중 태양의 출몰시각이 같다면 인류의 역사는 훨씬 미개했을지도 모른다.

계절의 한서(寒暑)따라 생활을 준비하고 월령에 따른 풍습이 이어지면서 인간의 지혜는 변화에 적응하여 극도의 문화를 창출해온 것일 것이다. 6-17도를 보자.

ㄱ,ㄴ선은 지축이 기울지 않았을 경우 지축선이다. ㄷ, ㄹ은 ㄱ,ㄴ에 대한 적도선이며 수직에 대한 횡선[수평선]이다. 여기에서 23.5°는 ㄱ,ㄹ에 대한 분배각이 형성된다. 이는 태양이 황도 북회귀선에 도달한 지점에서 지축ㄱ1, ㄹ의 각은 66.5°[90° - 23.5°]이다. 즉, 적도가 23.5°를 황도 회귀선과[ㄹ] 지축[ㄱ1]선을 이탈하여 밖으로 출입하는 셈이 되는 것이다.[ㄹ1]

6-17도 지축

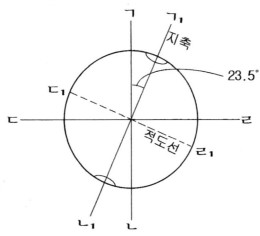

지축도

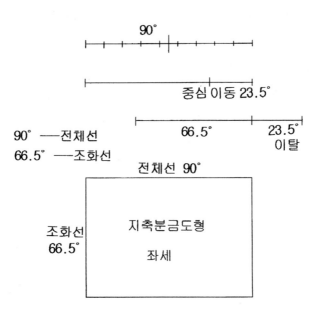

다시 말하면, 90°선 안에서 23.5°를 왕래[안으로 밖으로]하는 것이다. 90°는 태양의 적도선과 지축선[ㄷ1 ㄹ1:ㄱ1 ㄴ1]이며, 황도 북회귀선에서 지축을 바로 했을 때 [ㄷ,ㄹ : ㄱ,ㄴ]의 값이다. 여기에서 변화하는 값은 지축선으로 23.5°가 되는 것이다. 즉, 지축선은 조화[변화]선이 되고 적도선과 지축선은 전체선에 해당한다. 이를 비례식으로 계산하면

전체선90 - 변화선23.5=66.5 ---- 조화선

90 : 66.5=5 : x 90x=332.5 x=3.69   ≒3.7

x=3.7   ∴5 : 3.7 [3 · 7분금비]

2) 계절

지구는 태양을 1주 회선하는데 1년이 걸린다. 지축비로 인하여 동지와 하지가 생기고 24절기가 분배된다. 동지로부터 남방회귀선을 넘어 해가 길어지지만 45일이 지난 후 입춘[정월]이 되어 따사로운 양기(陽氣)가 시작된다. 입춘부터 시작된 양기는 가을 입동 전까지 이어지고 이 기간동안 초목은 활동한다.[9개월] 즉 일년이라는 24절기에서 초목이 양기를 받아 활동할 수 있는 기간이 12개월 중 9개월이다. 12 : 9=5 : x x=3.75 5 : 3.75 가 된다. [3 · 7분금비]

6-18도 계절도형

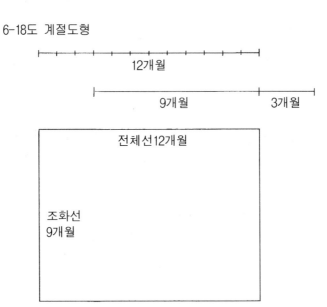

3) 하지와 동지

일년 중 태양이 회귀선에 도달하는 하지와 동지에는 태양이 대략 5시15분과 7시 45분경에 출몰한다. 동지와 하지의 밤낮 차이는 2시간 30분가량이다. 이는 12시간 중 2시간 30분을 빼면 9시간 30분이 된다. 분금비의 비례식을 적용하면 12 : 9.5=5 : x 12x =47.5 x=3.958 x ≒4 ∴5 : 4가 된다.[2·8분금비]

4) 1일

하루는 낮과 밤으로 반씩 차지한다. 대략적으로 춘분 추분에는 6 : 30에 해가 출몰한다. 12시간 빛이 비추지만 빛으로서의 열기는 9시간 정도로 볼 수 있다.[8 : 30-오후 5 : 30] 이는 밤도 마찬가지이다. 밤 12시간 중 9시간이 밤으로서의 위용을 갖춘다. 이를 분금비로 환산하면 12 : 9=5 : χ ∴5 : 3.75이다.[3·7, 2·8분금비]

5) 일상생활

일상생활도 이에 준한다. 하루 12시간 중 3시간은 준비와 기타로 소비하고 9시간 일한다. 9시간 중 6-7시간이 일에 열중하는 시간이 될 것이다. 12 : 9=5 : χ ∴5 : 3.75 9 : 6.5=5 : χ ∴5 : 3.6

6) 지리(地理)

지리 역시 분금비에 해당하는 곳을 찾을 수 있다. 즉, 2·8과 3·7의 분금비 지역을 남극과 북극으로부터의 위도선상을 분금비로 나누면 3·7분금비 5 : 3.5 = 위도 90 : χ   χ=63   90-63=27 ∴27°가 된다. 즉 위도 27° 지역이 분금비에 해당한다.

7) 해발

산과 내로 나누어 분금비에 해당하는 위치가 장풍인 회선풍을 이루어 살기에 적합하다.

해발500m의 산이라면 3·7분금에서 5 : 3.5=500 : χ χ=350 500−350=150 해발150m의 지점이 분금비의 지점이 된다.

단지, 양택은 좌우의 수평공간이 형성되어야 하는데 수평공간의 형성은 분금비보다 낮은 곳에서 이루어지기가 대다수이다.

3. 계란 분금비

계란에 분금비를 적용해 본다. 계란은 원이 변형된 타원형이다. 원이 타원으로 변한 모양이 가장 이상적일 때 계란형이라 한다. 예쁜 얼굴을 계란형이라고도 하며 도안 구도상에서도 응용이 쉽다.

계란은 계란마다 대략적 형태는 비슷하나 수치는 각기 다르다. 아래의 수치는 시중계란을 대상으로 한 수치이다.[수치mm]

①계란의 가로57.3 : 세로45.7

　도형의 분금비 비례식은

　　57.3 : 45.7=5 : χ　　　57.3χ=228.5　　　χ=3.99

②계란의 흰자위43 : 노란자위33

　도형의 분금비 적용

　　43 : 33=5 : χ　　　　　43χ=165　　　χ=3.84

이상에서 보듯이 A선 : B선은 ①5 : 4　②5 : 3.8로서 거의 분금비선에 해당함을 볼 수 있다.

6-19도 계란 분금도형

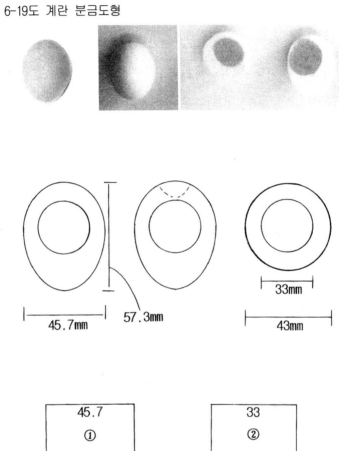

4. 얼굴 분금비

사람의 얼굴은 어떠할까. 사람의 얼굴도 사람마다 형태가 다르다. 얼굴이 좌우로 길어 정방에 가까운 사람도 있고 상하로 길어 장방형을 가진 사람도 있다. 그 중에 대표적으로 보기 좋은 얼굴은 계란형 얼굴이다.

①20 : 15=5 : χ   20χ=75   χ=3.75   ∴5 : 3.75
②15 : 10=5 : χ   15χ=50   χ=3.33   ∴5 : 3.33

6-20도 얼굴 분금비

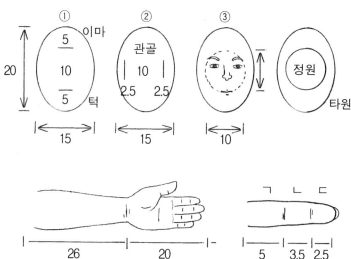

③은 얼굴 전체형에서 눈 눈썹 코 입의 위치를 합하면 계란 노란자위와 비슷함을 본다. 원은 기파기원이요 타원은 기파응용변화이다. 사람의 팔을 보자.

팔뚝 : 손 = 26 : 20 ---- 5 : 3.8

손가락 ㄱ : ㄴ = 5 : 3.5 ---- 5 : 3.5

ㄴ : ㄷ = 3.5 : 2.5 ---- 5 : 3.57

5. 시각 분금비

시각에 분금비를 적용한다. 시각은 초점을 둘 경우, 15°선 안팎이다. 시각초점을 수평으로 두었을 때, 상하좌우 7.5°씩 초점에 들게 된다. 이는 땅의 경사도에서도 가장 적절한 경사는 7.5°에서 15°의 경사를 이루면 배수가 잘되고 완만한 앞뒤를 형성하므로 가장 이상적이며 또한 1산 15°이고 지반천반의 교차계봉은 7.5°이다.

시각 초점에 분금비의 비례식을 적용하면

3·7분금비 5 : 3.5=15° : χ   5χ=52.5   χ=10.5   15−10.5=4.5   상하2×4.5=9°   15°+9°=24°가 된다.[6-21도①]

분금비 시각점은 24°가 되고 초점 선은 15°이내가 된다. 일반적으로 시각에 초점을 두지 않으면 23.5°의 배수인 47°선이 시야에 들어온다.[6-21도②] 90°의 시각을 둘 경우 초점선 없이 시각이 지향하는 변화가 다채롭고 급하게 변하므로 23.5°의 가시선도 따라 변하며 66.5°로 대충 지나치는 시각점이다.[6-21도③] ④는 각도의 참고도이다. 기타 조경에서 산소와 집, 정원에 응용한다.

6-21 도 시각 분금비

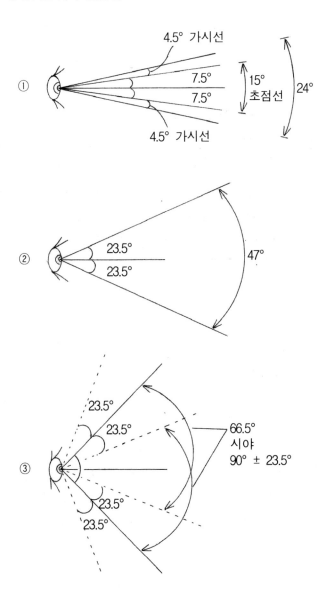

④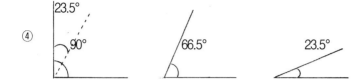

제7장 기파풍수(氣波風水)

1. 개설(槪說)

기(氣)는 어떻게 생산되고 어떻게 변화할까?[소비] 기는 만물이 움직이고 변화해 가는 힘의 본원이요, 이는 곧 기원(氣元)이다. 기원은 형상형체를 본체로 하며 본체는 시공상에 존재하게 된다. 시공상에 존재하는 형상 형체로는 우주의 모든 성신을 포함하여 지상만물에 이른다. 우주는 우주기원으로 운행되고 지구는 지기원(地氣元)의 본체로서 지상만물을 싣고 운행하는 힘을 가지고 있다.

지구는 물과 공기를 가지고 있어 이를, 땅의 힘에 의해 순환시키며 땅의 형상의 다양한 변화로 위치마다 상이한 특유의 기운을 함유하여 발휘하고 있다. 성신은 인력에 의해 적정한 거리를 유지하며 허공을 떠다니고 지구는 중력으로 만물을 지표에 붙어 있게 한다.

이로 인해, 초목이 땅에 앉아 싹을 틔우고 동물이 땅에 붙어 삶을 이어간다. 식물은 식물의 힘으로 자신을 키워가고 동물은 동물의 힘으로 움직여 생활한다. 이러한 힘이 곧 기운이다. 또한 공기의 흐름인 대기의 바람이나 지구의 중력도 기(氣)의 운행이다. 그러나 풍수학에서 논하는 기(氣)는 이와는 또 다른 부분까지도 포함한다.

  조상과 자손의 동기적(同氣的) 감응(感應)이나 땅이 가지는 위치마다의 상이(相異)한 특유의 기운인 지기(地氣)와 수기(水氣)를 포함한 지기원(地氣元), 그리고 형상에서 조응(照應)되는 기파응결점(氣波應結點), 이외에도 마음을 유지하는 심기(心氣), 정신을 깨쳐 가는 신기(神氣)

7-1도 기(氣)

등등은 양적 측정과 질적 분해가 온전히 이루어지기는 어려운 게 사실이다.

모든 내왕의 질서는 기의 파동에 기인한다. 생명체가 자라는 것은 물론 무기물의 현상에서도, 그로 인한 기의 파동에는 내왕의 질서가 영향을 받지 않을 수 없다. 그런가하면, 형상이 존재하는 존재 값이 존재공간에 주어지게 되는 것이다. 그 값이란, 곧 조응되는 기파의 응결인 것이며 이것은 형상의 크기에 비례하며 거리에 따라 반비례한다.[여기에서 기파라 함은 물리학에서 증명되는 기파의 용어와는 다른 것으로 풍수학의 기파로 이해하여야 될 것으로 사료됨]

2. 우주와 대기

━━ ━━ ━━ ━━ ━ ━ ━ ━ ━ ━ ━ ━

대우주는 무한 공간에서 수많은 성신이 떠 있고 각기 제 위치를 인력(引力)으로서 궤도를 지켜간다. 땅덩어리 (大塊) 역시 대기권으로 표면의 존재물들을 보호하여 길러 가면서 한 없이 한 없이 미끄러져 허공을 달린다.

대기권으로 지표가 보호를 받고 청청 하늘의 성신들에 영향을 받는다. 태양의 빛이 일상적이라 그 위대함을 잊었다할지라도 그믐달의 인력에 의해 조수(潮水)의 간만 (干滿)이 새롭고, 새벽녘의 북두칠성이 초저녁으로 자리

7-2 대기와 생물

옮김은 한서(寒暑)의 상반(相反)함을 전해주는가 하면, 별똥별 유성(流星)의 불빛은 어느 영혼의 승천을 알리는 가 싶다.

하늘에 별빛이 돌출하듯이 땅에는 산봉(山峰)이 솟고 은하수가 유유하듯이 한강수가 도도히 흐른다. 무한 공 간하늘에 작은 점 지구 하나가 어찌 천기를 벗어날까 마 는 그래도 지표는 대기(大氣)로 포장되었으니, 계란의 껍 질이 연약하나 병아리의 생명 틔우기에는 충분한 것처럼 대기는 지표의 뭇 생명들이 존재할 조건에 충분하다.

3. 천기(天氣)

대기(大氣)는 우주하늘에 대한 지표의 방패요 방어자
이다. 지표의 대기하늘을 포함한 외부의 무한하늘로 이
어져 전달되는 기운이 천기(天氣)이니 이것은 곧 천기의
천망(天網)이요 이는 성글지만 어떠한 것도 새어나가지
못한다고 고인들이 말했다.

천기는 수직적으로 지표에 하강한다. 이는 시공이 있
는 한, 이미 존재되어 있는 것이다. 땅을 온통 벌집처럼
지하나 지상의 공간을 지어 숨겨진 공간이 있다해도 그
것은 이미 하늘 천기가 닿아 존재하는 곳이 된다. 천기
는 어디든 고르게 하강하지만 지표의 공간적, 질량적 차
이에서 그만큼 달라지게 접착한다.

지표의 질량은 금목(金木)으로 대별되니 금(金)은 암석
이요 목은 수[초]목이다. 암석이 솟아 산봉이 되고 초목
이 자라 그늘을 지운다. 이들에 의해 천기의 하강은 위
치마다 달라지고 위치마다의 존재물들은 다른 천기를 품
수하게 된다. 사람은 천기를 품수하여 태어난다고 한다.
그러므로 하늘이 내려준 정신으로 생각하고 땅의 소산물
과 어울리며 살아간다. 하늘이 준 정신으로 하늘을 맴돌
고 땅이 준 육신으로 만물 틈새에 숨겨진다. 흙을 뒤집

어 써 실내에 숨고 머리털을 덮어써 천기를 방어한다. 인간은 나무에 숨고 구조물 틈새에 숨고 그리고 갓을 쓰고 모자를 쓰고, 그리고 머리털로 하늘을 가린다. 육신은 만물을 접촉하여 항상 불결스러운 부끄러움이 있는 본체로서 천기의 정신을 깨쳐 가야 할 미완성의 존재물인 것이다.

4. 기파(氣波)

＝＝ ＝＝ ＝＝ ＝＝ ＝＝ ＝＝ ＝＝ ＝＝ ＝＝ ＝＝

기(氣)를 형상으로 표시한다면 원이다. 이는 전달과정
이기도 하다. 기의 본체는 점이요 원으로 확대 전달한다.
여기에는 개체성으로 집체를 이루며 그것이 곧 전체기를
형성한다. 이것이 전달되는 전체를 기파(氣波)라고 한다.
물결에는 파장이 있고 음파에는 파동이 있으며 파동에는
횡파와 종파가 있다. 기파란, 일반적으로 공기의 층에 의
한 결을 말하지만 풍수기파에서는 공기 이외의 기의 전
달까지도 포함하기 때문에 그 범위가 넓어진다.

풍수기파(風水氣波)에는 지기파(地氣波), 수기파(水氣

7-3도 형상변화

원 방 첨

波) 동기적 감응기파(感應氣波)[同氣波], 형상적 조응기파
(照應氣波)[形氣波]로 분류하며 이러한 기파에는 직파(直
波)와 평파(平波), 사파(斜波)로 나눈다. 직파와 평,사파
는 주기(主氣)와 종기(從氣)로 나눌 수 있다.

1) 직파(直波)

직파는 수직(연직)적으로 이어지는 기파로서 우주기파
(宇宙氣波) 천기기파(天氣氣波) 지기기파(地氣氣波) 수기
기파(水氣氣波)가 있으며 이러한 기파(氣波)에는 直波가
주기(主氣)이며 평파(平波)가 종기(從氣)로 작용한다. 동
기적 감응기파에서도 일부분 적용되며 이를 벗어날 때도
있다.[종파와 비슷하게 이해되나 근본이 다르다.]

7-4도 직파

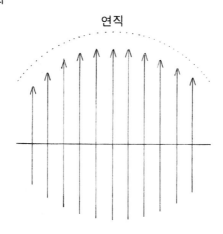

연직

2) 평파(平波)

평파는 수평[횡]적으로 이어지는 기파로서 형상기파가
이에 해당하며 평파(平波)가 주기(主氣)가 되고 직파(直

7-5도 평파와 응결점

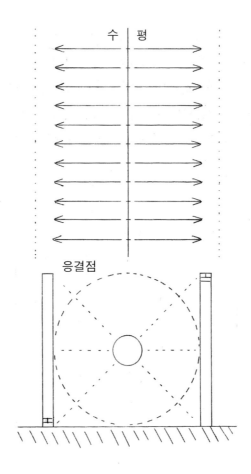

波)는 종기(從氣)가 된다. 평파는 형상의 기파가 응결점
을 형성하면서부터 소멸해져 간다.

3) 사파(斜波)

사파는 비스듬히 전달되는 기파로서 형상의 조응점을
형성한다. 주로 형상기파에서 평파(平波)가 응결점을 형

7-6도 사파와 응결점

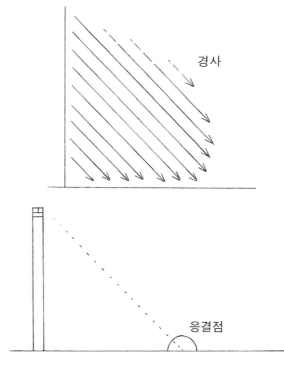

성치 못할 때, 사파(斜波)로서 응결점을 형성하게 되므로
이럴 때는 사파(斜波)가 주기(主氣)가 되고 평파(平波)는
종기(從氣)가 된다.

기파(氣波)	주기(主氣)	종기(從氣)
지기파(地氣波)	직파	평파, 사파
수기파(水氣波)	직파	평파, 사파
동기파(同氣波)	직, 평, 사파	직, 평, 사파
형기파(形氣波)	평파	직, 사파

5. 지기파(地氣波) 수기파(水氣波)

하늘에서 생성되는 기를 천기원(天氣元)이라 하고 땅에서 생성되는 기를 지기원(地氣元)이라 한다면, 천기원은 양기 음기로 나누고 지기원에는 지기와 수기로 대별할 수 있다. 그러나 지기와 수기의 양자를 기의 생성원으로 본다면 지기원(地氣元)과 수기원(水氣元)으로 상대 대칭됨을 표현함이 옳을 수 있다. 그러므로 천기원(天氣元)을 상대로 표현된 지기원(地氣元)에는 수기원(水氣元)이 포함되지만 지기와 수기의 상대적 표현에는 지기원 대(對) 수기원으로 표현할 수 있다. 지기원에서 생성되는 지기의 전달표출은 지기파(地氣波)이고 수기원에서 생성

7-7도 기파와 수분

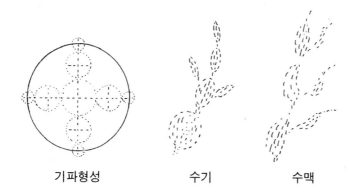

| 기파형성 | 수기 | 수맥 |

되는 수기의 전달표출은 수기파(水氣波)이다.

땅의 지기는 상하적으로 볼 때, 연직(鉛直) 방향으로 중력(重力)이라는 인력(引力)이 존재하듯이 지기(地氣) 역시, 땅에는 지기가 연직방향으로 존재되어 있다. 중력의 인력이 어느 땅 어느 위치이든지 같은 힘을 가진다면, 지기는 매양의 위치마다 다르다. 그것은 땅에는 수기가 존재한다. 수기는 지중의 위치마다 수분의 함유량이 다르며 수분의 내왕도 또한 각각 다르다.

산 능선의 수분은 지중의 아래에서 위로 전달되는가 하면 계곡부근은 위에서 아래로 전달되는 게 보통이다. 이는 모세관 현상 외에도 땅의 힘 운동에 의하여 물 또는 수분이 위로 솟아오르게 된다.

수분은 아래에서 위로 전달되면 연중 적정한 만큼만 유지하게 되지만 위에서 아래로 전달하게 되면 우기(雨氣)나 한발(旱魃)에 영향을 받게 되어 적정유지가 어려우며 위치에 따라서는 필요 이상으로 수분을 끌어당겨 모으는 곳도 있고 이와 반대로 건조해지는 곳도 있다.

물은 땅의 공극을 타고 압박을 받으며 흐르므로 지중으로 물길이 형성된 곳은 지층 중 자갈이나 모래층 또는 단층암반의 공극이 생겨 있게 마련이다.

그러므로 지중으로 물길이 형성되면 물길의 수직선상에서는 지중이 허(虛)한 땅이 된다.

수자원을 개발한다고 땅을 굴착해도 수기원에서는 물

을 찾을 수 없고 물길을 만나야 하며, 그러기 위해서는
공극층이 넓게 형성되어 수맥군이 형성되어 있는 곳을
찾아야 한다. 샘을 판다고 할 때, 흔히 로드나 추를 활용
하여 물길을 참고할 때, 수분만 있는 곳을 물길로 잘못
아는 경우는 허다하다.

　지기는 다양한 수맥(水脈), 수분(水分), 수기(水氣)층에
상대하여 반비례로 존재하므로 수맥(水脈), 수기원(水氣
元)이 없으면 지기가 있고, 지기가 없으면 수맥, 수기원
이 있게 된다. 이는 지기가 잘 형성[穴]된 곳에는 지기가
뭉쳐 있고 지기가 형성되지 못한 곳에는 수기가 맺혀 있
는 것이기도 하다.

　지기는 팽창하여 상승하고 수기는 수축하여 침하한다.
상승과 수축작용에 있어 시간상으로 많고 적음의 변화는
수량에 의한 수분의 함유량일 뿐, 지기와 수기는 그것에
절대의 영향은 받지 않는다. 또한, 상승이라고 하여 계속
끓어오르는 기가 수축하는 기에로 쏟아져 들어가는 표현
보다는, 지기는 땅의 위치마다 다르게 불변 고정되어 이
미 존재하여 있는 그 자체의 기(氣)이다. 위치마다 다르
다는 것이 지기(地氣)와 수기(水氣)의 양자로 대별되는
것이다.

　지기는 수직적으로 지중의 흙, 내지는 암반이 단단한
가 하면 수기는 수직적으로 이와 반대로 사토나 공극층
이다. 지기와 수기는 흡사 사람이 옷을 벗은 몸을 들여

다 볼 때, 팔뚝 등 가슴 배 넓적다리 등을 자세히 보자면 피부 밖으로 인기가 가득 차 있음을 알 수 있다. 이것이 살아 있는 사람의 육신에서 상승하는 생기[人氣]이다. 만약, 죽은 사람을 이렇게 보면 반대의 현상이 될 것이다. 또한, 병든 사람도 건강한 사람에 비교하면 부분적으로 기가 적체(積滯)되어 있음을 볼 수 있을 것이다.

지기(地氣)의 생기(生氣)도 이와 마찬가지이다. 지기가 잘 형성된 땅은 건강한 사람에게서 나타나는 생기로운 기와 같고 지기가 잘못 형성되어 땅의 공극 현상들이 생겨 갈라진 땅은 병든 사람과 같아 골절이 부러지고 신진대사가 순조롭지 않아 어혈이 생기고 순환의 부조화로 기가 정체되는 것과 같다.

수직적 지기와 수기는 팽창과 수축의 작용을 함에 수직의 근간에서 수평적 파동으로 팽창과 수축의 호흡을 이루어낸다. 즉, 지기의 근간에서 팽창의 파동으로 수기의 수축으로 전달되는 것이 지기파(地氣波)이고, 수기의 근간에서 수축의 파동으로 지기의 팽창을 수용하는 것이 수기파(水氣波)이다. 이의 관계가 음대양(陰對陽)의 관계로 지상의 어느 공간에서나 다양하게 필연적으로 이미 존재되어 있는 것이다. 이것이 명혈(明穴)의 지기(地氣)가 조수(朝水)의 수기(水氣)와 교응하는 관계이다. 지기는 연직방향의 수직적 기파이므로 직파(直波)이다. 지기의 직파가 주기(主氣)로 팽창하면서 수기와의 교합을 이

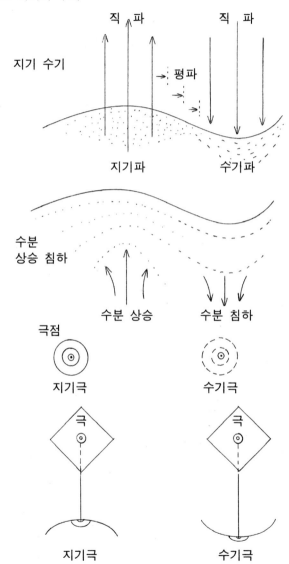

7-8도 지기와 수기

직 파   직 파

지기 수기

평파

지기파   수기파

수분
상승 침하

수분 상승   수분 침하

극점   지기극   수기극

극   극

지기극   수기극

루는 것이 평파(平波)인 종기(從氣)이다. 지기와 수기는
직파이지만 팽창과 수축의 특성으로 이루어지는 음양교
합이 평파(平波)를 이룬다. 이러한 기파는 공간의 형상적
조응적 기파와 어울려 조화를 이룬다.

1) 기파(氣波)와 인체(人體)

사람은 생기를 생성유지하기 위해서 평생 노력한다.
땅에는 지중(地中)의 생기가 위치에 따라 이미 정해져
있고 지상의 생기는 구조에 따라 변화한다.
사람의 생기는 발산하는 팽창의 기운이다. 팽창하여
발산하는 기운이 저조해지면 수축해지고 나아가 질병이
유발하게 된다.

7-9도 기파와 인체

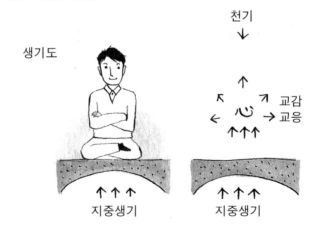

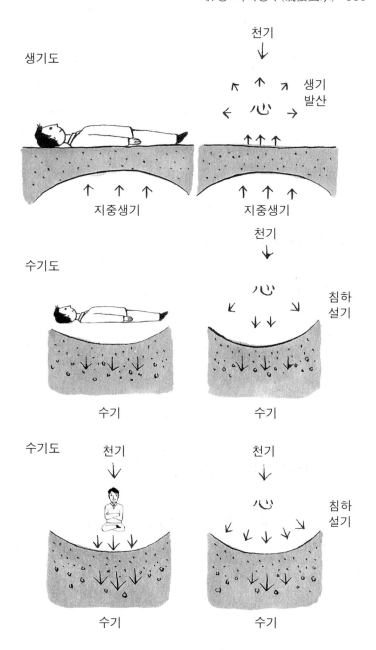

지기파는 인체에 팽창기운을 발산하게 해 주는 생기
(生氣)이고, 수기파는 인체에 수축기운으로 응고시켜 주
어 생기를 설기하게 한다. 생기의 발산은 신진대사가 원
활하여 왕성하게 되고 수축은 신진대사가 응고되어 부작
용을 초래한다. 사람이 지중의 생기 위치에서 생활하게
되면 지중의 생기와 감응하여 생기로운 팽창의 기운이
발산하게 된다.

2) 기파(氣波)와 생활(生活)

생기롭게 생활하기 위해서는 여러 가지 측면에서 조화
로워야 한다. 신체가 건강해야 하고 생활에서도 생기가
이루어져야 한다. 밤에 편히 잘 수 있어야 하고 직장에
서 열심히 일할 수 있어야 하고 가족관계도 원활해야 한
다. 그러므로 생활하는 곳, 특히 잠자는 곳[쉼터] 일하는
곳[일터]의 기파는 생기(生氣)로와야 한다.

3) 기파(氣波)와 양택(陽宅)

양택의 지기파가 생기롭고 공간기(空間氣)가 잘 집체
성을 이루면 길택(吉宅)이다. 양택은 땅의 면적이 지기혈
(地氣穴) 하나의 크기보다 더 큰 경우가 많고 거기에서
여러 칸을 형성하게 되므로 한 집에서도 지기파와 수기

7-10도 지기수기 형성

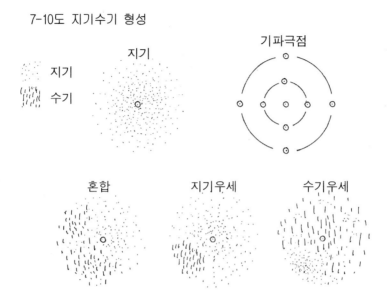

파를 함께 가지는 경우가 대략이다. 이 중에서 지기파의 흐름이 우세한가하면 수기파가 우세하기도 하며, 혹 중에는 전체가 지기파 또는 수기파를 형성하기도 한다.

양택의 지기파는 거실이 가운이 되고 안방은 가주[부부]운이 되며 아들딸의 방은 각기 아들딸의 운이 된다.

주방은 주부운이 따르고 현관은 가족의 운이 따르나 가주(家主)가 제일 크게 작용한다. 마당이 있는 경우 마당의 지기파와 대문의 지기파는 주운(主運:나이순)이 따른다. 7-11도로 설명해 본다.

7-11도 양택기파

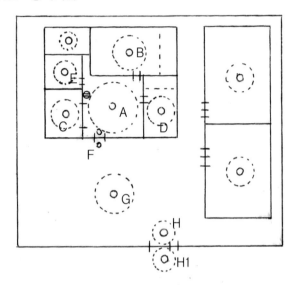

A지점 **거실**

거실 정중에 지기파가 형성되면 가운(家運)에 생기가
발하여 크게 번창한다. 중심점이 형상의 중심에 일치하
면 최상의 지기파이다. 만약 수맥과 혼중되고 중심이 기
울어지면 불리해진다. 가운이 자주 침체하고 가족의 건
강에 적신호가 생긴다.

B지점 **안방**

안방 정중에 지기가 형성하면 가주(家主:부부)가 건강
하고 신체의 리듬이 활발해진다. 특히 부부간의 애정리
듬이 즐거워지고 만족해진다. 정중(正中)의 지기파가 미

세하거나 치우치고 또는, 수기권내 지기파가 형성되면
건강이 불리해지고 부부운이 멀어지고 특히 남성의 기운
이 생기를 잃게 되며 외박이 잦아지기도 한다.

C지점 **주방**

주방에 지기파가 생기롭게 형성되면 가족이 항상 즐겁
게 식사에 참여하게 되고 주부가 건강하게 주방을 돌본
다. 지기파가 잘못 형성되면 가족이 식사에 참여하지 않
고 제멋대로 찾아 먹는 둥 마는 둥하며 외식으로 때우고
주부는 수술 내지는 병치레가 잦아진다.

D지점 **아들방**

아들 방으로 기파의 형성에 의해, 제몫의 공부를 할
수 있고 양택의 청룡에 해당하므로 시험 합격 직장 문서
공명 등과 아들의 건강에 대한 리듬이 지어진다. 만약
기운이 적중치 못하면 청룡은 안정하지 못하고 외부로
떠돌게 된다.

E지점 **딸방**

딸 방으로 청룡과 비유되어 딸의 공부와 생활이 연결
되고 재물과 부녀의 리듬이 지어진다. 수기파가 형성되
면 음란하고 외부로 떠돈다.

F지점 **현관**

현관이 지기형성이 되면 귀중한 손님이 오고 외부와 내부의 일이 순조로이 펼쳐진다. 수기파가 침범하면 실수가 생겨나고 외박으로 집을 비우게 되고 음란도박에 빠진다.

G지점 **마당**

마당의 중심점에 지기가 형성되면 가운이 오래도록 유지된다. 수기가 형성되면 일시적으로 부귀를 일구어도 모두 탕진하게 되고, 특히, 남성 가주(家主)가 단명을 면치 못한다.

H지점 **대문**

대문이 현관문에서처럼 H와 H1의 지점에 지기파가 형성되면 귀중한 손님이 오게 되고 많은 손님이 끊이지 않고 방문하게 된다. 그러나 수기파가 침범하게 되면 가주는 외부로 떠돌게 되고 도박과 음란에 빠지게 된다

대개의 양택이 본체를 비롯하여 마당과 대문까지 모두 생기로운 지기를 형성하기는 매우 어렵다. 만약 이 모두가 지기를 형성한다면 그것은 양택 전체를 한 기운점으로 형성한 길지(吉地)가 되어 수 백 년이라도 세세손손 화창하게 많은 사람을 거느리고 살아갈 양택길지이다.

이때, 양택내에서 존재하는 수기(水氣) 즉, 지기권내(地
氣圈內)의 수기파(水氣波) 존재를 잘 파악해야 한다. 만
약, 지기권내의 수기파가 역량이 아주 미미하다면 다행
이지만 지기권내의 수기파가 다수의 영향력이 있다면 전
체 지기권은 야무진 지기파가 아니라, 병든 지기권이라
할 수도 있기 때문이다.

6. 동기감응(同氣感應)

＿＿ ＿ ＿ ＿ ＿ ＿ ＿ ＿ ＿ ＿ ＿ ＿ ＿ ＿

동기란, 일반적 어의로는 형제자매를 일컫는 말이다. 부모로부터 같은 기를 받아 태어났다는 데서 연유한 말이다. 풍수의 감응에서 동기란, 형제가 아니고 부모와 자식의 동위원소의 동질성에서 전달될 수 있는 기(氣)를 동기(同氣)라 한다. 이것의 전달됨은 유해(遺骸)가 길지[명당]에 보관[묻힘]되어 있으면 자손도 부모의 유해처럼 세상에 잘 보관[활동]된다는 것이다. 이는 실증체험에서 겪어보는 사례들에서 말해 주는 것이기도 하다.

풍수의 동기는 1차적으로는, 부모와 자식간의 혈연적 동기로서 이는 피치 못할 동위개념이다. 부모와 자식간의 생전에 정의가 좋고 나쁨에 관계가 있을 수 없다. 아무리 부모와 자식이 원수 같다하여도 동기의 감응은 그와는 별개이다. 그것은 이미 부모와 자식이 동위의 원소를 가지고 있기 때문이며 이는, 음택에서만 이루어지는 음택발음의 동기감응이다.

부모와 자식 관계에서 동기감응이 1차적이라면, 상관 관계에서 형성되는 양택의 생활로 얻어지는 동기감응은 2차적이라 할 수 있다. 서로 영향을 줄 수 있는 두 개의 기가 같게 되어 교합하면 동기가 되는 것이고, 그것은

7-12도 동기감응

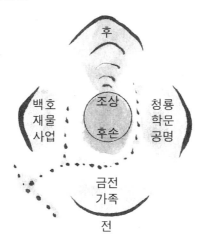

곧 감응으로 이어질 수 있다. 이것은 양자의 관계가 동기로 이루어지는 만큼 감응하게 되는 것이다. 생활에서 이루어지는 동기의 감응은 지기에서 정위(正位)했을 때와 지기로부터 원근에 따른 감응이 일어날 수 있다.

1) 정위감응(定位感應)과 원근감응(遠近感應)

땅은 그 위치마다 지기가 다르다. 사람은 사람마다 사람의 기가 다르다. 사람의 기를 인기(人氣)라고 부른다. 지기(地氣)와 인기(人氣)는 동기(同氣)되는 만큼만 감응한다. 기가 좋은 명당의 땅이라 해도 인기와 동기될 수 있는 부분만큼만 감응한다. 인기는 사람마다 다르며 자신이 가지고 있는 만큼만 감응하는 것이다.

7-13도 정위와 원근감응

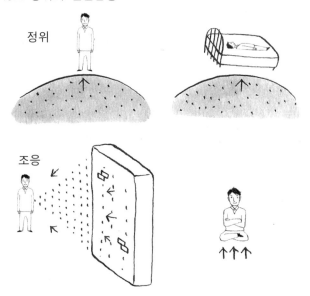

그러므로 같은 땅이라도 사람마다 감응하는 것은 다르다. 즉, 서로의 관계에서 서로가 가지고 있는 부분만큼만 동기가 되고 동기부분만큼만 감응되는 것이다. 이것이 곧 **동기화적동기감응(同氣化的同氣感應)**이다. 동기화적 동기감응에는 **정위감응(定位感應)**과 **원근감응(遠近感應)**이 있다. 즉 상관관계가 가까운 곳과 먼 곳으로 나누어진다.

가장 1차적 영향은 수직적 영향으로 인기와 지기가 수직선상인 직파에서 형성된 기의 감응이다. 사람의 활동은 수평적이다. 그러나 천기와 지기는 중력처럼 수직으로 교차한다. 그러므로 사람의 활동은 무수히도 다양한 지기와 천기를 왕래하는 것이 된다. 여기에서 자신이 소재한 위치의 지기는 가장 중요한 감응을 일으키게 되는 것이다. 수직은 체가 되고 수평은 용이 된다. 수직적 감응을 **정위감응(定位感應)**이라 한다.

이는 조응감응 인지감응에도 서로 연장선의 관계가 있다. 조응감응(照應感應)은 가까운 것부터 멀리로 그 역량이 차이나고 인지감응은 인지의 정도에 따라 차이난다. 예로, 백두산이 삼천리 강산을 거느렸지만 서울에서는 북한산만 못하고 북한산이 서울을 거느렸지만 궁극적 내방 천정과 벽만큼 나를 보호하지 못한다. 그렇다고 북한산 백두산 없는 내방 벽만이 절대 우선자는 아니다. 조응감응의 역량 차이는 가까운 것부터, 보이는 것부터가 우선한다할 수 있는 것이다. 인지감응에서도 인지내의 사유를 일깨우는 빈도에 따라 우선이 있을 수 있는 것이다. 사람에게 관계되는 모든 연관관계는 전체적 설명이나 계량은 불가능하다. 그러나 순위를 따라 차례를 세우면 유형대로의 분변이 짐작으로는 가능해진다.

감응의 대부분은 정위감응에서 이루어진다. 정위감응은 명당감응(明堂感應)이요 혈감응(穴感應)이다. 혈이란, 땅에서의 명당의 주체자이다. 명당은 기가 뭉쳐진 곳이요 기의 분출은 혈에서 이루어진다. 그러나 원근의 감응이 울타리 역할을 하지 않는다면 정위도 무실(無實)해진다.

2) 동기(同氣)와 감응기(感應氣)

자연의 위대한 법칙은 친화하는 것이다. 좋은 땅은 좋게 친화하고 나쁜 땅은 나쁘게 친화한다. 단지, 땅의 역량과 사람의 역량 차이에서 시간적 장단이 따를 뿐이다.

사람이 사람과 친화하는 것은 서로의 장점과 단점의 조화를 서로가 수용하여 동기화하고 거기에서 서로 함께 감응을 이루어 내는 것이다. 그러므로 해서 한 편이 되는 것이요 한 편이 되므로 서로 아끼고 사랑하며 나의 편의 권익을 보호해 주고 싶어하게 되는 것이다. 이것이 곧 유(類)를 형성하게 되고 이러한 유는 대다수 가까이로부터 군생(群生)하기도 하고 때로는 멀리서도 동질성의 기호에 초점을 맞추어 서로 호흡을 같이 하기도 한다.

사람과 사람 사이에서 동질성의 감응을 이루어내는 것에 비해 땅도 하늘도 즉, 자연도 동질성을 가지고 있을 것이다. 그것이 곧 지기도 천기도 동질적 동기에서 인기(人氣, 사람의 기)와 왕래를 이루게 되는 것일 것이다. 땅이나 하늘이 사람이 알아주고 알아주지 않는다 해서 임의로 득주고 해하지는 않을 것이다. 그러나 그들의 진정한 기운의 질서는 그들과 동화(同和)하는 자만이 그들의 기운을 향유할 수 있을 것이다. 이것이 천인합일(天人合

一)이요, 지인합일(地人合一)이며, 천지를 향유하는 풍요
로운 사람이 되는 것일 것이다.

하나가 된다는 것은, 좋은 기파에서 좋은 생각을 하고
좋은 일을 하면 좋은 것이 하나가 되는 것이니 곧 동기
(同氣)가 되는 것이다. 그러나 좋은 땅에서 나쁜 생각을
하고 나쁜 일만 한다거나 나쁜 기파에서 좋은 생각과 일
을 구상한다 해도 그것은 동기(同氣)가 아닌 것이다. 즉,
기파의 편을 얻지 못하는 것이다. 땅의 기파와 사람의
기가 동기를 이루고 그것이 왕래를 하게 되면 감응(感
應)을 이루게 되고 감응에서 일어나는 것이 감응기(感應
氣)이다. 동기가 아니면 감응기는 일어날 수 없는 것이
다.

명당의 생기는 동기화하여 얻어진다. 명당의 생기가
있다는 것을 알 수 있다면, 거기의 생기와 동기화 시킬
수 있다면 감응을 일으킬 수 있다. 태조 이성계는 남해
보리암의 명당에서 조선의 개국을 기도했다고 한다. 그
것은 분명 명당생기와 영웅의 웅지(雄志)가 동기화(同氣
化)되어 감응기(感應氣)에 이르렀을 것이다.

3) 인지감응(認知感應)

사람에게는 느낄 수 있는 감상, 감정의 기관이 있다.
이곳은 아무렇게나 느껴지지는 않는다. 인식기관 내지는

상대의 접촉으로 인하여 동일한 선상의 목표점에 도달했
을 때, 느낌을 받을 수 있다. 동일하다는 것은 동기화한
것이고 느낌은 감응기이다.

느낌은 인지체계에서 발생할 수 있고 인지체계는 자신
만이 가지고 있는 지식의 창고이다. 명당의 생기를 인식
의 창고에 저장해 두면 언제든 그것은 인지가 가능하다.

명당생기에 인지(認知)의 초점을 두고 기의 느낌을 받
을 수 있다면 명당(明堂) 생기(生氣)의 동기감응은 인지
감응(認知感應)으로 이루어질 수 있는 것이다.

4) 상교감응(相交感應)

하나의 형상이 있다면, 형상에서 생성 내지는 반사되
는 기(氣)가 있을 수 있다. 이것은 상대 물체 형상에 의
해 그 방향이 변화하게 된다. 사람에 있어 사람의 기가
퍼진다고 할 때, 수평의 땅위에서 한 사람이 서 있다고
가정한다면 그 사람의 기는 수평선상에 퍼질 것이고, 낭
떠러지에 서 있다면 낭떠러지로 퍼질 것이고, 나무 그늘
에 서 있다면 나무와 교감되어 퍼질 것이며, 어느 정자
에 들어 있다면 정자 안에 퍼질 것이다. 즉, 만물은 상호
교차하면서 존재하는 것이 질서이니 상교감응(相交感應)
인 것이다.

사람이 아무런 높낮이가 없는 수평의 땅에서 나무나

7-14도 상교감응

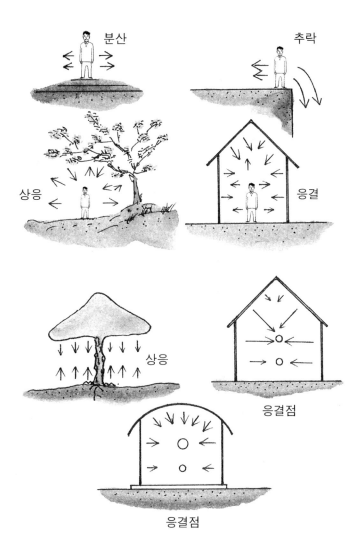

풀 한 포기도 없는 상태에서, 지상은 완전히 하늘뿐인 곳에서 산다고 가정한다면, 사람의 기는 허공에 모두 뺏겨 버리고 반사로 조응되는 상대 물체와의 교감이 없으므로 결국 살아내지 못할 것이다. 그런가하면, 한 면이 낭떠러지라면 더욱더 기는 손실할 것이다. 그러나 나무 아래에 있다면 나무의 반사기에 의해 사람의 기는 상호 조응되는 조화가 생겨날 것이고, 더욱이 정자 안이라면 정자의 천정에서 내려오는 기는 사람의 기와 조응되어 보호가 될 것이다. 형상은 형상이 가진 대로의 기를 분출시키게 되고, 그 중에서, 양택이 가지는 벽과 천정은 기(氣)를 갈무리하는 그릇과 같은 역할을 한다. 그러므로 적당한 크기의 방은 사람을 기르는 보금자리요 삶에서 기의 보고(寶庫)인 셈이다.

7. 형상기(形像氣) 조응기(照應氣)

부처를 보는 사람은 부처를 닮아가고, 예수를 보는 사람은 예수를 닮아가고, 공자를 보는 사람은 공자를 닮아갈 것이다. 닮는다는 것은 동기화되어 가는 것이요 감응해가는 것이다. 그러기 위해서는 부처의 대웅전을 세우고, 예수의 예배당을 세우고, 공자의 대성전을 세운다. 그리고 거기에는 그들의 형상을 세운다. 거기에서 그들의 형상을 가까이서 똑바로 쳐다본다면, 그들은 금시 무언가 전해줄 것 같은 느낌이 들 것이다. 즉, 형상에서 조응되어 오는 기운의 파동이니 형상기(形像氣)에서 오는 조응기(照應氣)이다.

조응은 수직적이든 수평적이든 형상으로부터 전달되는 기파의 응함이다. 큰 산이 있으면 큰 산의 조응이 있고 저수지가 있으면 저수지의 조응이 있으며 가까이는 방안의 한 폭 족자의 글씨도 조응의 기운를 전달할 것이며, 조응기파를 전달받는 것은 곧 거기에 존재하는 사람 자신이 된다. 남명 조식 선생은 지리산 천황봉이 보이는 곳에서 산천재를 짓고, 그 곳에서 천황봉 바라보기를 즐겨하고 후학을 가르쳤다고 하니 아마도 형상기(形像氣)의 조응기파(照應氣波)로 감응동기를 이루었을 것이다.

형상기(形像氣)가 발생하여 조응기(照應氣)를 응집하는 데에는 조응점(照應点)을 형성하게 된다. 조응점은 조응 기파의 응결처가 되고 그것은 형상기파의 비(比)에 의해 거리와 위치를 형성하게 된다. 즉, 공간기파의 형성이다. 공간기파는 형상적 조응기파이기도 하다. 형상에서 이루 어지는 조응기파와 조응점을 표시할 수 있다.

7-15도 조응감응

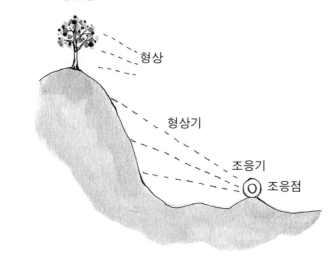

형상
형상기
조응기
조응점

조응기파 응결점
소진
조응점

8. 음택발음(陰宅發蔭)과 명당감응(明堂感應)

1) 음택발음(陰宅發蔭)

일반적으로 동기감응이라고 하면, 조상과 자손 간에 전해지는 동위원소로 인하여 전달되는 기의 관계를 말한다. 조상의 유해인 뼈가 길지(吉地)에 잘 매장되면 조상과 동위원소의 동기인 자손이 조상(吉地)의 감응을 받아 잘 살게 된다는 연관성이다.

이것은 단순히 조상의 뼈가 잘 보관된 정도에만 있는 것은 아니다. 뼈에 응결되어 있는 명당의 지기(地氣) 영향 때문이다. 예로, 조상의 뼈를 길지에 매장하지 않고 화학적 인공적 방법을 동원하여 순전히 인위적으로 보관하였다면, 아무리 잘 보관되었다 할지라도 동기(同氣)의 감응(感應)은 일어날 수가 없다.

동기감응이라는 것은 조상의 뼈가 명당의 기운을 집결하여 응집되어 있는 만큼, 기운의 형상상태가 자손과 연관되어 자손에게로 동기의 감응을 일으킨다는 것으로 명당(明堂) 발음(發蔭)인 것이다.

이것은 명당이 조상의 뼈와 동기가 되고 조상이 자손과 동기이고 그리하여 자손이 조상의 연결로 명당과 동기가 되어 얻어지는 감응이다. 즉, 음택의 명당 발음(發蔭)이다.

2) 명당감응(明堂感應)

음택발음은 조상의 뼈가 한 곳에만 있게 되므로 온전히 자손에게로 연결되지만 양택은 자손에게로 연결될 수 없다. 그것은 양택에서 명당의 기운을 얻는다 해도 본인이 살아 움직이므로 자신 스스로가 소모하게 되는 것이다. 그런가하면, 양택은 잠자리 외에는 여러 곳을 움직이므로 다양한 지기와 감응을 일으키게 되므로 온전한 한 곳의 기운만 뭉쳐질 수는 없는 것이다.

살아있는 사람은 움직이므로 한 없이 유동적으로 지기(地氣)를 받아들이고 한 없이 지기를 소모하게 된다. 특히 지기의 생기(生氣)는 사람에게 정신적 현실적 모두를 생기롭게 해 주는 것인 만큼 매우 중요하며 사람은 이를 평생 동안 받으며 평생 동안 소비한다. 이것이 명당양택에서 얻어지는 생기이며 할아버지 또는 아버지가 양택에서 지기의 생기를 받는다 해도 손자, 또는 아들에게로 그 생기가 전해져 발음되는 것이 아니라 받는 당사자 자신이 다 소비(消費)하게 되는 것이다. 즉, 음택에서는 생기가 뭉쳐져 자손에게로 감응되는 데 비해[非消費] 양택에서는 얻어지는 생기를 스스로가 소비하여 소진(消盡)시키는 것이다.

명당생기(明堂生氣)를 받아 발산시키는 것은 곧 자신의 삶이 빛나는 것이다. 그러나 명당생기에는 자신이 발산 소비시키는 외에 자손과 연관되는 기운도 이미 존재되어 있는 것이다. 자신이 발산하는 것이 정위감응에서 얻어진다면 자손은 원근감응에서 얻어지는 것이기도 하다. 그래서 명당은 자신이 발산시킬 명당생기가 충만한 곳이 있는가하면 자손이 생기(生氣)에 감응(感應)할 원근감응의 명당도 있는 것이다.

9. 공간명당(空間明堂)

모든 형상은, 살아 있는 것은 움직이므로 생체의 기를 퍼뜨리고 살아 있지 않는 무기물질의 형상은 형상의 반사기(反射氣)를 생성하니 형상기파(形象氣波)이다.

지상에서 지형(地形)이란, 높낮이로 이루어지고 그에 의해 공간이 형성되고 거기에 생명의 질서가 생겨난다. 바로 이 질서라는 게 기의 반사작용에 의한 왕래가 되고 이의 궁극이 도(道)에 이르고 그것은 결국 신적(神的) 존재가 되는 것이다.

지상 공간에서 형성되는 조응기파(照應氣波)는 지중의 지기(地氣)와 수기(水氣)에는 관계없이 별도로 생성되는 공간기(空間氣)이다. 이는 하늘의 천성(天星) 천기(天氣)와도 별도이다. 직파와 평파, 사파는 물체에 의한다. 지상공간 기파는 물체에 의하므로 물체에 따르는 방향성이 다양하다. 다양한 방향성이 한 곳으로 모아져 기파 응결점을 이루도록 만들어진 물체의 공간이 공간명당(空間明堂)이다. 이것이 잘 조화된 것이 방이다.

방을 정원(正圓)으로 만들면 기파의 응결점은 매우 좋으나 원의 특성은 돌게 되므로 회전으로 인하여 수평적 안착을 하지 못하고, 정방(正方)에서도 응결점은 좋으나

지나치게 고정되어 미묘함이 없고, 가장 이상적인 것은
분금비의 적용에 의한 장방형(長方形)이라야 좌와 향을
갖추고 응결점을 형성하게 되는 것이라 할 것이다.

7-16도 응결점

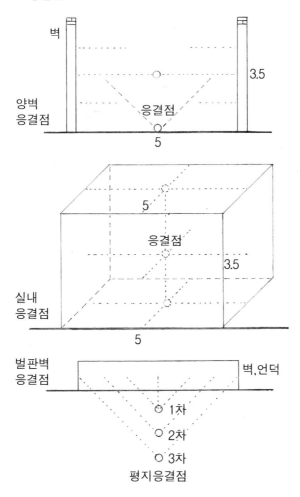

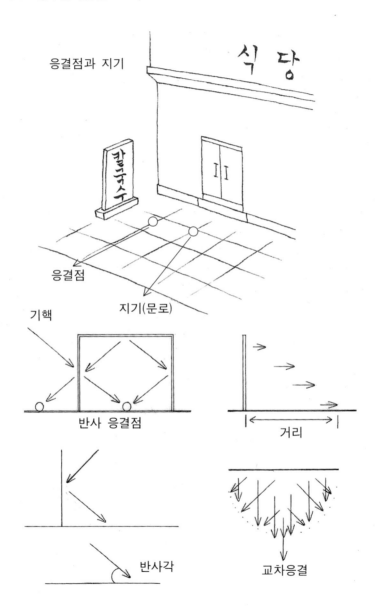

응결점과 지기

식 당

응결점

지기(문로)

기핵

반사 응결점

거리

반사각

교차응결

제8장 조경풍수(造景風水)

1. 개설(槪說)

사람이 살아가는 데에는 그대로의 환경(環境)이 따르게 마련이다. 환경이란, 생활체에 연관되어 직접 또는 간접으로 영향을 주는 것으로 그것이 자연이라면 자연환경(自然環景)이 되는 것이고 주변 인위적이라면 인공적 환경이 되는 것이다.

자연환경으로는 맑은 바람과 맑은 물, 맑은 산천을 들 수 있는데, 이것이 맑으면 곧 청정풍(淸淨風)과 청정수(淸淨水), 청정산천(淸淨山川)이 된다. 청정풍, 청정수, 청정산천은 풍수의 본질적인 것으로 생활에서의 자연환경을 일컫는 것이니 이는 곧 풍수학의 근간(根幹)인 것이다.

생활자체는 맑은 바람과 맑은 물을 오염시키게 되고 생활의 문화가 발달할수록 비례하여 오염은 증폭한다. 현대사회는 급기야 이러한 문제들로 인하여 제어장치를 하나, 옳게 해결하기에는 근본적으로 많은 문제들을 안고 있다. 그것은 인구밀도의 증가와 주거문화의 확장으로 인하여 공기와 물의 소비[오염]량이 높아지고 그에 비례하여 청정풍, 청정수를 제조하는 청정산하인 땅을 마구 난개발로 잠식시켜 가기 때문이다.

조석(朝夕)의 신선한 오솔풍은 그들이 내왕하던 언덕
배기가 망가져 버렸고, 직간(直澗)의 하천은 수초와 물돌
목을 잃어 버렸다. 그에 비해 품어내는 오염은 천 배, 만
배로 쏟아져 나온다. 이러한 문제는 미래에 가공할 만큼
의 재앙을 초래할 수밖에 없다.

환경문제를 잘 가꾸는 방법이 조경이다. 예로부터 사
람이 사는 곳에 나무와 화초가 심어지고 암석과 지당(池
塘)을 갖추려 했다. 사람의 지적(知的) 수준은 자연풍광
에 시를 읊고 계절의 내왕에 시름을 달래는가하면, 정원
의 단풍잎 하나에 인생의 허무를 깨닫고 뜨락의 화초 한
떨기에 만상의 풍요를 얻는다.

자연경관이 빼어난 곳에 인위적 조경의 덧칠은 필요치
않을 것이다. 삼각산 백운대의 거대한 자연석 앞에 인위
적 바위덩이를 조경(造景)한다는 것은 어울리지 않을 것
이나 대중공원의 잔디 위에 자리한 암석덩이 하나는 충
분히 사람들의 이목에 조경이 될 것이다.

조경이란 왕궁의 조경으로부터 민가의 담장 위에 놓인
괴석덩이에 이르기까지 역사에서 생활과 연관돼 왔고 현
대에 이르러 대중공원을 비롯하여 아파트 배란다에 놓인
난초 한 포기에 이르기까지 경치의 조화를 조성하는 조
경임에는 틀림 없을 것이다. 그러므로 조경은 조경을 유
지하기 위해서 항상 인위적 다듬질을 필요로 한다. 인공

적 조경을 해 놓고 방치한다면 본래의 자연과는 달리 불결해진다. 집안의 한 평 잔디도 돌보지 않으면 그 모양이 조경이라 할 수 없게 된다.

조경은 경관, 경치, 경색, 풍경, 풍치에 있어 그것을 조화롭게 조성하는 일이다. 여기에는 조경의 위치가 필요하고, 적당한 소재(素材)가 있어야 하며, 이것의 적절한 구도가 있어야 한다. 위치에는 지역적 자연배경과 아울러 면적과 지형, 그리고 실외와 실내로도 구분되고, 소재에는 수목과 화초, 그리고 암석, 인공재료 등을 들 수 있으며, 구도의 조감으로 기의 허실을 예측하여 비보할 수도 있을 것이다.

다양한 분류의 학문적 전문성으로 인하여 현대 조경학(造景學)이 이루어내는 미적 경관이야말로 과학적이라 할 수 있을 것이다. 본서는 단지, 조경을 풍수적 견해로서 기의 조응관계를 보아 지세(地勢)와 소재(素材)로 분류하고 음,양택의 구도에 있어 그 풍수적 원칙론을 제시해 보고자 한다.

2. 지세(地勢)

한양은 사신사를 갖춘 명당이다. 경복궁이 제자리를 차지하고 백악과 인왕 낙산에, 남산이 사세를 갖추고 청계천과 한강이 내당, 외당의 水를 구비하니 자연경관이 명당을 이룬 지세(地勢)이다. 자연경관이 이룬 명당에 인공(人工)할 수 있는 소재품들을 제 위치에 자리하게 하는 것은 조경이 된다. 이를 잘 함으로 자연경관은 더욱 빛날 것이며 이로써 풍수의 결함을 보충하는 비보풍수(裨補風水)의 역할을 얻게 되는 셈이다.

조경은 지세를 응용하여 구도가 설정되어야 한다. 능선을 깎아 길을 닦고 암반을 깨뜨려 나무를 심는다거나 구역이 산란스러우면 위치 분별이 혼란스러울 수도 있다. 지세가 높은 곳이면 높은 곳으로서, 낮은 곳이면 낮은대로의 지세를 응용하고, 조경면적의 과다에 의한 변통성이 있어야 한다. 대중이 공유하는 대중공원이라면 대중의 내왕 질서가 잡혀야 하고, 이용의 편리성이 주어지고 경관이 대중의 감상에 들 수 있는 위치마다의 조경 소재의 배치가 필요할 것이다.

땅의 고저를 감안하여 외톨진 곳에 벤취를 두지 말고

모퉁이에 불을 밝혀두고 안전사고의 작은 위험도 없애야 한다. 늪지를 메워 모임장소를 삼지 말고 잘생긴 언덕봉우리를 허물지 말아야 한다. 지세의 부족한 곳에 높은 수목을 심고 지세가 완만한 곳에 중심을 세워야 한다. 지세와 면적이 적으면 그대로의 필요성을 부여해 조경(造景)할 수 있을 것이며 지세의 지기(地氣)와 수기(水氣)를 가림도 당연히 해야 한다.

개인 주택이라면 주택을 주(主)로 삼고 조경이 호위(護衛)되어야 한다. 주택과 조경이 별개일 수는 없다. 주택을 위주로 감싸 안고 시립(侍立)하는 조경이 필요하다. 즉, 주객조응(主客照應)의 조경이다. 주객이 조응하는 조경이란, 주객조응의 공간을 만들어 주고 거기에서 상응(相應)하는 기운을 새어나가지 못하도록 조경으로 지켜주는 역할을 하게 하는 것이다. 즉, 생기(生氣)를 응집시키는 것이다.

주택은 지상에 돌출하므로 돌출된 기는 상대적으로 돌출되지 않은 평면을 필요로 하게 되고 평면을 만나게 되면 음양이 상응(相應)하게 되는 것이다. 이것은 절대 원만한 면이 중심이 되어 평면과 교응(交應)하여야 하며 이러한 경우 지세의 배면(背面)과 내맥(來脈)의 시종(始終)을 찾아 순리에 원만하고 지세의 부족한 부분을 조경에서 비보(裨補)하여야 할 것이다.

지세와 연관된 조경은 지세의 풍수적 특성을 먼저 파

8-1도 지세

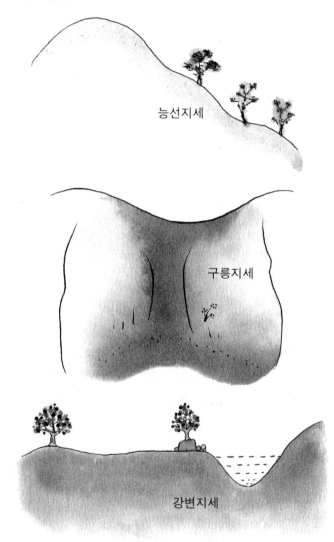

능선지세

구릉지세

강변지세

악하지 않으면 풍수적 지세조경은 불가능하다. 그것은
대략 산지(山地)와 평지(平地)로 구분되고 산지에서도 산
능지(山稜地)와 산곡지(山谷地)가 있고 평지에서는 평양
지(平洋地)와 강변지(江邊地)가 있을 수 있다. 이 부분은
지세조경(地勢造景)에서 논한다.

3. 소재(素材)

＿ ＿ ＿ ＿ ＿ ＿ ＿ ＿ ＿ ＿ ＿ ＿

조경은 소재가 있음으로 가능하다. 조경의 소재는 대
부분 생명을 가진 식물이나 자연에서 얻어지는 것을 생
육관리하여 생산하고 부분적으로는 인공으로 조성한 것
들도 있다. 조경은 이러한 여러 가지 소재들을 대지(大
地)와 접목시키는 일이다. 이것의 조화를 적절히 이루기
위해서는 소재의 특성을 분류하고 소재를 필요에 따라
형상화시켜야 한다.

음양오행은 대우주의 원리를 표현한 기호이다. 음양오
행의 형상을 따라 소재를 갖추게 되면 우주의 질서를 가
지게 되는 것이다. 음양과 사상, 오행의 성정과 형상을
찾아보고 소재의 특성을 알아본다.

1) 음양오행과 형상(形象)

음양은 상대성을 대표하는 명칭이다. 무엇이든지 음양
으로 대칭이 가능하고 분류가 가능하다. 소재들을 음양
으로 분류한다는 것은 각 소재마다 음(陰), 또는 양(陽)
의 특성이 있는가하면 같은 소재일지라도 그것이 상대에
의해, 또는 형상의 생성에 의해 음(陰), 또는 양(陽)이라

는 구분으로 지어질 수 있으며 사상으로 나누어진다. 대다수 수목의 소재는 그 형태를 인위적으로 잡기에 따라 음양오행의 형상이 달라질 수 있으나 각기 소재의 특성은 특성대로의 음양오행의 성정을 가지고 있다. 소재의 특성에서의 음양오행은 본질적이요, 형상가공의 음양오행은 인위적이다.

ㄱ. 음양의 형상(形象)

• 음(陰)은 그 성정이 유순하여 안정을 요하는 반면 양(陽)은 그 성정이 강직하여 활동을 요한다.

• 음은 그 형상이 부드럽고 수직보다는 수평적으로 분금비(分金比)의 좌세(坐勢)를 형성하여 포복형이 되면 음상(陰象)이 된다.

• 이와 반대로 형상이 모나고 수평보다는 수직적이어서 분금비(分金比)의 입세(立勢)를 이루거나 기둥형, 첨형(尖形)을 이루면 양상(陽象)에 속한다.

• 대체로 높은 것은 양상이 되고 낮은 것은 음상이 되며 직선은 양상이 되고 곡선은 음상이 된다.

• 음상은 가주가 여성다워지고 여성이 가권을 형성하게 되며 가정이 화평하나 소극적이다. 매사에 수동적이 되기 쉽고 자포자기하고 싶어한다. 특히 삼태기혈에서 습기 수분이 많은 음습지일 경우에는 더욱 심하여 남권이 상실되고 단명한다.

8-2도 음상 양상

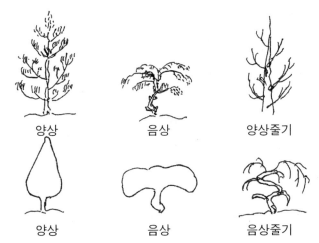

	양상	음상	양상줄기
	양상	음상	음상줄기

* 양상은 남성이 강강해지고 가권을 독선적으로 행사한다. 외형적으로는 화려해 보이나 가족간에는 불평이 잦아진다. 외부로 나돌게 되며 계획성 없는 용기를 가진다. 특히 언덕배기 높은 혈에서는 사고를 유발하게 되며 예기치 못한 낭패를 보게 된다.

구 분	음	양
대,소목	소 목	대 목
생장형태	하향성 굴곡성 수평성 곡직성	수직성 경사성 수평성 곡직성
수형형태	포복형 덩굴형 방형	기둥형 원추형 우산형 원형

8-3도 사상과 오행형상

태양   태음   소음   소양

목형   화형   토형   금형   수형

ㄴ. 사상의 형상(形象)

음양의 형상을 구체화하면 사상이 된다. 사상은 태양, 소음, 태음, 소양으로 나눈다.

- 태양은 첨형으로 상하가 수직적으로 길다. 소양과 조화를 이룰 수 있다.
- 소음은 첨형에서 좌우로 수평을 받친다. 태음과 조화를 이룰 수 있다.

구 분	태 양	소 음	태 음	소 양
생장형태	수직성 경사성	수평성 곡직성	하강성 굴곡성	곡직성 굴곡성
수형형태	원추형 기 둥형 원형	방형 우산형	포복형 덩 굴형 방형	우산형 방형

- 태음은 횡형으로 수평을 이룬다. 소음과 조화를 이룰 수 있다.
- 소양은 횡형의 수평에서 수직성을 더한다. 태양과 조화를 이룰 수 있다.
- 사상배합   태양 ↔ 소양   태음 ↔ 소음

ㄷ. 오행의 형상(形象)

오행의 특성에 의한 형상으로 정형(正形)일 때를 기준한다.

- 목은 상하로 길죽하다. 인물을 준수하게 인도한다.
- 화는 꼭대기가 뾰족하다. 재주와 문장을 인도한다.
- 토는 사각형이다. 재물을 저축하게 인도한다.
- 금은 둥근형이다. 사업을 확장하고 벼슬을 인도한다.
- 수는 물거품이 이어진 형으로 흐름새의 모양이다. 변화와 지혜로움을 유도한다.

오행의 금수형(金水形)은 음상(陰象)이 되고 목화형(木火形)은 양상(陽象)이 되며 토는 음양상(陰陽象)을 겸한다. 사상(四象)으로는 화형(火形)은 태양상이며 목형(木

구 분	목	화	토	금	수
생장형태	수직성 경사성	경사성 수직성	곡직성	수평성 곡직성	하향성 굴곡성
수형형태	기둥형	원추형	방형	원형	포복형

形)은 소음상이며 금토형(金土形)은 소양상이며 수형(水形)은 태음상이다. 그러나 높이에 따라 달라질 수 있다. 금토형도 낮으면 태음상이 되고 수형도 높으면 소음상이 될 수도 있다.

2) 소재의 특성과 음양오행

ㄱ. 수목형태

수목은 지표에서 지하부분과 지상부분으로 나누어진다. 지하 뿌리부분은 생육의 특성을 가지지만 그 형태가 노출되지 않으므로 조경상 줄기와 잎의 형태를 논하게 된다. 줄기와 잎은 그 생장형태가 여러 가지로 다르다. 대목과 소목이 있고 줄기의 형태가 있고 잎의 모양과 열매의 모양도 있다.

① 대목, 소목

대목과 소목으로 본다면 대목은 양목(陽木)이요 소목은 음목(陰木)이다. 여기에서 대목은 대목대로 소목은 소목대로의 줄기와 잎의 형성에서 다시 음양, 사상, 오행으로 분류되어야 한다.

② 생장(生長) 형태

생장형태로는 줄기와 가지가 수직성과 수평성, 경사성과 굴곡성, 그리고 하강성이 있다. 이를 음양오행으로 분

류하면 수직, 경사성은 양상(陽象)이고 굴곡, 하강성은
음상(陰象)이다. 수직성은 태양이고 경사성은 소음이고
하강성은 태음이고 굴곡성은 소양이다. 오행으로 수직성
은 목성이요 경사성은 화성이고 수평성은 금,토성이요
하강, 굴곡성은 수, 토성이다.

8-4도 생장형태

③ 수형(樹形) 형태

수형은 나무의 생장형태의 특성에 의한 음양오행의 형
상이 중요하지만 수형형태를 음양오행의 형상에 따라 수
형을 잡는 것이 더 중요할 수도 있다.

모양에 따라 기둥형, 원추형, 원형, 방형, 우산형, 포복형,
덩굴형으로 나눌 수 있으며 이를 음양오행으로 나눈다.

8-5도 수형형태

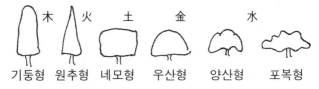

④ 잎[葉] 형태

잎 형태로는 침엽수와 활엽수형으로 나눈다. 침엽수는 양상이고 활엽수는 음상이다. 잎의 형태는 크기와 모양에 있어 매우 다양하며 그 잎을 형성하는 잎맥도 다르다. 대략적으로 뾰족하고 길죽한 형은 양상이고 둥글고 넓은 형은 음상이며 오행에서는 오행의 형상으로 나눈다.

8-6도 잎 형태

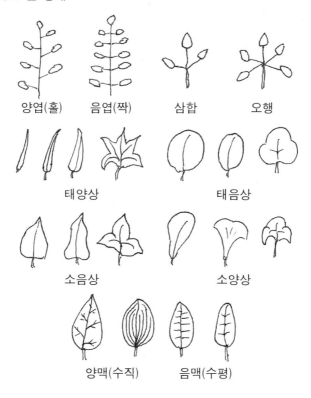

⑤ 꽃과 열매[實] 형태

꽃은 양화, 음화로 분류한다. 양화는 외톨 꽃송이와 잎의 상부위에서 피고 하늘을 향하며 음화는 다발이며 땅으로 향하고 잎에 가려진다.

열매에 있어서 아래로 쳐지는 열매는 음실이 되고 배꼽이 위로 향한 열매는 양실이 되며 열매의 모양과 크기 색깔로도 분류된다. 밝은 색은 양색이며 어두운 색은 음색이다.

8-7도 꽃과 열매

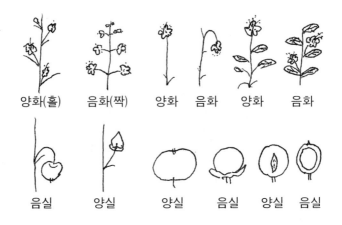

양화(홀)　　음화(짝)　　양화　　음화　　양화　　음화

음실　　　　양실　　　　양실　　음실　　양실　음실

ㄴ. 음양오행과 소재

소재를 나무, 꽃, 암석, 물, 전등, 흙으로 구분하고 음양과 오행으로 분류한다.

① 음양소재

○ 양적(陽的) 소재(素材)

• 나무 : 양적 소재 나무는 중심이 가지에 비해 높이 올라가고 폭에 비해 높이가 높으며 중심 줄기[幹]가 굽지 않고 일직선으로 차고 올라가는 수직성 나무이다.[수직성 경사성 수평성, 기둥형 원추형 우산형 원형] 전나무 잣나무 주목 소나무 은행나무 대나무 등.

• 꽃나무 : 꽃을 위주로 한 화목(花木)으로 수직성을 갖는다. 목련 동백 백일홍

• 꽃 : 화초로는 붉은 꽃으로 잎보다 꽃이 성한 화초 특히 직립성 화초이다. 맨드라미 접시꽃 국화 양란 코스모스 다알리아 해바라기 등.

• 암석 : 암석으로는 직립형태로 솟은 암석이다. 비석 표석 괴석 기암 절벽 등.

• 물 : 물로는 평면보다 높은 곳에 있는 물로 흐름이 빠른 물. 굽이지는 물이다. 분수 폭포수 등.

• 전등 : 전등으로는 천정에 달린 등, 높이 달린 등이다. 백열등 가로등 외등 네온싸인 등.

• 흙 : 언덕을 높이 만든 흙은 양적 소재에 속한다.[太陽金星] 동산 둔덕.

○ 음적(陰的) 소재(素材)

• 나무 : 음적 소재 나무로는 중심줄기가 낮으며 가지

로 변하고 엉켜지며 중심이 옆으로 퍼지면서 수직보
다는 횡적으로 퍼지는 하강성 나무이다.[굴곡성 하
강성 곡직성, 포복형 덩굴형 방형 수평형 원형] 하회나무 곡
향 회양목 등나무 무화과 능수버들 등.

• 꽃나무 : 수평적으로 퍼지는 화목(花木)에서 맺어지
는 꽃나무이다. 장미 매화 벗꽃 모란 개나리 유자
무궁화 등.

• 꽃 : 화초는 넝쿨이나 중심줄기 없이 땅을 의지하여
기는 형상의 화초이며 노랑색 흰색 자주색 등의 꽃
으로 꽃보다 잎이 무성한 화초이다. 풍란 맥문동 분
꽃 나팔꽃 물망초 남천 채송화 꽈리 도라지 백합 자
스민 음패랭이 치자 봉선화 약모밀 등.

• 암석 : 암석으로는 땅에 엎드린 형태로 횡적 넓이가
큰 것이다. 거북등처럼 넓고 바위면이 하늘로 향한
다. 벤취 의자석 지면 아래로 쌓아올린 축대석 바닥
석 잔디에 징검다리석 소로길 계단석 등.

• 물 : 물은 저수지에 고인 물, 낮은 곳에 고인 물이
다. 흐름이 보이지 않는 고인 물. 어항 수조 저수지.

• 전등 : 밝기보다는 조명을 위한 등이며 전등 갓으로
인한 뒷부분이 어두운 전등이다. 조명등 형광등 취
침등.

• 흙 : 흙으로는 언덕을 만든 것에 비해 낮아진 부분
의 흙으로 음적 소재이다. 굴착지 평토지 하향경사

지.

화초 분화초 약초 소채와 구근식물과 난 선인장 허브 등에서도 수직성과 수평성으로 음과 양의 소재를 구분한다. 음과 양이 섞여 분별이 어려운 경우도 있으며 이럴 때에는 사상이나 오행으로 분별하는 게 훨씬 쉬울 수도 있다.

② 사상소재

소재를 사상으로 나누면 음양소재의 구체화를 형성한다. 음양을 분별하기 어려운 때에는 사상소재를 응용하면 편리할 수 있다.

③ 오행소재

○ 木소재

조경의 소재에는 木이 가장 다양하다. 金水火土에 비해 木이 차지하는 범위가 크므로 木에 해당하는 소재는 먼저 나무와 화초로 나누고 오행의 종류로 구분한다.

▪ 나무[木]
  • 자연목 : 인공적으로 가꾸는 나무도 자연에서 흔히 볼 수 있는 나무는 자연목이라 할 수 있다. 주목 전나무 잣나무 소나무 등.
  • 화목 : 꽃을 피우는 나무로 두 가지를 겸한다. 목련

백합 동백 무궁화 백일홍 등.

- 과목 : 과일과 경치를 더한다. 무화과 모과 감나무 매실 등.
- 분재목[분화목] : 실내에서 자연의 조화를 가질 수 있다. 소나무 느티나무 모과나무 등.

▪ 나무의 오행분류
- 木형 : 주목 전나무 은행나무 잣나무 비자나무 구상나무 가문비나무 적송 측백 등.
- 火형 : 주목 전나무 은행나무 측백 노간주나무 적단풍 홍단풍 대추나무 석류 엄나무 산수유 등.
- 土형 : 삼나무 버드나무 호도나무 느티나무 팽나무 무화과 해당화 매화 회화나무 철쭉 감나무 등.
- 金형 : 백송 반송 곰솔 삼나무 측백 편백 자작나무 목련 유자 무궁화 동백 오동나무 등.
- 水형 : 적송 향나무 옥향 버들 수양버들 오미자 월계수 장미 회화나무 등나무 회양목 다래 개나리 등.

▪ 화초(花草) 분류
- 화 : 꽃을 위주로 한다. 백일홍 코스모스 맨드라미 장미 국화 봉선화 채송화 나팔꽃 꽃양배추 등.
- 초 : 풀을 위주로 한다. 잔듸 목초 인공초 난초 등.
- 화초 : 꽃과 풀을 함께 한다. 난초 튜울립 창포 철쭉

국화 치자 수국 자스민 등.

- 분화초 : 화분용이다. 난 국화 백합 다알리아 등.
- 약초 : 약용이다. 모란 작약 양귀비 도라지 등.
- 소채 : 소채용이다. 토마토 호박 오이 가지 등.

구분	목[나무]	화초
목	주목 전나무 은행나무 잣나무 비자나무 구상나무 가문비나무 적송 측백	코스모스 한란 해바라기 봉선화 튜울립
화	주목 전나무 은행나무 측백 노간주나무 적단풍 홍단풍 대추나무 석류 엄나무 산수유	맨드라미 코스모스 히야신스 창포 철쭉 장미
토	삼나무 버드나무 호도나무 느티나무 팽나무 무화과 해당화 매화 회화나무 철쭉 감나무	국화 해바라기 백합 작약 양귀비
금	백송 반송 곰솔 삼나무 측백 편백 자작나무 목련 유자 무궁화 동백 오동나무	다알리아 치자 수국 자스민 분꽃 풍란 작약
수	적송 향나무 옥향 버들 수양버들 오미자 월계수 장미 회화나무 등나무 회양목 다래 개나리	꽃양배추 금잔화 춘란 봉선화 맥문동 물망초 나팔꽃 꽈리 채송화

- 화초의 오행분류
  - 木형 : 코스모스 한란 해바라기 봉선화 튜울립 등.
  - 火형 : 맨드라미 코스모스 히야신스 창포 철쭉 장미 등.
  - 土형 : 국화 해바라기 백합 작약 양귀비 등.
  - 金형 : 다알리아 치자 수국 자스민 분꽃 풍란 작약 등.
  - 水형 : 꽃양배추 금잔화 춘란 봉선화 맥문동 물망초 나팔꽃 꽈리 채송화 등.

  ○ 金소재
  - 木형 : 인형상 자화상 조각상 석고상 비석
  - 火형 : 예술조각상 석회석 괴석 기석
  - 土형 : 표석 점토벽돌 인조석 단층석
  - 金형 : 조각 조경석 마모석 오석
  - 水형 : 조각상 종유석 오석 철석

  ○ 水소재
  - 木형 : 일직선의 횡과수 폭포수
  - 火형 : 분수 폭포수
  - 土형 : 앞을 감싸며 모나게 감도는 물 지당 어항
  - 金형 : 앞을 감싸며 둥글게 흐르는 물 호수 어항
  - 水형 : 굽이지며 흐르는 물 굽은 물길 유수

○ 火소재
• 木형 : 기둥을 세워서 메단 등. 백열등
• 火형 : 네온싸인 백열등 천정등
• 土형 : 땅에 가까이 닿은 등 조명등
• 金형 : 하늘 높이 메단 등, 천정등
• 水형 : 굽은 모퉁이를 비치는 등, 손전등

○ 土소재
• 木형 : 일자문성의 언덕, 둔덕
• 火형 : 전면으로 찔러나간 언덕, 굴토
• 土형 : 모난 언덕, 평토
• 金형 : 둥근 언덕, 둔덕
• 水형 : 구불구불한 언덕, 퇴토 굴토

3) 소재의 색(色)과 음양오행(陰陽五行)

색(色)은 오행으로 대변하면 그 요지를 알기 쉽다. 그
러나 오행은 음양이 그 순서상 먼저이니 음양으로 색을
나누면 음색(陰色), 양색(陽色)이 된다. 음색(陰色) 대 양
색(陽色)은 절대 상대적으로 분류하게 된다.

ㄱ. 음양색
천지(天地)가 현황(玄黃)이라, 하늘이 검고 땅이 누르

면 하늘은 검은 색이고[陽] 땅은 노랑색이다.[陰] 이것은 하늘과 땅의 본디 기원의 색이다.[形而上] 땅에서 바라보는 형색(形色)의 물질적 개념으로 본다면 땅은 노랑 색이고[陰] 하늘은 파란 청색(靑色)이다.[陽]

물질적 개념에서, 지상의 생명을 가진 것은 그 은혜가 태양의 빛이 가장 크다. 태양은 적색이다. 태양의 적색(赤色)을 위주하자면 빛의 반사굴절에 의해 하늘은 본디의 검음에서 청색(靑色)으로 변하는 것이다. 그러므로 음색(陰色)은 노랑색이요 양색(陽色)은 청색이다. 색(色)은 공(空)이 아니라 빛깔이므로 형색을 논하려면 하늘은, 태양의 붉은 빛을 위주하여 청색(靑色)이 되고 기원(氣元)을 논하려면 우주의 본디색인 검음[玄]이 된다.[宇宙界]

태양계를 위주로 분류하면 검정색이 음(陰)이 되어 음색(陰色)은 노랑과 검정이 되고, 태양색인 적색이 양(陽)이 되어 양색(陽色)은 적색(赤色)과 청색(靑色)이 된다.

여기에서 하늘 청색과 땅의 노랑 색이 합치면 지상 공간의 초목이 가지는 녹색(綠色)이 되고[天陽＋地陰＝녹색 木, 육지] 청색과 적색이 합치면 군청색[天雨＋天＝바다, 陽]이 되고 노랑과 적색이 합치면 연적색[보라]인 불꽃 빛[地

구 분	음	양
색	흑색 황색	적색 청색

+天=地火땅불, 저녁놀]이 된다.

삼원색인 빨강[天] 노랑[地] 청[天]색은 합쳐져 검정색 [地]이 되고, 검정 빨강 노랑이 섞이면 검붉은 흙[중성]색 이 되어 비옥한 토양색이 된다. 또한, 명암(明暗)으로 따 지면 밝은 색은 양색(陽色)이 되고 어두은 색은 음색(陰 色)으로 아주 밝으면 태양, 아주 어두우면 태음, 그리고 조금 어두우면 소음, 조금 밝으면 소양색이 된다.

ㄴ. 사상색(四象色)

사상(四象)으로 색을 나눈다면, 태음과 태양의 색에서 검정색이 태음색(太陰色)이 되고 붉은 색이 태양색(太陽 色)이 된다. 청색은 소음색(少陰色)이 되고 흰색은 소양 색(少陽色)이 되며 노랑은 소양, 소음색이 된다. 밝기로 는 음양색이 구체화된 색이 된다.

구분	태음	소양	태양	소음
색	흑색	백색 황색	적색	청색 황색

ㄷ. 오행색

오행으로 색을 분류하면 木은 파란색[靑,綠]이 되고 火

구분	목	화	토	금	수
색	청	적	황	백	흑

는 빨간 색[赤], 土는 황색[노랑], 金은 흰색[白], 水는 검정
색[黑]이 된다.

ㄹ. 음양 사상 오행

오행색(五行色)과 사상, 음양으로 나누자면 분류상 체
용(體用)을 적용할 수 있다.

명암의 근본으로 밝고 어두운 양대(兩大) 색은 水와
火의 색으로 水는 어둠[暗]이요 火는 밝음[明]이 되어 양
색(陽色)은 火가 되고 음색(陰色)은 水가 되며 火는 태
양, 水는 태음이 된다. 이것이 상하적 시공의 바탕이 되
어 본체를 이룬다. 水火가 명암(明暗)의 체(體)가 되어
천지, 밤낮으로 근본을 이루므로 만물만상이 제 빛을 가
지게 된다. 이는 곧 목청(木靑)이요 금백(金白)이요 토황
(土黃)의 색이 물질의 색을 이룬다. 이는 물질을 대표하
므로 자체의 색으로 음양이 분별되어야 한다. 즉, 木청녹
색의 농염으로 짙으면 음색(陰色)이요 옅으면 양색(陽色)
이며, 金백색의 농염으로 색깔이 나면 음색(陰色)이고 순
백색은 양색(陽色)이며 土황색도 짙으면 음색(陰色)이 되
고 옅으면 양색(陽色)이 된다. 사상으로는 소음과 소양으

8-8도 색 구도

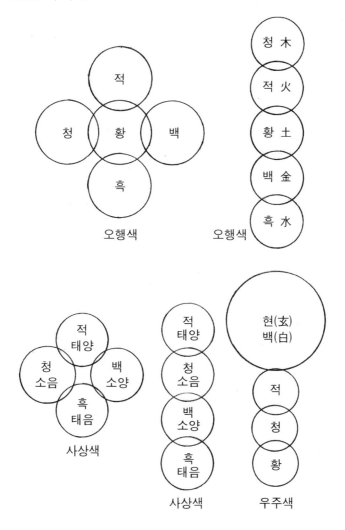

오행색

오행색

사상색

사상색

우주색

의 범위는 녹색과 군청색을 포함하기 때문에 음양과 사상을 겸하고 백색[金]은 우주소립의 입자이며 모든 씨앗의 본체가 백색이니 곧 종자가 되고 종자 씨는 싹을 틔울 수 있는 동적(動的)이므로 양색(陽色)이 되지만, 백색에서 짙은 색[검정 기타 탁한 색]이 나타나면[백색＋검정@] 곧 종자씨의 양분이 되어 음색(陰色)에 해당하게 되며 사상(四象)에서도 소음과 소양이 해당한다. 노랑은 청록색이 조금 섞이면 연록색이 되고 적색이 조금 섞이면 미색이 되어 양색의 소음색이 되고 검정과 백색에는 음색의 소양색이 된다.

　이것은 오행이 팔괘(八卦)로 발전하면 팔괘에서의 오행은 水火는 각기 1괘[각1방위 坎離]에 해당하지만 木金土는 각기 2괘[각2방위 乾兌金 震巽木 艮坤土]로 쌍을 이루게 된다. 이것은 水火가 천지(天地)의 근본에서 체(體)를 삼고 만물이 물질의 유(類)를 이루어 水火의 용(用)이 된다는 것이다. 그러므로 오행의 木金土는 물질을 대표하는 오행으로 음,양색(陰陽色)을 공유한다.

4. 조경(造景)

지세와 소재를 바탕으로 조경을 이루기 위해서는 조경의 구도가 잡혀야 한다. 이 구도는 대지라는 공간을 채우기 하는 것이다. 그러므로 공간 채우기에는 유의할 점으로 몇 가지를 제시할 수 있다.

크게 기준조경과 지세조경으로 나누고 기준조경에는 지세에 따른 지세(地勢)기준, 환경에 따른 환경(環境)기준, 전후와 좌우에 따른 사신(四神)기준, 수평적 시야를 가리지 않으면서 그늘을 만들 수 있고 수기(秀氣)를 갖추는 사수(沙秀)기준, 가깝고 먼 곳에 따른 원근(遠近)기준, 주체와 호체(護體)에 따른 주종(主從)기준 등으로 나누고 지세조경에는 산능지, 산곡지, 평양지, 강변지 등으로 나누어 소재의 적정위치가 이루어지도록 한다.

1) 기준조경(基準造景)

ㄱ. 지세(地勢)기준

지세에는 내맥(來脈)의 행지(行止:가고 그침)를 우선으로 앞뒤를 가리며 주산이 있는 위치와 앞개울이 있는 위치를 우선하여 조경한다. 장풍(藏風)과 득수(得水) 법이

8-9도 기준조경

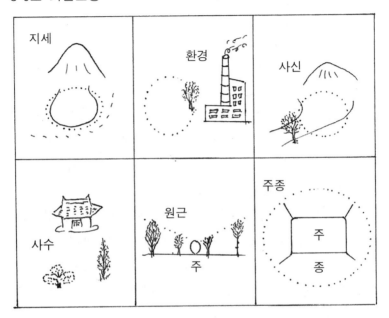

기도 하다.

ㄴ. 환경(環境)기준

주변의 환경에 위주하여 조경한다. 도로의 사정과 주변의 도시형성 공공건물 또는 대형건물을 참작하여 조경한다.

ㄷ. 사신(四神)기준

전후와 좌우에 우선하여 조경한다. 어느 곳이 실(實)하

고 어느 곳이 허(虛)한가를 가리는 것이다. 즉 사신사(四
神沙)를 참작하여 허실(虛實)을 가리는 비보책(裨補策)을
사용한다.

ㄹ. 사수(沙秀)기준

큰 나무가 하나만 서 있게 되면 외톨이가 되어 외롭게
된다. 그러나 주된 공간이나 건물에 상대할 때는 오히려
뛰어난 모양이 된다. 즉 주변의 수목들보다 월등히 뛰어
난 나무를 필요한 군데마다 식재하면 수평적 시야는 가
려지지 않으면서 그늘도 얻고 경관도 이룰 수 있게 된
다. 이것을 뛰어난 사(沙)에 비추어 사수(沙秀)라고 한다.

ㅁ. 원근(遠近)기준

공간의 중심을 잡았을 때, 중심의 공용공간에서 가급
적 가까운 곳에는 낮은 수목을, 멀리는 차츰 높은 수목
을 심어 중심에서 시각점이 넓어지도록 하는 조경이다.
분금비(分金比)의 시각비(視覺比)를 응용할 수 있다.

ㅂ. 주종(主從)기준

주체자[중심공간 또는 건물]를 중심으로 지세, 환경, 사신,
원근이 모두 모여들도록 하는 조경이다. 넓이의 분금비
를 적용할 수 있고 분금비의 좌세(坐勢)와 입세(立勢)를
적용할 수 있다.

2) 지세조경(地勢造景)

지세(地勢)를 산지(山地)와 평지(平地)로 나누고, 산지를 산능지(山稜地)와 산곡지(山谷地)로 나누고, 평지는 평양지(平洋地)와 강변지(江邊地)로 나눈다.

ㄱ. 산릉지(山稜地)

산릉지는 산 능선 부분에 위치함을 말한다. 산 능선은 대략적으로 위에서부터 아래로 경사가 지고, 좌로도, 우로도 경사를 이룬다. 사방으로 바라볼 수 있는 조건이며

8-10도 지세조경

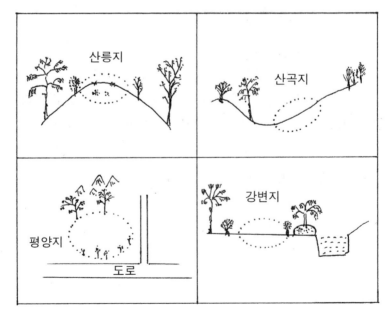

멀리서도 드러나게 보일 수 있다. 바람이 쉽게 불 수 있고 가뭄이 쉽게 들 수 있으며 지중토가 깊지 않을 수도 있다. 능선중심에서 원근과 사신을 먼저 이용하고 지세와 사수, 환경기준을 쓸 수 있다.

ㄴ. 산곡지(山谷地)

산지(山地)로서 계곡을 끼고 있어 곡간수(谷澗水)가 흐르며 홍수 때는 많은 물이 흐를 수도 있다. 완만할 수 있으나 지반이 약하다. 능선의 아랫부분이므로 아늑해 보일 수 있고 조용할 수 있다. 습기습도가 높고 통풍이 원할치 못할 수 있다. 대경목을 심을 경우 채광에 유의해야 하고, 특히, 수구지점의 비보에 힘써야 한다. 지세와 사신을 기준하고 주종과 원근기준을 응용한다.

ㄷ. 평양지(平洋地)

평지에서 평평한 지세이다. 도로를 기준하여 앞뒤를 정하고 멀리 보이는 산 중에서 가까이 있는 산을 주산으로 삼는다. 지세와 환경기준을 응용하고 주종과 원근, 사수기준을 이용한다.

ㄹ. 강변지(江邊地)

강을 바라볼 수 있는 위치이다. 강물은 낭떠러지에서 바라보면 위험하다. 그러므로 완만하거나 얼마간의 공간

터를 앞면에 남겨두고 바라보아야 안전하다. 시야의 수평각도에서 아래로 분금비의 지축비[수평에서 23.5도 아래]에 해당하면 안정한다. 이것이 어려우면 중심공간에서 지축비 정도 높이의 소목(小木)을 심으면 된다. 원근과 환경기준을 이용하고 사수와 주종을 응용한다.

5. 양택조경(陽宅造景)

———   ———   ———   ———   ———   ———   ———   ———   ———   ———

양택 조경에 있어 기본구도는 양택(陽宅)과 대지(垈地)가 지세(地勢)와의 관계에서 어떻게 조화를 이루어내느냐 하는 데에 달려 있다. 이는 양택 따로, 대지 따로, 지세 따로 분리될 수 없는 상호보완적 관계가 설정되어 있기 때문이다. 그러므로 양택의 건물이 지어지는 것은 지세와의 순리관계가 주어져야 하고 거기에서 건물과 조경의 관계가 기본구도의 골격에 합치되면 지세와 양택과 조경이 기본조화를 잘 이룬 조경이 된다.

그러나 이렇게 기본 구도를 이루기가 쉽지 않다. 그것은 대지(垈地)가 지세(地勢)와 합치되기 어렵고, 또한, 지세에 의해 양택 건물이 세워졌다해도 양택의 잔여 대지가 조경의 기본구도를 이루도록 용이하게 준비되어 있기가 어렵기 때문이다. 구획정리가 된 대지라면 자연지세보다 획일적인 좌향(坐向)에 의존되어야 하고 자연형성이 살아있는 전원주택이라도 땅의 수요가 구도에 적당할 만큼 얻어지기가 어려운 게 현실이다.

그러므로 조경은 지세와 양택 건물의 순리조화가 이루어진 다음 잔여대지에 대한 경관꾸미기로 받아들여질 수도 있다하겠다.

그러나 주택보다도 지세와 조경을 우선적으로 고려하여 조경을 단계적 구도로 넓게 잡고 거기에서 양택이 편안히 쉴 수 있도록 구성된다면 지세와 조경, 양택이 이루어진 그림 같은 공간이 이루어질 수도 있을 것이다. 아마도 이런 곳은 일부 층의 소수에 불과할 뿐이다. 양택 조경을 유형별로 나누어 본다.

1) 조경위치

ㄱ. 정중(正中)

가장 기본되는 것으로 정중(正中)에 주(主)된 공간과 건물이 배치되고 경사[공간:건물높이]와 넓이[건물:공간,부공간의 주종]가 적정비인 분금비를 이룬다. 지세와 환경, 사신, 사수, 원근, 주종기준의 모두가 적용되어 기본을 이루는 것이 기본 정중이다.

ㄴ. 편측(偏側)

한쪽 측면으로 기울어져 있음을 말한다. 편측에는 정우편측(正右偏側)과 정좌편측(正左偏側)이 있다. 여기에서 좌우를 분별하는 것은 주(主)를 위주로 좌향에 기인하여 정한다. 즉, 좌(坐)에서 향(向)을 하여 바라보았을 때로 좌,우측을 분간하는 방법이다. 좌측에 공간이 넓은 모양이면 이는 청룡이 허한 셈이요 우측이 넓은 모양이

8-11도 조경위치

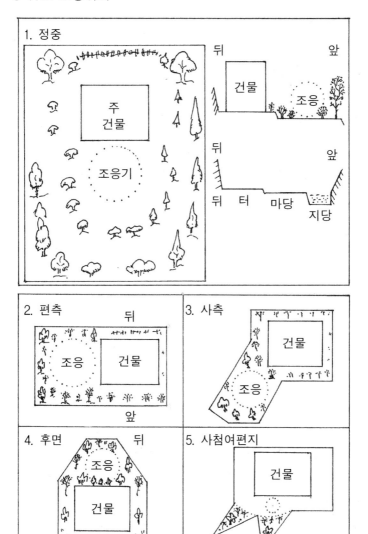

1. 정중

주건물

조응기

뒤 / 앞

건물 / 조응

뒤 / 앞

뒤 터 마당 지당

2. 편측

뒤

조응 / 건물

앞

3. 사측

건물

조응

4. 후면

뒤

조응

건물

앞

5. 사첨여편지

건물

면 백호가 허한 셈이다. 사신과 원근기준으로 비보하고
사수와 주종을 응용한다.

ㄷ. 사측(斜側)

사측에는 좌편 또는 우편으로 빗나가게 여유가 생긴
땅으로 앞면 쪽과 후면 쪽이 있다.[정면좌편사측, 정면우편사
측, 후면좌편사측, 후면우편사측] 즉, 네 귀퉁이에 어디든지 생
겨날 수 있는 모양이다. 청룡이 여유롭거나 백호가 여유
로운 땅이다. 단고(單股) 단제(單提)에 해당한다. 녹산(祿
山) 또는 재상마(宰相馬)를 조성할 수 있으며 사신 사수
원근기준을 응용할 수 있다.

ㄹ. 후면(後面)

후면에 정원이 있을 경우이다. 후면의 정원은 주인이
자주 바뀜을 뜻한다. 그러므로 가급적 사철대목을 식재
하여 비보(裨補)한다. 지세와 주종기준을 응용할 수 있
다.

ㅁ. 사첨(斜尖)과 여편지(餘偏地)

대지의 어느 부위든지 간에 첨사한 모양이거나 부분적
으로 돌출되어 남은 땅이다. 가급적 대지를 원만[방정]하
게 재단하고 사첨이나 여편지는 분리하거나 버리도록 하
는 게 상책이다. 분리하는 방법으로 나무를 심어 분리하

거나 칸을 막아 분리할 수 있고 낮추거나 높여서 분리할
수 있으며 아예 담장으로 막아 버리는 방법도 있다.

2) 실내조경

실내는 실외의 축소판이요, 실외는 자연의 축소판이요,
자연은 우주궤도의 축소판이다. 실외의 공간중심은 실내
거실이 되고 실외의 양택 주(主)는 실내의 안방이 된다.
수목은 분재에 해당하고 화초는 화분에 배치된다. 단지,
분재목에서 나무줄기가 지나치게 굽고 응축된 모양은 나
무의 불구자인 셈이니 불구의 기운이 조응된다.

실내는 주로 베란다와 창문 쪽 밝은 쪽을 택하여 화분
이 놓여지고 석조각[수석]은 안쪽으로 놓여진다. 어항은
벽 쪽으로 붙여지고 조각품도 벽 쪽으로 의지한다. 실내
는 오행방위를 응용할 수도 있으며 오행정방위 응용이
불가능하면 변용(變用) 방위를 응용할 수도 있다.

ㄱ. 오행정방위(五行正方位)

집의 향이 남쪽일 때 오행의 특성을 응용한다.

남:화초 동:분재 북:어항 서:수석 돌조각[구조편 오행참고]

8-12도 실내 오행조경

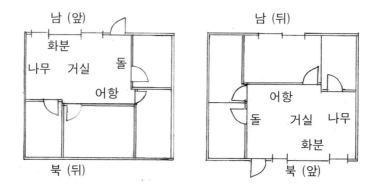

ㄴ. 변용방위(變用方位)

집의 좌향이 북향일 때, 오행의 변용방위를 응용한다.

남:향 쪽, 창문 쪽을 남으로 변통하여[채광위주] 화초화분을 둔다. 남쪽이 정해지게 되면 반대편[坐]이 북이다.[실제 나경상의 남북이 반대임] 북에 어항, 그리고 좌측인 동쪽에 분재 목조각, 우측인 서쪽은 수석을 둔다.

ㄷ. 사수비보(沙秀裨補)

실내에서는 공간의 일직선을 피해야 한다. 채광의 직충을 막아야 하고 문의 상충을 피해야 한다. 이때 화분을 이용하면 사수비보(沙秀裨補)가 될 수 있다. 또는 실내에 위험한 수기원 수맥파가 형성되어 있을 때, 화분을 이용하면 손쉬운 비보가 된다.

8-13도 실내 비보

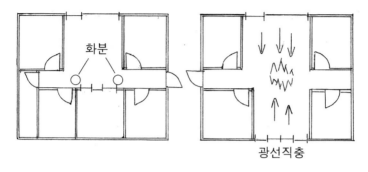

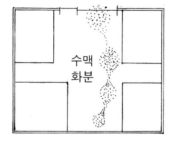

· 통로가 공간의 일직선일 때 놓여진 화분
· 채광의 직통을 막아주는 화분
· 수기원의 수맥파를 피하게 해주는 화분

3) 옥상(屋上)

건물의 대형으로 말미암아 옥상의 이용이 효율화되어
가고 있다. 대개의 보통 빌딩들은 옥상에 물탱크, 냉각
팬, 환기팬 등으로 차있기 쉽고 때로는, 가재도구로 방치
된 예도 있으며 작은 건물인 경우는 조립형 자재로 옥탑
공간을 이루는 경우도 있다. 그런가하면, 옥상에 숲 같은

큰 조경수를 심어 경치를 가꾸는 예도 있다.

옥상은 높은 곳이므로 일단 시야의 폭이 넓어진다. 멀리 산도 바라볼 수 있고 상대의 건물을 내려다 볼 수도 있다. 그러므로 실내의 답답함을 씻어주는 시야의 효과를 얻을 수 있다. 옥상을 전망대로 삼아 휴식시설을 갖출 수도 있고 적당한 운동의 편의를 제공할 수도 있다. 그러기 위해서는 옥상조경도 함께 이루어져야 한다.

옥상조경은 시야의 적절성이 중요하다하겠다. 하늘을 볼 수 있고 그리고 수평적 시야가 사방으로 허용된다. 문제는 아래로 내려다보는 시야의 시각점이다. 옥상의 수평적 시각에서 분금비의 지축비[수평에서 23.5도 아래] 이하로 벗어나는 것은 위험하다. 옥상에서는 직하(直下)의 범위를 보지 못하게 하는 것이 안전하다. 따라서 조경도 적정둘레의 높이[적정시각의 높이] 정도로 이루어져야 하며 또한 관리도 이루어져야 한다. 지나치게 큰 나무는 경관이 있을지라도 보는 이의 우려를 자아낼 수 있으므로 좋지 못하다.

옥상은 지붕이다. 지붕이 수평일 때는 조경과 더불어 옥상을 여러 측면으로 이용할 수 있으나 천기의 하강개념으로 본다면 지붕은 수평이면 안 된다. 지붕은 경사를 이루어야 한다. 그것은 빗물이 고이지 않는 이유도 되지만 하늘 기운이 하강함에 그 반사가 지붕의 경사면에 의하여 자연스럽게 굴절되어 내려오기 때문이다. 수평이라면 반사가 하늘로 충하는 것이니 천지충이 되는 것이다.

즉, 경사면은 천기하강을 빗면으로 피하여 받아들이는 것이다. 대체로 옥상에는 올라가도 오래 있지 못한다. 하늘에 노출된 부분에 가면 사람은 하늘에 노출되는 것이기 때문이다. 산의 정상을 향해 몇 시간이나 땀 흘리며 올라가도 막상 정상에 앉으면 얼마 안 되어 내려오게 되는 이치이다.

6. 음택조경(陰宅造景)

현대사회에서 인구는 과밀화되고 문화는 고도화하면서 사후의 처리문제도 과거의 방식대로만 의존할 수 없게 되었다. 그리하여 화장문화가 자연스레 받아들여지고 화장 후 매장 또는 납골하게 되었다.

사람이 죽은 것을 시체라고 한다. 시체는 살아있는 사람과 함께 기거할 수가 없다. 그것이 부모라 해도, 아니 자식이라고 해도 시체는 처리되어야 하고 그 처리는 곧 장례라는 행사로 이루어진다. 이 행사는 대개가 얼떨결에 진행하게 되고 행사 후에도 고인을 못 잊어 그의 흔적을 호화스럽게라도 하고 싶어하게 된다.

이러한 연장선에서 부모에 대한 효심이 무덤에 이르고, 조상에 대한 뿌리개념이 조상의 산소에 이르러, 선산 가꾸기를 소홀해 하지 않는다. 그런가하면 조상의 유품을 신중히 보관하여 숭조의 추효(追孝)에 이르기도 한다.

그러나 다남(多男) 다복(多福)이라던 과거사에서 일자(一子), 무자(無子)에 독신으로 문화만을 향유하려는 현대사회는 종가종손이라는 근간(根幹)마저 존재하기 어렵게 되었고 심지어 자손 수보다 선산 묘지 수가 더 많다고 하는 푸념이 벌초하는 계절이면 쉽게 들을 수 있게 되었다.

매장과 납골은 사람에 따라서 형편이 다르다. 매장이 쉬운가 하면 납골이 쉬울 수도 있다. 그것은 지역에 따라, 또는 환경에 따라 사람마다 다른 것이다. 매장이 쉬운 사람이 화장의 유행을 따를 필요도 없고 매장이 어려운 환경인데도 매장 일 만을 찾아 나설 수도 없는 것이다. 그렇다고 납골의 유행을 따른다고 호화 사치스러운 납골당은 지양되어야 할 부분이다. 곧 매장이 이 땅을 넓게 차지할 수 있는가하면 납골당이 더 호화 사치스러울 수도 있다는 것이다. 시대의 흐름 따라 어느 것을 해야 하는 것이 중요하다기보다 어떻게 해야 할 것이 더 중요하다는 것이다.

고려조에서는 무덤을 만들지 못하게 했고 조선조에서도 묘지가 산하를 망친다하여 여러 번 정치적으로 거론된 바 있다고 한다. 지금도 묘지는 고인의 고총 무덤 곁에서 이루어진다. 무덤이 모두 가꾸어지면 온 천지 무덤 뿐이겠지만 무덤은 또 묵어지고, 묵은 그곳에 또 새로운 무덤이 생겨지는 것이다. 유행은 항상 지나가는 것인 만큼, 그 때를 지나면 다음은 그것으로 준비되어 있지 못하는 게 유행이다. 문제는 과밀한 인구가 어찌하면 시대의 짧은 유행보다 긴 시간대 위에서 공유할 수 있는 방법이 도출될 수 있느냐 하는 것이다. 그것은 땅을 가장 효율성 있게 쓰는 것이기도 하다. 그렇게 하기 위해서는 지나친 호화와 사치의 낭비를 스스로 억제하는 자세가 필요하며 또한, 적절한 새로운 제안이 필요하다.

매장을 하더라도 합장(合葬) 또는 다열식합분(多列式合墳)이 있고 납골(納骨)도 다열식(多列式) 내지 다단식(多段式) 납골(納骨)이 가능하며 봉분(封墳) 대신 평완분(平緩墳), 또는 평산분(平傘墳)을 택할 수도 있다. 여기에 다열식을 제시해 보고자 한다.

1) 다열식(多列式) 평완(平緩), 평산분(平傘墳)

현재의 매장 조성은 넓은 면적의 땅을 차지해야하고 또한, 한 무덤만이 차지해야 한다는데 그 문제점이 있을 수 있다. 그런가하면 봉분(封墳)에도 문제가 있다. 명당 제절을 돋우고 절토를 하여 봉분을 세우고 상석을 크게 하고 망부석에 비석을 합치면 상당히 큰 공사가 생기는 셈이다. 납골당 역시 석재를 깎아 세우면 우람해진다. 그리고 그 공간에 납골하게 되면 얼마 안 가서 이상한 악취를 풍겨내기도 하고 벌레들이 우글거리기도 한다. 즉, 납골도 공간에 안치보다도 매장이 우선임을 알 수 있다.

다열식(多列式) 평완분(平緩墳), 또는 평산분(平傘墳)이란, 한 무덤에 여러 기의 매장을 하고 봉분 대신 평완, 평산분을 만드는 것이다. 매장이나 또는 납골에서 공히 사용할 수 있고 가꾸기와 관리가 쉬우며 만약 가꾸지 않

을 경우 그대로 자연으로 돌아갈 수 있다. 현재의 매장
이나 납골은 관리하지 않을 경우 그대로 방치하면 자연
으로 돌아가지 못한다. 즉, 인위적 철거가 필요하며 납골
당이 관리되지 않아 방치된다하여도 사실상 철거는 쉽지
않은 존재물이 될 것이다.

고인들의 무덤이 묵을 때, 자연으로 쉽게 돌아갈 수
있었으므로 지금도 무덤을 만들어 갈 수 있는 것이 사실
이다. 그러나 지금처럼 석재를 많이 이용하면 그것은 쉽
사리 없어지기 어려운 것이다.

평완, 평산분을 한다면 관리가 훨씬 쉽고 공원처럼 친
근감이 있을 수 있으며 자연의 일부처럼 느껴지고 다시
자연으로 환원하는 데에도 쉽다.

생자(生者)는 지상을 주재(主宰)하고 사자(死者)란 지
하로 돌아간다. 지하에 한 번 돌아가면 이장(移葬)이 아
니면 다시 일어나기 어려우며, 좋던 싫던 그대로 있을
수밖에 없고 있는 곳의 지기(地氣)대로 후손과 동기감응
(同氣感應)하게 된다.

봉분을 만들고 비석을 세우는 게 그렇게 중요한 문제
가 아니다. 지하의 토양(土壤)과 수기(水氣), 지기(地氣)
가 진정 중요한 것이다.

그것은 지상은 자손들의 소유물이요, 지하는 조상 유
해(遺骸)의 소유이기 때문이다. 좋은 땅이면 자자손손 함
께 다열식(多列式)이라도 상관이 없는 것이다. 또한, 비

석과 봉분이 무슨 소용이겠는가. 단지, 봉분과 비석은 자손들의 소유물이다. 그러므로 자손인 자신들을 위해서 가꿔질 뿐이다. 명당의 개념을 제쳐놓더라도 지중(地中)의 성분 척도는 해 봐야 한다. 그것이 진정 유해를 보관하는 가장 긴밀한 방법인 것이다.

대다수의 묘소들은 지중의 불편함이 많다. 냉기가 받쳐 시신의 모습 그대로 있는가하면, 물이 그득 차 있을 경우라던가, 누수로 인해 물그덩이에 나무뿌리 벌레와 뱀 개구리 쥐가 왕래하는 불결스러움이 많다. 장차 이런 것을 탐지할 수 있는 기계장치가 개발되어야 할 것이다.

ㄱ. 다열식(多列式)

다열식이란, 여러 줄을 세우는 것이다. 좌우로 또는 앞뒤로 늘어놓는 형태이다. 기존의 합장(合葬)일 경우 내외[부부]간에만 허용되어 오던 방식의 연장선이라 해도 좋을 것이다. 다열식은 내외간의 합장 외에 부모, 형제 또는 자식간에 합장될 수 있고 열식(列式)은 좌우와 앞뒤로 허용될 수 있다.

뒤로는 조상을, 옆으로는 형제 후손, 앞으로도 형제, 후손들이 다열(多列)로 합장될 수 있다. 지기(地氣)만 허용된다면 지기권 내의 한계점까지가 가능하게 된다. 이는 산사람이 좋은 땅에 새집을 지으면 꼭 부부만 살아야

8-14도 다열식 매장

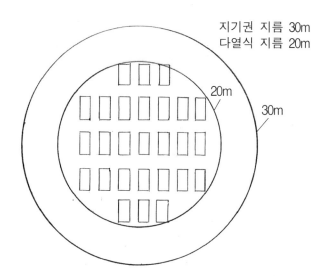

지기권 지름 30m
다열식 지름 20m

20m

30m

하는 것은 아니다. 자식도 함께 살고 부모도 함께 살며 경우에 따라서는 형제도 함께 살 수가 있을 것이다.

대체로 지기의 반경이 30미터라면 30미터 내에서 20미터의 원을 그어 여러 기의 다열식 합장을 준비할 수 있다. 이 때에는 분명히 회(灰) 다짐 판을 이용하여 다음 합장시 편리성을 도모해야 한다.

ㄴ. 평완분(平緩墳)

봉분(封墳)은 굳이 동그랗게 높을 필요성이 아니어도 된다. 동그랗게 높으면 허물어지는 경향이 자주 생기고, 또한, 음지편이 생겨서 음지편은 습기와 잡초가 무성하

게 되며 벌초시에 위험도 초래한다. 그런가하면, 그 크기
가 한 무덤에 비해 불필요하게 크고 높아야 하는 점이
있고 생기로운 기운도 지상으로 노출되어 흩어지는 셈이
다.[太陽金星] 그러나 평완분은 약간 볼록하게 하고[太陰金
星] 그 크기를 넓게 하여도 높지 않으므로 별 문제가 되
지 않는다.

8-15도 평완분

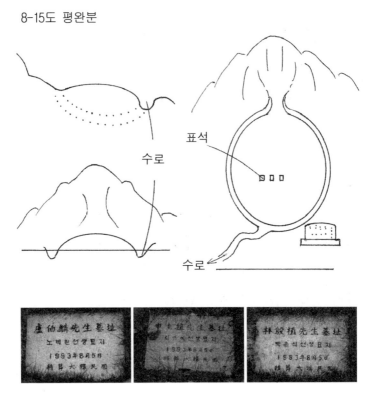

수로

표석

수로

상해 만국공원의 묘지석

평완분(平緩墳)은 물이 쉽게 빠질 수 있고 그늘의 피해가 없으며 잔디관리가 쉽고 분상(墳狀)이 자연스러워진다. 특히 납골에 있어서는 매우 편리할 것이다.

평완분(平緩墳)은 무덤의 한계를 쉽게 알 수 있게 해야 하므로 분상 위 지점에 표석을 해야 할 필요가 있고 둘레에 작은 이랑과 언덕을 만들어 경계를 알아야 할 필요가 있다.

ㄷ. 평산분(平傘墳)

평완분과 같으나 모양에서 약간 볼록 둥근 것에 비하여 우산이나 지붕처럼 양쪽으로 경사를 이룬 형이다. 가운데를 중심으로 약간의 경사를 이루면 잔디관리도 용이하고 배수도 양호하다. 흡사 지붕아래에 온 가족이 모여 있는 형상이 된다. 표석과 둘레 이랑은 평완분과 같다.

기(氣)란, 약간 볼록하면 생성(生成)되는 것이고 불록하면 팽창(膨脹)된 것이고 우산 창고형이면 저장(貯藏) 소비되는 것이다. 생성은 무한 장구함을 뜻하고 팽창은 왕성하여 졌음이요, 저장소비는 안락 재예(才藝)를 뜻한다.

2) 묘지조경(墓地造景)

묘지의 전래는 왕조에서 그 위엄이 출발하여 사대부가

에서 본을 받고 서민은 조그만 봉분으로 전해왔다. 그러
나 지금은 과거에 하지 못했던 부분이 쉽게 이루어질 수
있기도 하여 일부 층에서 묘지 조경을 아름답게 이루어

8-16도 묘지도

(단위:cm)

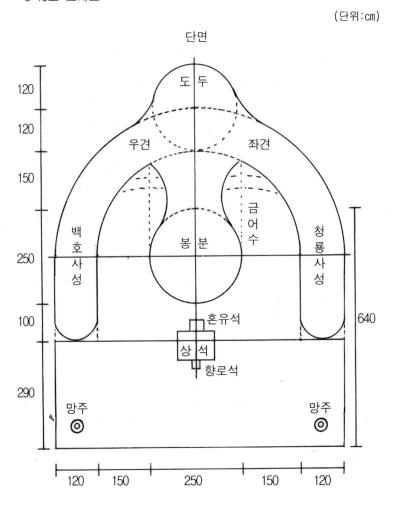

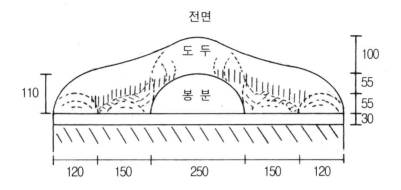

내고자 하는 성향이 있다.

ㄱ. 봉분(封墳)

묘지는 중심에 있는 봉분이 가장 중요하다. 봉분 중에서도 가운데 중심점이 중요하고 이 중심점과 이어서 모두가 균형을 이루어야 한다.

봉분의 크기는 중심에서 반지름 120센치 정도면 합분(合墳)에 가능하다. 봉분의 넓이는 적기보다 약간 커야 한다.

봉분의 유형으로는 용미(龍尾)를 잇는 금어형(金魚形)이 있고 둥근형과 사각형이 있으며 평장(平葬)도 있다.

• 금어형 : 도두와 봉분이 이어지도록 하며 봉분에 꼬리를 다는 금어의 형을 이른다. 분수(分水)가 쉽게 이루어지고 분수된 물은 좌우로 흘러 봉분 앞에 이른다. 이 물이 금어수가 되고 승금취수(乘金聚水),

개금취수법(蓋金聚水法)이라 한다. 앞 부분에 호석 (護石)을 받치는 경우도 있으나 일부지역 외에는 잔 디로 치장한다. 도두(到頭)를 잘 살릴 수 있고 사성 (沙城)과도 잘 어울린다. 봉분(封墳)의 높이는 좌세 가 적당하고 입세는 안정감이 떨어진다.[앞에서 볼 때] 봉분의 위에서 뒷부분으로는 낮아지며 분수처(分水 處)를 지나 도두(到頭)에 이른다. 대개 봉분을 일직 선의 수직으로 쌓아올리려고 하는데 지나치게 일직 선보다 약간 완만한 것이 더 이상적이다.

- 둥근형 : 화장 납골묘일 때 둥근형의 봉분을 이용하 고 호석을 이용할 경우 둥글게 한다. 호석이 차지하 는 면적이 있으므로 봉분이 약간 커야 한다.[11척정 도] 바닥이 평지라야 모양이 갖춰지므로 배수에 유 의해야 한다. 도두와 사성은 삼태기[곡장] 모양을 만들고 도두를 높여주면 양호하다.

- 네모형 : 좁은 땅을 넓게 쓰기 위해서 네모진 호석 을 이용한다. 공원묘지 가족묘지에서 많이 이용한다.

- 평장 : 봉분을 하지 않고 수평 또는 자연대로 두고 잔디관리를 하기도 하고 자연대로 두기도 한다. 주 로 남의 소유의 땅에 몰래 장사[암장 밀장]지내고 알지 못하게 하는 방법이다.

ㄴ. 도두(到頭)와 사성(沙城)

봉분 뒷부분의 내룡(來龍)과 이어지는 불룩 높은 곳을 도두(到頭)라고 한다.

도두에서 직진의 중심에 봉분이 닿고 양옆으로는 사성에 이어진다.

도두(到頭)는 좌세보다 입세가 힘이 있어 보이고 봉분보다 높은 것을 원칙으로 한다. 지형에 따라 다르지만 도두 대 봉분은 분금비인 5:3.5의 높이가 안정감을 갖는다.[지세가 경사질 때는 달라진다] 또한, 봉분과 사성의 높이는 분금비의 5:3.5가 적당하다.

도두에서 사성의 끝 부분까지의 형상은 잘못되기 쉽다. 도두에서 봉분으로 이어지는 부분은 약간 높으면서 내려와야 하고 도두에서 양옆으로 퍼지는 부분은 적당히 낮아지고 묘지의 향으로 일직선의 지점에 오면[구부린 지점] 수평으로 완만하게 나가야 한다. 그리고 도두에서 묘지로 낮아지는 경사면은 완만하여야 하고 사성의 끝 부분지점의 수평선은 묘지 쪽의 면이 경사져야 한다.

도두와 이어지는 사성이 환포하고 봉분 앞으로의 명당 제절이 함께 어우러져 균형을 이룬다.

사성(沙城)은 입세(立勢)라야 호위감이 있다. 좌세인 봉분과 주객이 되는 것이다.

ㄷ. 명당(明堂)

명당은 너무 넓으면 기만 소비된다. 도두 아래 낮아진

부분에서 봉분 앞부분까지와 봉분 앞에서 첨하(簷下)부
분까지의 길이를 분금비로 적용할 수 있고 좌우는 사성
끝에서부터 수평을 이룬다.

사성의 끝 지점에서 묘지를 통과하는 지대석을 놓아 명
당과의 높이를 차이나게 하여도 이상적이다.[약30cm내외]

묘지는 배수를 중요시하므로 명당은 전체적으로 약간의
경사를 요한다. 특히 뒷부분[묘미]에서 명당까지는 필수적
으로 적절한 경사가 이루어져야 한다.

ㄹ. 석물(石物)

석물은 종류가 다양하며 거의가 봉분 중심으로 명당에
놓여지게 된다. 명당은 석재가 놓여짐을 원치 않는다. 특
히 그 크기가 지나치면 명당기운에 중압을 초래한다. 그
러나 표석상 적절히 하는 것은 언제나 가능하다 할 것이
다.

석물은 조선시대 왕릉에서 위엄을 보이기 위해 산능도
감을 두어 현궁(玄宮)과 정자각(丁字閣) 비석(碑石) 재실
(齋室)에 관한 일을 맡아보게 했다.

왕릉의 석물을 보면 도두(到頭) 아래에 곡장(曲墻)을
두르고 그 안에 봉분을 만들었다. 봉분 밑 둘레에 12각
의 병풍석(護石)을 두르고 병풍석의 면석(面石)에 12지신
상을 해당하는 12방위에 양각하여 우주의 중심을 표시하
였다. 병풍석 밖으로 난간석(欄干石)을 세웠는데 기둥의

석주(石柱)와 횡석주인 죽석(竹石), 그리고 죽석을 받치는 동자석주(童子石柱)로 이루어진다. 난간석 바깥에 석호(石虎)와 석양(石羊)을 4기씩 밖을 향해 세웠으니 석호는 능을 보호하고 석양은 명복을 빈다는 뜻이다. 봉분 앞에 상석(床石)이 있고 상석 받침으로 고석(鼓石)을 세우고 고석 면에는 귀면(鬼面)을 새겼다. 상석 좌우에 망주석(望柱石) 1쌍을 세우고 한단 아래 중앙에 장명등(長明燈)을 세웠다. 장명등 좌우로 문인석(文人石) 1쌍이 석마(石馬)와 함께 양쪽으로 서있다. 그 아래로 무인석(武人石) 1쌍이 석마와 함께 좌우로 서있다. 봉분에서 무인석까지가 제절(制節)이 되고 그 아래로는 경사를 이루는 사초지(莎草地)인데 이곳이 구첨(毬簷)의 첨하(簷下)이다. 사초지 끝에 정자각이 있고 동편에 신도비(神道碑)의 비각이 있다. 왕릉에서 일반적으로 취할 수 있는 부분만 따서 간소하게 석물을 이룰 수 있다. 왕릉의 석물을 간추리면 산신석, 곡장, 병풍석[호석], 12지신석, 난간석, 혼유석, 석호, 석양, 혼유석, 상석, 고석, 향로석, 지대석, 장명등, 비석, 문인석, 장군석, 석마, 망주석, 석축석, 계단석, 신도비, 등으로 나열된다. 대략을 기술한다면

- 산신석 : 산신제를 지내는 조그만 상석이다. 주로 도두 쪽으로 올라가서 득수가 발원하는 방향 편에 둔다.

- 곡장 : 도두와 사성을 담장으로 만들어 봉분을 보호하는 담장이다. 호석을 이용할 경우 만드는 예가 있으나 기의 형성에는 불리하다.
- 호석[병풍석] : 일반적으로 이용하지만 빗물 파충류 침해로 이롭지는 못하다.
- 12지신석 : 호석의 둘레에 문양을 새긴다.
- 혼유석 : 상석과 봉분을 이어주며 혼이 나올 수 있는 받침석이며 일반적으로 이용한다.
- 상석 : 제사지낼 때 제물을 진설한다. 크면 중압감이 생긴다. 상석은 좌세이므로 안정된 형이지만 받침석[고석]을 높이 하면 불안해진다. 상석은 비석을 할 경우 글자가 없지만 비석이 없을 경우 망인의 글자를 새긴다.
- 고석 : 상석의 받침석이다. 면에 귀상을 새긴다. 둥글게도 한다.
- 향로석 : 향로를 놓는다. 면에 연꽃모양의 문양을 새긴다.
- 지대석 : 상석 앞면을 중심으로 양옆으로 대석을 놓아 높이를 차등지게 한다.
- 망주석 : 망주석은 명당의 양 측면에 세워진다. 그 모양이 뾰족하므로 문필성에 해당하나 기울거나 넘어질 위험성이 있다. 망주 대신 석마를 이용하는 경우도 있다.

- 장명등 : 장명등을 하는 경우가 있으나 이는 면전이 기 때문에 매우 불리하다.
- 비석 : 비석은 망인의 표시글자를 전면에 새기고 뒷면에 비문을 새긴다. 주로 상석 옆의 명당내에 세우는데 너무 가까이 세워지면 흉하다.
- 문인석 : 문인의 상으로 신도비가 있는 묘에 세웠다.
- 장군석 : 장군의 상으로 신도비가 있는 묘에 세웠다.
- 석마 : 문인석 장군석 상과 함께 세웠다.
- 석축석 : 제절을 넓히기 위해 경사지를 석축한다.
- 계단석 : 묘소로 오르는 길을 계단으로 만든다. 봉분의 정면으로는 불리하다.
- 신도비 : 종이품 이상 벼슬아치의 묘가 있는 길 부근에 세우던 비석이다.

묘지에서 석물은 바람직하지 못하다. 석물은 용을 가두고 기운을 눌러 낭패를 자초한다고 고인들이 말했다. 도두 봉분에 이르기까지 석물은 기를 불리하게 할뿐이며 앞 제절 부분이 핍착할 때, 첨하에 석재를 이용하여 명당기운을 보강하는 것은 도움이 된다할 것이다.

ㅁ. 조경수(造景樹)

묘지의 둘레에는 소나무를 심어 가꾸었다. 그래서 그 소나무가 크면 도리송이라고 불렀다. 즉 집을 짓는데 기둥을 걷느는 도리와 같은 역할을 한다는 것일 게다. 묘지주변에 도리송을 가꾸면 그것은 조경의 일품이 된다. 그러나 너무 큰 나무가 무리지어 서는 것은 도리어 해로울 수 있다. 그것은 뿌리의 번창과 묘지의 그늘 피해와 아울러 나무의 신목화(神木化)가 되기 때문이다.

묘지의 선산이 큰 둘레라면 소나무[대목] 잣나무 주목 등의 큰 나무를 봉분에서 멀리 조경할 수 있다. 이는 매우 바람직하기도 하다. 청룡 쪽 아래에 큰 잣나무는 충분히 문필사의 사수(沙秀)를 이루고 백호 쪽의 큰 소나무는 충분히 기고사(旗鼓沙), 또는 관모사의 사수(沙秀)를 이룰 수 있으며 만약, 베거나 시들어 죽게 되면 그에 따르는 재앙도 수반하게 된다.

조경수를 옥향 곡향 황금측백 회양목 사철나무 향나무 등을 심을 수 있다. 둘레에 옥향, 곡향이나 황금측백 회양목을 심을 경우 처음 몇 년간은 보기 좋으나 오래되면 지나치게 자라서 흉할 수 있다. 지나치게 자라면 낮추던가 교체할 필요가 있다. 인공적 조경은 가꾸어야 조경으로서 역할을 한다. 그러므로 가꿀 만큼만 하는 조경이 필요하다.

영산홍 진달래 개나리를 심는 경우도 있으나 명당 내에서는 흉하다. 양택은 동적이라 화려해야하고 음택은 정적이라 여러 색깔은 흉하다. 흡사 상가에서 웃는 모습과도 같은 이치이다. 그러나 묘지의 명당 바깥 아래 경사부분인 첨하(簷下)에는 붉은 색, 노랑색의 꽃을 심는 것도 매우 좋은 경치를 자아내고 좋은 기운을 형성한다. 특히, 명당 앞 저수지에 연꽃이 가꿔진다면 더욱 좋을 것이다.

제9장 건강풍수(健康風水)

1. 개설(概說)

사람이 평생을 살아가는데 있어 "건강을 잃으면 모든 것을 잃는다"는 말이 있다 그래서 건강만큼은 유지하려 원하고 또한 노력한다. 그러나 그렇게 중요한 건강도 어쩌다보면 병이 따르고 결여되기 쉽다. 병은 병과 싸워야 하고 병을 대적하여 치료하여야 한다. 이는 건강을 위해서라기보다 병을 처단하는 방법이 옳은 것일 수도 있다.

사람에게는 각자의 체질이 다르고 각자 맞아가는 시간대 상에서의 운명이 다른 만큼, 건강의 유지자체도 각자마다 다르게 된다. 단지, 신진대사의 흐름이[氣] 원활하고 운동이 자유로우면 그것이 건강이라는 점에서는 누구나 동일하다할 것이다. 즉, 건강이란 인체의 구조상에서 위치마다의 질서대로 제몫을 원활히 하여 공동생산품인 생기(生氣)가 체내에 가득하고 따라서 정신과 생활을 건전하게 할 수 있는 것을 말한다. 이러한 건강을 위해서는 생활습관과 정신이 건전하여야 한다.

생활습관으로는 식사와 수면, 일, 취미 등의 반복이 적절성을 유지하여야 하고 정신으로는 과욕과 성냄과 원한을 자제하여야할 것이다.

생활은 사람들과 어울려 이루어지므로 나 독단적으로

는 적절성을 유지하고자 하나 부득불 사회생활에서 오는
부조화는 결국 과욕과 성냄을 초래하지 않을 수 없게 되
는가하면 때에 따라, 구미가 달라지고 식성이 달라지니,
이러한 리듬 따라 식욕이 변화하여 균형을 잃게 되기도
한다.

그리하여 울화가 심장을 파고들고 탁기가 배꼽에 적체
되어 화기가 머리끝을 맴돌고 어혈이 순환을 저해하고
식성을 잃어 생기가 탁기로 기감변화를 가져온다. 삶이
란, 이러한 반복을 되풀이하게 되고 이를 다스리지 못하
면 건강을 해쳐 천수(天壽)에 닿지 못하고 질병으로 무
너지기 일쑤이다.

건강풍수란, 건강의 질서를 풍수의 질서에서 찾아보는
것이다. 풍수란, 기의 흐름이요 건강이란, 기의 적체 현
상이 없는 것이니 풍수의 흐름이 좋으면 건강한 것이다.

풍수의 흐름을 크게 3단계로 나눈다면, 조상과 연계되
어 숙명적으로 태어난 것은 동기감응의 음택풍수 흐름이
요, 기거처에서 운명적으로 연관되는 것은 지기감응의
양택풍수 흐름이요 신체조건에서 개운적으로 이루어내는
생체리듬은 건강풍수 흐름이다.

건강풍수는 숙명적으로, 운명적으로, 절대의 지배를 받
으면서도 스스로의 노력에 의한 개운으로 건강을 지켜갈
수 있는 것이기도 하다. 이를 위해, 신체의 형,기,질의 질
서를 인체 인상에서 찾고 생기(生氣) 생산에 이어 적체

기(積滯氣)를 대와당고(大臥撞叩)에서 해독하고 친병(親病)하여 다스리고 체질에 의한 식성을 조절하며 수행으로 마음과 정신을 닦아간다면, 건강풍수의 개운은 이루어질 것이다. 신체의 조건과 생기, 병과 건강, 그리고 수행개운으로 나누어 찾아본다.

2. 신체(身體)

1) 마음

신체는 구조에서 머리를 독립시켜 별도로 하늘에 올려 놓고 사지는 몸통에 달아놓은 형상이다. 그러므로 사지 는 몸통에 붙은 부속물이 되고 이것들의 명령기관이 머 리이다. 즉, 몸통은 오장육부의 기관들을 두어 각자 독립 운영하되 상호간 긴밀히 공조하여 기운인 힘을 생산하여 몸통에 꽉 저장 채워지면 사지(四肢)라는 도구를 이용하 여 함께 소비해 가는 것이다. 이러한 소비는 머리의 명 령에 의존하게 되고 지극히 적절성을 유지하게 되지만 사람마다 생산소비의 구조는 같으나 능율적 측면에서 정 확히는 각양각이하게 다르다. 특히 그것은 오장육부의 중심에 마음이라는 무형의 기관이 있어 머리의 정신에서 오는 생각의 전달을 빠뜨림 없이 육신과 저울질하여 그 결과로 행동을 이루어 내게 되는데 이는 사람마다 다르 며 시간상에서 행동과 생각 또한 다른 것이다.

마음의 저울질은 사람마다 달라서 생각의 편을 후히 하는가하면 육신의 편을 후히 들어주기도 한다. 생각은

9-1도 마음

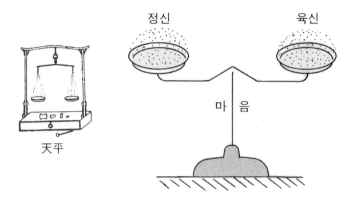

그 본성이 한 없이 이상세계를 추구하여 자멸해가고, 육신은 그 본성이 한없이 탐욕과 나태로써 자멸해 간다. 마음의 저울질에서 정신의 생각 편으로 기울수록 부지런하여 육신이 고달프게 되고 육신으로 기울수록 게을러지게 되는가하면, 마음은 육신의 오관(五官)에 의해 끊임없이 사물(事物)의 탐욕을 불러일으키게 되므로 인지체계의 도구로서 항상 닦고 닦아야 개끗해진다. 마음이 깨끗해지면 밝은 생각을 받아들이므로 생각이 맑아지고 맑은 생각이 마음을 독촉하여 육신을 나태해지는 자멸에서 근면(勤勉)하는 부지런함으로 이끌어내게 된다.

그래서 세상사 마음먹기 달렸다고들 한다. 마음 한 번 고쳐 먹고 굳세게 살아간다면 못할 일이 없다고들 하는데도 마음을 굳게 먹기란, 또한 쉽지 않아 작심3일이라는 말도 있다. 항상 계율을 두어 마음을 꼭 잡고 천지간

만물에 정성스러움을 다하고 삼가 예의질서를 갖기 위한 노력을 게을리 하지 말아야할 것이다.

마음자리를 닦는 수행, 정신을 고요히 하여 생각의 줄기를 이어내는 명상은 결국 도(道)로 이어지고 이를 행하는 사람이 수도인(修道人)이요 이의 경지에 있는 이가 도인(道人)일 것이다.

2) 신체(身體)

인체는 신(身:몸)과 체(體:사지)로 나누어진다. 몸은 두부(頭部)와 신부(身部)로 나누어지고 사지는 수부(手部)와 족부(足部)로 나눈다.

인체(人體)---신(身)------두부(頭部), 신부(身部)

체(體)------수부(手部), 족부(足部)

ㄱ. 두부(頭部)

두(頭)는, 머리 우두머리 두목 꼭대기 시작 등으로 상위의 위치를 가진다. 천상성신의 북극성이요 땅의 산봉우리이다. 기억과 인지, 생각을 이어내는 정신의 창고이니, 지구전체도 한 점으로 저장되고 온 우주도 한 점으로 출입시킬 수 있다. 한 점안에 저장된 기억과 인지의 양은 방대한가하면 생각의 연장은 온 우주를 횡행(橫行)하기도 한다.

머리는 구조적 형태로 가느다란 줄기막대[목] 위에 올려 놓여져 있어 얼굴 면을 바로 했을 때, 중량이 앞으로 쏠리게 되고 약간 뒤편으로 눕히면 중심이 잡히게 된다.

제일 높은 곳은 정문(頂門) 백회혈(百會穴)이고 제일 낮은 곳은 턱이다. 앞에서는 둥근형이나 옆에서 보면 아래위로 축이 기울어져 지축을 연상할 수 있다.

백회 정문으로는 천기가 직수(直受)하고 면(面) 두부(頭部)로는 신명(神明)이 펼쳐지고 머리 뒤편으로는 귀(鬼:그림자)가 따른다. 얼굴에는 오관(五官)인 이목구비(耳

9-2도 두부(頭部)

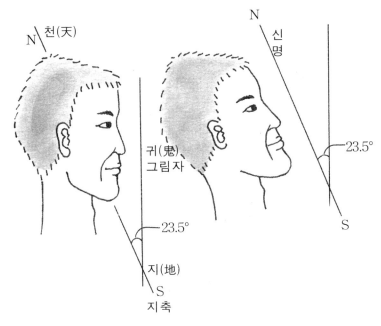

目口鼻)가 나열되어 각자 소임이 다르고, 이로써 뇌에 전달되어 정신의 작용을 이루어 냄에, 마음의 응낙이 긴밀해진다.

천기의 출입처인 백회 정문과 신명 조림처(照臨處)인 양전(陽田)은 정신수련으로 천기의 강림과 만물의 질서를 감응하고 신명을 이루도록 해야 하며 귀(鬼)의 그림자도 다스려져야 한다.

풍수로는, 백회혈 정문은 도두의 성신이 되고 양전은 혈판이 되며 뒤통수는 침고의 귀(鬼)에 해당한다. 도두성신으로 천기가 혈판으로 입수(入首)하고 혈판명당의 정기가 사세의 조응기에 감응하고 침고 귀가 도두혈판을 버팀목 역할을 해주는 것이니 이를 관리하는 것이 건강풍수를 이루게 되는 것이다.

ㄴ. 신부(身部)

몸은 몸통으로 머리를 이고 사지(四肢)가 달려 있다. 머리의 연결이 목으로 이어지고 사지의 운용이 몸에 붙어 있다. 머리는 목으로 이어지고 상체와 하체는 허리로 이어진다. 목과 허리는 뼈 마디마디 조직으로 굴신작용을 이루어서 외줄기를 이룬 산 능선의 과협처와도 같은 곳이다. 그러므로 이곳은 머무는 게 아니라 지나가는 곳이다. 머리의 생각과 몸의 마음이 교감을 위해 항상 교차하는 길목이며 숨[氣道]과 식사와 말[食道]이 지나가고 상체와 하체가 허리로 인해 유연해진다.

몸은 오장육부를 담기에 적절한 통을 만든 원통형이
되고 거기에 사지를 단 연결부분이 육중하다. 앞뒤가 머
리처럼 분명하여 향배를 이루니 등 뒤로 귀(鬼:그림자)가
따르고 앞으로는 온갖 만물을 맞아 행(幸)과 불행(不幸)
이 안기며 체내(體內)의 기가 분출한다.

구조의 질서가 향배(向背)의 기울기를 이루고 몸통의
허리가 날렵한 과협을 이루면 하늘을 배우는 기예(技藝)
가 되어 재주 익힘에 능하니 천인(天人)으로 귀상이 되
고, 과협이 절구통을 이룬 허리는 땅을 담은 지인(地人)
이 되어 물질저장에 능하다. 천인(天人)은 시작을 잘하고
지인(地人)은 마무리를 잘한다.

오장육부의 연결은 신체의 전신에 경락으로 퍼져 있으

9-3도 신부(身部)

나 실제 들어있는 위치는 몸통인 만큼, 1차의 중요성은 오장육부인 몸통에 있다. 가슴속은 함부로 만지거나 외부의 충격을 막기 위해 뼈대로 창살을 만들어 보호함으로 직접 당고(撞叩)나 지압은 불가하다. 그러므로 뼈대 위로 당고나 지압으로 기의 전달은 이루어진다.

2차적으로 오장육부는 안면(顔面)과 장심(掌心) 족심(足心)으로 연결되고 3차로 전신에 경락을 타게 된다.

배의 위장 대,소장은 문질러지게 가능하여 당고나 지압으로 체내(體內) 기의 응고(凝固)를 이완시킬 수 있으며, 이 또한 전신에 경락을 타게 된다.

ㄷ. 수족(手足)

수족인 팔다리가 달림으로써 신체를 구성한다. 다리는 뒤로 굽고 팔은 안으로 굽는다. 이것의 조화는 진화로 이루어졌다기 보다 창조자체일 것이다. 다리는 이동 수단으로 최적을 이루고 팔은 만물을 거두어들임에 가장 이상적이다. 발가락은 몸을 지탱하는 데 유리하고 손가락은 상대 물건을 움켜쥐는 데 적절하다.

특히, 손·발가락은 손톱·발톱이 있어 앞뒤와 상하를 형성하고 이를 사용함에 배면의 역할을 충분히 이루어 효과를 극대화한다.

손톱은 후벼 파고 찌르는 역할을 할 수 있어 손가락에 있어 신체의 구석구석의 응고 적체된 기를 소통시킬 수 있으며 손톱에서는 날카롭고 예리한 기가 토출되어 가려운 곳을 긁어낼 수 있고 특히, 본서에서 논하는 당고(撞叩)에 훌륭한 역할을 한다.

팔다리 자체는 1차적 기를 생산치 않지만 2차적으로 기의 운용에 있어 기기묘묘함을 발휘하는가하면 적절히 소비하므로 1차 생산을 원활하게 해준다. 모든 운동이 팔다리로부터 시작되며 모든 기술 기예가 팔다리로 이루어진다. 정신이 풍수의 형이상을 대변한다면 팔다리는 풍수의 유동과 같은 움직임 역할을 한다. 풍수가 함부로 움직이면 살풍·살수이듯이 손발도 회선풍을 닮아 그칠 때를 알아 적절한 움직임이어야 정신을 차릴 수 있게 되는 것이다.

3. 인상(人相)

━ ━ ━ ━ ━ ━ ━ ━ ━ ━ ━

인상(人相)은 사람의 얼굴을 포함하여 신체의 형과 상에서 전체와 개체 간 생김새로 운명[숙명]을 판단하는 일이다. 사람의 운명[건강]을 풍수로 대변한다면 인상은 풍수가 가장 잘 나타나 있는 부분이기도 하다. 인상은 평생의 시간대 상에서 기(氣)의 변화를 생김새로 예고하는가 하면, 기색(氣色)으로서 현 상태의 기 변화를 표시하는 것이기도 하다. 기 변화의 잣대는 풍수이고 거기에는 형(形)과 상(象), 그리고 음양오행이 대변자로서 우주운행의 질서를 포함한다.

인상에 풍수의 잣대를 적용하면, 풍수를 알면 인상도 쉽게 알 수 있으니 곧 인상풍수(人相風水)가 되는 것이다. 인상의 미세한 부분까지의 적용은 한계가 있으므로 본서에서는 간략히 개론만 적용해 보기로 한다.

인상은 신체 전체를 포함하지만, 보여지는 측면으로서 얼굴을 가장 크게 적용시킨다. 한 뼘에 불과한 얼굴이지만 여기에는 서로가 다른 기관들이 존재해 있고 사람마다 비슷한 형태이나 자세히는 각양(各樣) 각이(各異)하다. 인상을 삼원과 음양, 오행으로 나누어 본다.

1) 삼원상(三元相)

얼굴 전체 형을 천(天), 지(地), 인(人) 삼원(三元)으로 나눈다. 천원상(天元相)은 둥근형으로 원형을 이루고 지원상(地元相)은 네모형으로 방각을 이루고 인원상(人元相)은 뾰족형으로 첨형을 이룬다.

9-4도 삼원상

| 천원상 | 지원상 | 인원상 |

ㄱ. 천원상(天元相)

원(圓:○)의 풍수는 기의 생산체이므로 천원상은 생산을 위주한다. 원은 모나지 않으므로 원만한 삶을 유지하고 원만한 성격을 가지며 원만한 대인관을 가지며 많은 부하를 가질 수 있다. 기의 생성체이기 때문에 정력 생산도 원활하여 좋으나 호색의 경향도 짙어 남난 여난수가 따른다.

원형의 변화는 상하 또는 좌우로 길어져 타원이 되는 것이며 상하로 타원이면 공명과 인성(人性)을 일깨우고 좌우로 길어지면 물정(物情)을 일깨운다. 자칫 틀어지면 타원은 풍취이므로 건강 또는 사업이 해당시기에 틀어진다.

천원상은 살집[肉]에 비해 뼈대가 약하다. 식성으로는 해산물을 좋아하고 육류를 즐긴다. 건강을 잃으면 산중 건채를 먹어야 한다.

ㄴ. 지원상(地元相)

방(方:□)의 풍수는 기의 저장이다. 방[네모]상인 지원상 은 저장과 유통을 위주한다. 방(方)은 상자의 모습을 대 신하여 물건을 담는 역할을 대변하며 모난 생활과 성격 을 유지한다. 과감성과 과단성을 가지며 사리의 원칙에 민감하다. 소유욕이 강하여 물욕이 발동하며 공명심도 강하다.

변화형으로 상하로 길어지면 공명으로 기울고 좌우로 길어지면 일과 물욕이 넘친다. 상하는 정신이요 좌우로 는 현실이다. 틀어지면 거짓 재주에 능하여지며 불구자 가 된다.

지원상은 뼈대가 강하고 체격이 든든하다. 식성으로는 육류를 좋아하고 해산물과 야채를 즐긴다. 기감의 변화 에는 해초류와 산중건채를 먹으면 좋다.

ㄷ. 인원상(人元相)

첨(尖:◇)의 풍수는 기의 소비이므로 첨의 인원상은 재주와 기술을 위주한다. 첨은 불꽃 모양이며 불은 기(氣)를 발산시킨다. 변화의 다양한 형상을 가지므로 정교한 기예와 신체의 재주를 가지게 되며 임기응변의 지혜도 발휘한다.

다채로운 성격과 생활로 저축심이 약하고 물정에 대한 지구력이 부족하여 재물운이 부족하다. 상첨하첨은 직진성의 성격으로 경솔하여 수양이 필요하고 초년말년보다 중년에 발달한다.

인원상은 마른 체격이다. 식성으로는 소식하고 채식을 좋아한다. 가끔은 육식을 의무적으로 취하여야 한다.

ㄹ. 合元相

인상은 대체로 하나로 이루어지는 게 아니라, 삼원(三元)을 조금씩 합하여 이루어진다. 그러므로 합원된 부분을 적절히 파악하여 삼원으로 분리시키면 삼원의 성정을

9-5도 삼정(三停)

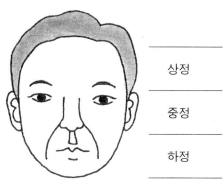

상정

중정

하정

파악할 수 있게 된다.

인상을 상하로 3등분하면 산근[눈과 눈 사이] 위로를 상정이라 하고 산근에서 인중[코와 입 사이] 사이를 중정이라 하며 인중과 턱 사이를 하정이라 한다. 삼정(三停)인 이마[上停], 관골[中停], 턱[下停]으로 구분하여 원방첨(○□◇)의 삼원상(三元相)을 구분한다.

예로, 상정이 천원상에 하정이 인원상일 수도 있고 상정이 인원상에 하정이 지원상일 수도 있다. 그런가하면, 상정이 천원상에 중정이 지원이고 하정이 인원상일 수도 있다. 이때 중정구분이 어려울 수도 있다. 중정이 천원이면 관골이 평원하고 지원이면 광대뼈가 발달하여 넓고 인원이면 돌출한다.

대체로 천원상은 복록이 많아 자연적 흐름이 순탄하고 지원은 노력으로 자수성가하며 인원상은 기예는 있으나 빈한하다.[靑烏經 : 文筆之地 筆尖以細 諸福不隨 虛馳才藝]

2) 음양상(陰陽相)

인상을 음양상으로 나눈다. 상하로 길어지면 양상이요 좌우로 넓어지면 음상이다. 양상은 이론적이요 음상은 실천척이다. 양상은 고지에 해당하고 음상은 평지에 해당한다. 양상은 청룡에 해당하고 음상은 백호에 해당한다. 양상은 암석이요 음상은 토양에 해당한다. 양상은 공

8-6도 음양상(陰陽相)

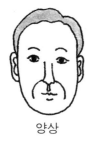 

양상   음상

명을 이루고 음상은 부함을 이룬다.

3) 오행상(五行相)

　인상을 오행으로 나누면 木火土金水이니 곧, 목상(木相) 화상(火相) 토상(土相) 금상(金相) 수상(水相)이 되고 여기에서 다시 오행을 음양으로 나눈다. 목상에는 '양목상(陽木相)' '음목상(陰木相)'하는 식이다.

　오행의 양상은 음상에 비해 얼굴이 길고 키가 크며 살이 적다. 공명을 좋아해서 유동적이며 끈기가 적다. 음상은 양상에 비해 얼굴이 짧으며 키가 적고 살이 있다. 현실에 밝고 안정적이라 차분하며 근기가 있다. 인상이 오행상이라면 식사도 오행으로 나누어 질 수 있다. 표로 예시한다.

9-7도 오행상(五行相)

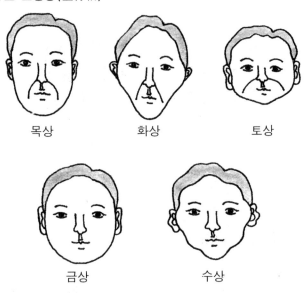

목상　　　　　화상　　　　　토상

금상　　　　　수상

오행상(五行相) 식품표

오행	목	화	토	금	수
분류별	채소 건채 해초 버섯 류	주류 기름	육류 곡류 건어물	과일 소채 생버섯류	해초 생채 생선 건어 물
곡류	쌀 보리 밀 수수	조 팥	쌀 보리 율무 땅콩	쌀 보리쌀 콩	보리 검정 콩 콩나물 콩 강남콩
육류	꿩고기 염 소 사슴고 기	닭고기	쇠고기 돼 지고기 토 끼고기	돼지고기 칠면조고 기	오리고기

오행	목	화	토	금	수
채 소	쑥갓 치커리 아욱 신선초 쑥 인삼 우엉 잔대 가지 잔대나물 삽수싹 토란	상추 양상치 부추 고추 녹차 당근 생강 마늘 참나물 달래 죽순 두릅 고사리	양배추 삼동추 갓나물 피망 파프리카 인삼 호박 참외 감자 고구마 취나물 고들빼기	배추 배추 시금치 깻잎 갓나물 돈나물 호박잎 수박 양파 도라지 더덕 취나물 머위 토란 호박	치커리 미나리 콩나물 숙주나물 오이 무우 연근 더덕 마다래순 무잎
과 일	바나나 매실 복숭아 자두	밤 대추 딸기 살구	감 귤 오렌지 유자	사과 유자 파인애플	배 포도 머루 토마도 양다래
해산물	고등어 삼치 송어 진저리 청태	장어 새우 양미리 멸치	참치 조개 다시마	고기 참치 고래 조개 게 자라 미역	칼치 꽁치 오징어 광어 미꾸라지 청태

ㄱ. 목상(木相)

얼굴이 상하로 길고 키가 크며 몸매가 미끈하다. 얼굴과 몸에 살이 많지 않다. 성격이 곧으며 인자하고 자상하며 공명심이 투철하고 의협심이 발동한다. 재물운은 약하다. 상정이 발달하면 유산상속으로 초,중년을 호사하게 지내지만, 말년 운은 따르지 않으며 장수하기 힘들다. 군인 경찰 정보원 관리부서에서 성공한다.

목상은 위장을 자극하여 훼손하기 쉽다[木魁土] 수상식
(水相食), 목상식(木相食)은 늘 가까이 두고 금,토상식(金
土相食)은 가끔 대식(大食)한다. 기감변화에는 목,화상식
(木相食)을 한다.

ㄴ. 화상(火相)

삼원의 인원상과 일치한다. 상하로 뾰족하며 마른 형
이다. 피부가 탄 듯 검거나 붉은 편이며 보기보다 체중
이 적다. 성격이 급하고 언행이 가벼우며 식성이 까다롭
다. 판단력이 빠르고 사물을 다루는 재능이 뛰어나다. 재
물운이 속성속패하고 자신의 일에는 지구력이 없으나 타
인의 일은 잘 인도한다. 학문에 열정을 쏟을 수 있으며
기예에 능하다. 반항기질이 있으며 주위와 어울리지 않
는 경향이 있다. 시간에 철저하나 부지런함과 끈기에 힘
을 기울여야 개운한다. 학자 연구원 기술사 서예 예술
등에서 성공한다.

화상은 폐장을 자극시키기 쉽다[火克金]. 목,화상식을 가
까이 두고 수,금상식은 가끔 대식한다. 기감변화에는 화,
토상식을 한다.

ㄷ. 토상(土相)

삼원의 지원상과 일치한다. 상자모양의 네모형이며 신
체도 네모지다. 체중이 높을 수 있으며 살이 있으면 속

이 허하고 살이 없으면 뼈대가 강골이다. 성격이 과감하고 용맹이 있으며 직선적이다. 근면성과 노력이 있고 다툼에 승부욕이 강하다. 저축심이 있으며 재물운도 따른다. 특히, 토지와 건물 부동산 운이 따르고 공명운도 따른다. 토상의 변화는 목상에 가까워진다. 공무원 자영업 관리 금융 무역 경제에서 성공한다.

토상은 신장을 자극하기 쉽다.[土克水] 화,토상식은 늘 가까이 두고 목,수상식은 가끔 대식한다. 기감의 리듬에는 토,금상식을 한다.

ㄹ. 금상(金相)

금상은 천원상과 일치한다. 둥근모양의 상이며 신체가 풍후하다. 살이 있어 윤택해 보이고 중후한 멋이 풍긴다. 여유로운 성격을 가지며 사물을 긍정적으로 원만히 해결하려 한다. 장기적 안목을 가지며 신중하다. 생산의욕이 강하여 산업을 일구며 재물운도 따른다. 최고 수장의 위치에 도전하며 많은 부하를 거느리고 권세를 가진다. 생산 기획 금융 공무원 통솔 여행 등에서 성공한다.

금상은 간장을 훼손한다.[金克木] 토,금상식은 늘 가까이 접하고 목,화상식은 가끔 먹는다. 기감변화에 금,수상식을 한다.

ㅁ. 수상(水相)

수상은 꽃잎상으로 오행의 변화상이다. 몸이 간드러지고 얼굴도 자주 움직인다. 말이 부드럽고 애교가 넘치며 쉽게 친화한다. 생활에 지혜가 있어 변화가 심하다. 쉽게 일을 성취하기도 하고 쉽게 실패하기고 한다. 실패한 일은 잊어버리고 돌아보지 않는다. 항상 새로운 일에 매료되고 저축심이 부족하고 금전을 낭비한다. 유통 서비스 소개업 유행업 대행소 정보 여행업 등에서 성공한다.

수상은 심장을 훼손하기 쉽다.[水剋火] 금,수상식은 늘 접하고 토,화상식은 가끔 먹는다. 기감변화에는 수,목상식을 한다.

ㅂ. 삼정(三停) 조화

풍수에서 혈을 정함에 삼정(三停) 정혈(定穴)이 있다. 천혈(天穴), 인혈(人穴), 지혈(地穴)이 그것이다. 인상에서 삼정은 이마 관골 턱으로 삼정을 삼는다. 삼정은 천인지(天人地)인 상정과 중정, 중정과 하정의 연결부분이 자연스러워야 삼정의 조화를 이룬다. 근본적으로 삼정이 금토상을 이루어 후복해 보이면 좋으나 삼정의 연결이 조화롭지 못하면 낭패와 배반을 겪고 단명을 초래한다.

상정이 중정으로 연결됨은 산근(山根)이 중심이 되어 관운성과 명궁성을 준두(準頭)로 이어간다. 산근[과협]이 잘 이어지면 명분을 중시하고 세업을 이어가며 책임의 소임을 다한다. 그러나 산근이 끊어지면 배반 모략이 이

어지고 조업을 파하고 관재 중병 사고가 따른다. 눈썹골
격과 관골 전택궁이 돌출 또는 결여되면 상정 중정의 연
결이 자연스럽지 못하여 세상의 파란곡절을 겪는다. 풍
수의 도두(到頭) 기운이 입수(入首)의 부조화로 입혈(入
穴)이 여의치 못한 것에 해당한다.

중정과 하정의 연결은, 중심에 인중(人中)이 있고 좌우
로 법령(法令)이 있으며 관골(觀骨)과 시골(顋骨)로 이어
간다. 이것의 연결이 좋으면 중,말년의 운이 발달하지만
여의치 못하면 중년에서 말년으로 이어짐이 파산 질병
사고의 파란을 겪는다. 풍수의 명당이 부실하여 인목(印
木) 구첨(毬簷)으로 연결이 부실한 것에 해당한다.

4) 찰색(察色)

인상이 아무리 좋아도 찰색에서 조화롭지 못하면 행운
은 기대하기 어렵다. 찰색은 자신이 가지고 있는 본디의
살색에서 변화를 찾아내는 일이다. 검은 살색은 검은 색
에서 변화를 찾고, 흰 살색은 흰 살색에서 변화를 찾는
것이다. 맑고 밝은 살색을 가진 사람이 얼굴이 맑고 밝
다고 행운이 오는 것은 아니며, 검은 사람이 얼굴색이
검다고 불행이 오는 것도 아니다. 흰색은 흰색의 바탕에
서 변화가 중요하고 검은 색은 검은 색의 바탕에서 변화
가 중요하다. 청청 맑은 하늘에 흰구름이 떠가는 변화이

거나 검은 구름이 한 점 몰려 일어나는 것과 같은 변화
의 색을 살펴내는 일이다. 이러한 색이 얼굴에서의 풍수
의 변화이며 인상풍수(人相風水)를 크게 보는 방법이다.

　대체로 상정의 명궁 인당 색과 지각의 승장 색은 다르
고, 명궁과 일월, 변지의 색이 다르고 승장과 노복, 시골
의 색이 다른 게 보통이다. 미색 홍색 암색 몽색으로 나
누며, 미홍색은 길하고 암몽색은 위험을 초래한다.

　대다수 명궁, 관운의 색은 밝으나 일월, 천창, 지각의
색은 명궁에 비해 어두운 경향이 있다. 명궁, 인당, 관록
의 색이 어두우면 직장과 명예, 수명에 위험을 초래한다.

5) 응용(應用)

　사람이 자기 자신을 알기는 매우 어렵다. 자기에게 주
어진 뛰어난 자질이 있는데도 미처 알지 못해 개발하지
못하고 시기를 놓치는가하면, 자신의 소질에 빠져 자만
으로 인한 자기의 단점을 알지 못하기도 한다. 그러므로
때로는 자신의 숙명이나 운명에 대하여 공부해 보는 방
법도 중요하다할 것이다.

　인상학이 그러한 것일 것이다. 인상에 나타난 자신의
자질을 알고 그것에 대한 방비를 열심히 한다면, 보다
나은 삶을 살게 될 것이다. 그런가하면, 사람은 상대와
연관지어지며 운명이 지어지는 만큼, 상대의 자질을 정

확히 예측할 수 있다면 사람으로 인한 실망은 들게 될 수도 있을 것이다.

예로, 생산라인의 책임자를 인원상(人元相)을 가진 기술자로 등용한다면, 기술은 있어도 생산이 여의치 못해지고, 기술개발부분에 천원상(天元相)을 가진 사람을 채용한다면 기술이 부진하게 될 것이다. 기술자가 생산경영을 책임지면 오래지 않아 그는 다시 기술자리로 돌아가야 할 것이며 생산경영자가 기술자리를 맡으면 머지않아 그는 생산경영자리로 위치 바꿈을 하게 될 것이다.

또한, 삼정(三停)의 연결에 적신호가 있거나 수상(水相)을 가진 사람을 만남에 1회성 단기교분이 아닌 장기적 친분관계를 가진다면 반드시 배반 배신으로 고배를 마시게 될 것이다.

인상의 응용은 자신을 알며 사람을 가려, 시기에 따라 현장에 따라 응용하는 것이 인상풍수(人相風水)의 조화라 하겠으며, 자신의 인상에서 특기를 살리고 모자라는 부분을 열심히 노력한다면 인상풍수의 응용조화는 만들어지는 것일 것이며 찰색으로 적체된 기를 찾아내어 해소한다면 건강풍수는 이루어지는 것일 것이다.

4. 대와(大臥)

— — — — — — — — — — —

　일반적 생활은 한 평생을 걸쳐서 3/1시간대는 누워서
보내고, 3/1시간대는 앉아서 보내고, 3/1시간대는 서서
보내게 된다. 서서 보내는 것은 하늘풍수요[天風水], 앉아
보내는 것은 사람풍수요[人風水], 누워 보내는 것은 땅풍
수[地風水]이다. 하늘풍수는 유동적[動]이요, 땅풍수는 고정
적[靜]이요, 사람풍수는 동정(動靜)을 겸하는 대인적 풍수
이다. 서서 유동하는 것은 그 어딘가에서 앉고 눕기 위
해서이고, 누워 고정되는 것은 그 어딘가로 일어나 유동
하기 위함이며, 수면은, 꿈속에서 영신(靈神)의 유동을
뜻하기도 한다. 이는 결국, 동함은 정함이요[動則靜] 정함
은 동함이며[靜則動], 동함 중에 정함이요[動中靜] 정함 중
에 동함이 있게 되는 것이다.[靜中動]
　하루를 천지로[動靜] 나누면 밤낮이요 이는 12시간씩이
다. 12시간의 동(動)은 낮이요[天] 12시간의 정(靜)은 밤
이다.[地] 동정(動靜)은 낮의 동중(動中)에 정(靜)이 있으
니 곧 서있는 중에 앉음이요 밤의 정중(靜中)에 동(動)이
있으니 누워 있음 중에 깨어나고 앉음이 있는 것이다.
　이는 12시간 중 8시간의 동중(動中)에 4시간의 정(靜)
이 있고 또한, 정중(靜中)에서도 동(動)이 있다. 이것이

9-8도 서고 눕기

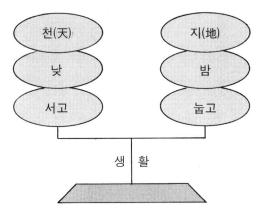

곧 3·7분금비인 것이다.[3·7분금비---5 : 3.5=12 : X   5X=42
X =8.4   ∴ 12시간 : 8시간24분]

바르게 서고 바르게 생활하기 위해서는 그것의 상대적
인 눕는 것과 앉아야 한다는 것이 있다. 바르게 서려면
바르게 누워야 하는 것이 상대적인 것이다. 바르게 눕는
것을 대와(大臥)라고 하고 그에 따른 생기생산법칙을 기
술해 본다.

1) 대와(大臥)

사람이 성년이 될 때까지 자라나는 것은 땅 밑으로 자
라나는 것이 아니라, 하늘로 자라난다.[天] 그러나 팔다리
는 몸통에 붙어서 다리는 땅을 향하여 자라고[地] 팔

9-9도 대와(大臥)

은 횡적인 사물을 향해 자라난다.[人]

그러므로 하늘로 자라는 것은 정신을 일깨우고[頭] 땅을 향해 자라는 다리는 땅을 이동하고[足] 사물을 향해 자라는 팔은 만물들을 일깨우고 대응 관리한다.[手]

이러한 활동으로 인한 연장선에서 눕게 되면 활동의 무게로 인한 활동의 움츠린 모습이 누운 모습에 찾아들게 되고, 그렇게 누운 것의 연장선이 서는 것이라면, 선 모습에 누워 움츠렸던 모습이 스며 있게 된다. 그렇다면 선 모습도 누운 모습도 반듯하게 해 볼 필요가 있다하겠다. 그것이 누운 모습 중에서 대와(大臥)이다. 대와란, 대팔자로, 큰 대자(大字)로 눕는 것이다. 머리는 머리 본성대로 위로 뻗고 다리는 다리의 본성대로 아래로 뻗치며 팔은 팔의 본성대로 횡으로 벋쳐 내고, 거기에서 기(氣)를 밖으로 토해내는 것이다.

그리고 조용히 신체의 독소 적체기를 짚어보고 그곳을 해독시켜내는 것이다. 하루의 독소는 풀기가 쉬우나, 10년, 20년간 내버려 두어 적체된 독소의 응어리는 단번에 해독되기 어려운가하면, 질병으로 발전된 독소는 치료까지 아울러야 한다.

이와 함께, 신체의 원활을 기하기 위해 하늘을 차올리는 여러 가지 체조법을 응용할 수 있으며 본서에서는 생기 탁기와 양전 음전, 5공 3적에 이어 당고법(撞叩法)을 소개하기로 한다.

2) 생기(生氣)와 탁기(濁氣)

말초적 세포 하나하나가 생성 존재하는 질서체계가 가장 이상적이고, 미래지향적 시간상에서 아무런 탈 없이 존재되며 거기에서 생산되는 기[力:힘]가 둘레를 형성하여 창생 번창해 갈 수 있는 것이 곧, 신체풍수의 생기(生氣)이다. 이러한 생기는 크게 우주원기(宇宙元氣)에 있고 다음으로 천지원기(天地元氣)인 지기(地氣)에 있으며 가장 가까이는 정신과 신체의 리듬에 있다. 그러므로 정신과 신체의 리듬을 최대한 스스로 조작해가는 노력이 곧, 건강풍수(健康風水)를 이루는 것이요 풍수회선(風水回旋)을 이루는 길이다.

생기를 생산하기 위해서는 탁기도 함께 이루어지게 되므로 탁기는 제때에 푸는 것이 생기를 이루는 길이다. 생기는 전신에 흐르며 삼적(三積)에 쌓이고 양전에 발산하며 신명과 교감되어 소비되는 반면, 탁기는 음전에 적체되어서 서서히 해독되므로 음전에는 항상 쌓이게 되며 사지를 타고 손가락 발가락으로 배출된다. 생기가 흐르면 탁기는 줄게 되고 탁기가 쌓이면 생기가 줄게 되는 것이 일진일퇴(一進一退) 일장일소(一長一消)하는 셈이다.

3) 양전(陽田) 음전(陰田)

사람의 몸은 노출되어야 하는 부분이 있는가하면, 노출되지 않아야 하는 부분이 있다. 노출되어야할 부분을 가리면 복면한 두려운 사람이 되고, 노출되지 않아야 할 부분을 노출시키면 웃음거리의 사람이 된다. 즉, 양전(陽田)은 항상 노출되어야 하고 음전(陰田)은 항상 덮여야 한다. 양미간으로부터 이마 위 중심부분을 양전(陽田)이라 부르고 배꼽부분 둘레를 음전(陰田)이라 부르기로 한다.

양전은 노출되므로 청천 하늘처럼, 태양의 빛처럼 밝고 맑아야[미색 홍색] 신체풍수, 운세풍수가 건강하다. 맑고 밝은 양전 앞에는 신명이 뻗쳐 항상 신명나는 일들이 기다리게 된다.

음전은 덮여야 한다. 맑고 밝고 그러한 빛이 아니다. 배꼽은 빛을 보지 못하는 태중에서 생명줄을 이어 받은 곳이었으나 퇴색되어 아무런 작용도 이루어내지 못하는

9-10도 양전 음전

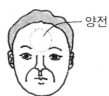

막혀진 구멍에 불과하다. 그러나 그곳은 배의 중심에 있
어 태극(太極)을 이룬 곳이요 태극문양을 이루고 있다.
즉, 뱃속에서 작동되는 형상 질량적 쓰레기는 분뇨로 배
출되지만, 기에 수반된 탁기는 음전[배꼽]으로 쌓여 분출
되며 팔다리의 활동으로 손끝 발끝으로 분출된다. 음전
에는 항상 체내의 탁기가 쌓이게 되고 분출이 원활치 못
해 적체형상이 일어나기 쉽다. 음전에 탁기가 적체되면
장과 위장에 이상이 오고, 이어, 기감(氣感)의 변화가 심
해 감기를 쉬이 유발한다. 양전과 음전관리는 당고와 장
공으로 해소된다.

4) 오공(五空) 삼적(三積)

사람에게는 기를 받아들일 수 있는 구멍이 다섯 곳이
있으니 오공(五空)이라 하고 기를 쌓을 수 있는 곳이 세
군데가 있으니 삼적(三積)이라 부르기로 한다.

5공은 천공(天空) 인공(人空) 지공(地空)으로서, 천공은
백회혈 정문인 정공(頂空)이 되고 인공은 양손바닥 중심
으로 장공(掌空)이 되고 지공은 발바닥 중심으로 족공
(足空)이 되어 모두 다섯 개의 구멍이 된다. 이곳은 항상
열려 있어서 언제 어디서나 기의 입출이 가능하다.

천공(天空)인 정공(頂空)은 수직적으로 하강 강림하는
직파(直波)인 천기를 감응하고, 인공(人空)인 장공(掌空)

9-11도 장심 족심

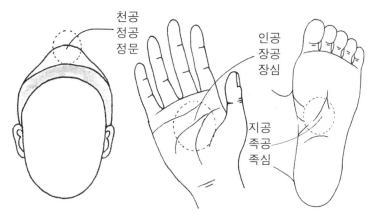

천공
정공
정문

인공
장공
장심

지공
족공
족심

은 사물의 평파(平波)를 감응하고, 지공인 족공은 상승하는 직파의 지기를 감응한다. 대우주가 점으로 강림함은 정공(頂空)이요 지구의 지축 핵으로부터 상승하는 지기의 감응은 족공(足空)이요 만물의 내왕질서의 감응은 장공(掌空)에 있다. 특히, 장공은 신체의 적체기를 해소하는데 효과가 있으며 인사만사를 이룬다.

3적으로는 3단전(丹田)을 일컫는다. 상단전은 양전으로부터 윗부분을 포함하고, 중단전은 명치의 심장부분이 되고, 하단전은 배꼽아래 손가락 한 마디의 아래[3cm] 부분이 된다.

정공(頂空)으로 받은 천기는 중단전에 닿고, 족공(足空)으로 받은 지기도 중단전에 닿아 감응으로 갈무리 된다. 중단전은 마음을 밝게 해야 갈무리기가 지켜지고 상단전은 중단전의 기가 상승하고 명상과 정성으로 영신 (靈神)의 교감이 맑아야 정기가 지켜진다.

하단전은 중단전에서 발생되는 기와 호흡명상에서 모여지는 기를 응축 갈무리하게 되며 보정(保精)으로 지켜지고 설정(泄精)으로 소비한다.

하단전은 기가 쌓여도 조정응용이 그리 쉬운 편이 못되고, 중단전은 전신을 관장 갈무리하여 마음으로 응용 조정되며 체내의 순회를 조정 감지할 수 있다. 상단전은 신명과 연결되므로 우주와 천지 천계 선계를 유영(遊泳)하게 되고 시공(時空)에서 자유자재할 수 있으나, 밝지 못하고 맑지 못하면 너무나 광대무변하여 자칫, 삿된 기운에 빠질 수도 있다.

5) 당고(撞叩)

어떠한 물질이 응고되어갈 때, 그것을 문지러거나 두드리게 되면 그것은 곧 흩어지고 풀어지게 될 것이다. 신체의 기가 적체될 때, 두드리면 적체기[濁氣]는 풀어지

8-12도 지당고 조당고

기(氣) 토출

게 될 것이다. 두드리는 것을 당고(撞叩)라고 해 둔다.[당(撞):가운데를 두드린다는 뜻. 고(叩):두드림]

당고는 지당고(指撞叩) 조당고(爪撞叩)로 손가락 끝을 이용하기도 하고 손톱을 이용하기도 하며 손톱과 손가락을 함께 이용하기도 한다. 엄지손가락을 이용할 경우, 양 손엄지를 붙이고 나머지 손가락을 깍지 끼어 당고할 수도 있으며, 검지만으로 또는, 장지만으로 당고하거나 검지와 장지를 합할 수도 있고 아예, 모든 손가락을 이용하여 당고할 수도 있다. 특히 음전(陰田) 당고는 대와(大臥)에서 이루어져야 한다.

대와(大臥) 자세에서 당고를 시작함에 정문에서 양전을 거쳐 중심을 타고 음전을 지나 하단전에 이르면서, 자신 스스로 체감의 리듬을 정확히 잡아가야 한다. 당고의 진행에 따라 감지의 느낌은 모두 다를 것이며 특히, 정문[天窓]과 양전에서는 둥둥둥 딩딩딩하는 소리가 울리는 느낌인가하면 음전에 이르러 통증을 느낄 수 있으니 이는 적체기가 심한 증거이다.

중심선을 타고 양 엄지로 당고(撞叩)하고 검지나 장지로 중심을 포함하여 좌우 옆으로 넓혀가되, 음전에서는 횟수를 중복한다. 당고 후에는 손가락 전체로 음전을 당기고 밀고 하며 장을 문지러기도 하여 적체기를 해소한다. 또한, 잠들기 전 음전(陰田)에 장공(掌空)을 포개면 효과가 뛰어난다. 이때, 이불 끝을 말아 팔꿈치를 돋우면 장공과 음전의 교합이 용이해진다.

5. 개운(開運)

사람에게는 자신만이 가야하는 길이 있다. 곧 운명이
다. 잘사는 것도 못사는 것도, 행운도 불행도, 개운을 하
는 것도 개운이 안되는 것도, 모두가 운명이다. 대통령이
될 사람은 대통령이 되고 거지가 될 사람은 거지가 되는
게 모두 운명이다. 이렇게 모두가 운명이라면, 노력은 해
서 뭘 해, 놀기나 하지. 그러나 노력을 해야 될 운명이라
면 어찌 노력하지 않을 수 있는가. 또한, 노는 것이 일하
기보다 훨씬 어려울 수도 있고 싫을 수도 있는 것이다.
놀고 싶다는 것은 상대비교에서 오는 가치 차이일 뿐,
실제로는 자신이 느끼는 삶의 가치는 사람마다 다른 것
으로서, 노는 것만이 진정으로 희구하는 가치는 아닐 것
이다. 사람마다의 가치관이 다른 만큼 인간에게는 이미
본능적으로 노력하게 되어있고 다른 운명이 주어지게 되
어 있는 것이다. 그러므로 노력은 개운하는 운명이요 운
명을 노력으로 개운하는 것이다.

노력이라는 것은, 고달프고 고달파도 눈을 부비며 노
력한다. 그것은 하겠다는 의지가 있음으로 가능해지고
노력으로 이루어지는 성취감 때문이기도 하다.

의지는 희망이 있을 때 생겨나고 희망은 살아야하는

절대 목표이다. 희망은 나의 세포를 살려야한다는 본능 욕구로부터 출발하여 큰 꿈으로도 이어진다.

희망을 이루기 위해서는 의지를 굳세게 해야 한다. 인간은 한없이 나약한 존재이지만 굳센 의지만 있다면 어려운 일 앞에서도 강한 존재가 된다.

1) 수행(修行)

개운의 목적은 현실 타파에만 있는 건 아니다. 마음을 편히 할 수 있는 마음자리를 닦고 무한한 정신세계의 넓이를 왕래하며, 생활의 응어리 된 한을 풀어내어 심신으로부터 안녕과 풍요를 얻기 위한 것이기도 하다. 이를 위한 개운에는 반드시 수행과 정성이 필요한 것이다.

자기 자신이 자신을 가장 잘 안다고 해도 오히려 자신에 대해 어둡고, 자신의 마음을 마음대로 조정하는 것 같지만 마음 가는대로 이끌려 잘 조정되지 않는다.

자기 자신과 마음은, 또 다른 자기 자신과 마음으로 돌아가 껍질의 자신과 마음을 돌아보았을 때, 비로소 자신과 마음이 조정되는 폭 넓이를 알게 될 것이다. 또 다른 본래의 자신을 찾는 것이 수행이요 그로부터 자신을 다스리고 또한 명령을 받아낸다면, 자신이 천지로부터 얻어가고 놓아가야할 도리의 질서는 밝아지는 것이다.

당연히 오는 운을 맞이하고 잃어가야 할 운을 놓아감

에 밝아지면, 아파해 하고, 서운해 하고, 좋아 날뛰고 하는 인간의 방종에서 한층 초연해질 수 있는 것이요, 모든 사람들이 이를 이룬다면 사회는 군자가 사는 세상이 이루어질 것이요, 이것이 각자마다의 개운을 하는 길이 되는 것일 것이다.

이를 위한다면, 부단한 노력으로 정성을 경주해야 한다. 취침 전에 한 차례 쯤, 대와 당고를 거치고 새벽잠이 깰 때, 바로 일어나지 말고 잠의 연장선에서 누워 꿈을 되뇌이고 대와당고로 전신의 기운을 원활하게 해 준다.

ㄱ. 깨어나기

잠이 들면 보통 1시간 반 내지 2시간의 간격을 이룬다. 두 간격을 자면 3-4 시간이 지나고 그냥 내버려 두면 3-4간격을 단숨에 자기도 한다.

잠의 간격을 이용하여 일어날 것을 예정해 놓고 자정이나 새벽쯤 한 번쯤은 깨어나야 한다. 즉, 정중동이다. 그리고 눈 코 입 귀의 구멍을 물로 행구어 닦아내고 잠자리에 앉아 보자. 양전을 지축비에 맞추고 반가부좌를 틀고 앉아 양전에 닿는 신명의 펼쳐짐이 내리감은 동공에 어리고, 천리 밖의 소리에 귀 기울려 보고, 천리 밖의 지기에 냄새 감응하며, 시공에 구애 없는 천계의 환공(幻空)을 따르다보면, 숨소리마저 잊혀지는 조식(調息)을 이룰 수 있게 될 것이다.

ㄴ. 회선(回旋)

기상하면 하루의 출발과 함께 온전벽의 조응기 응결점에서 좌선3회 우선3회로 천지기를 감응하고 결정할 일, 진행할 일을 온전벽에 마음으로 새겨 박고, 정성스레 회선하노라면, 어려워도 당연히 해야 될 일이라면 그에 상응하는 지혜와 의지는 배가(倍加)되어 생겨나고 질서의 체계가 잡혀올 것이다. 이로움이 있어도 하지 말아야할 일이라면 가차 없이 버릴 수 있는 용기가 배가하여 생겨날 것이며 바른 길이 확연해질 것이다. 즉, 수행개운인 것이다.

2) 친병(親病)

천하를 호령하던 영웅도 시대를 지나면 무력해지고 앞산을 짊어질 장사도 때를 잃으면 병들고 나약해진다. 건강하여 힘이 솟아날 땐, 병이란 나에게는 없는 것이라 생각하지만, 어느 날 신체의 어느 부위로부터 이상신호가 나타나면 어쩌지 못하는 게 바로 병이다.

생각 같아선 자신이 의사니까, 자신이 기공사니까, 또는, 자신이 쌓은 하단전의 축적된 기로써, 그늘처럼 찾아든 병을 단번에 어떠어떠한 방법으로 처단할 것 같지만, 실상은 병을 다스리는 사람도 약을 만드는 사람도 차츰으로 병의 그늘은 깊어만 가고, 세상에 남는 것은 못다

한 삶의 한(恨)만 쌓이게 되니 원망스럽고 원통하여 병이 원수처럼 되어간다. 마음이 급하여지고 화기가 끓어오르며 어떠한 가능성만을 찾아 방황하며 헤매게 된다. 그러나 이미 숙명이 와 있을 수도 있고 운명이 닿아있을 수도 있다. 살아온 자취가 천기와 지기의 병줄에 서 있었고, 신체의 흐름이 병을 접근하고 있었음에도 이를 준비하지 못한 자신이 멍청했을 뿐이다.

결국, 병든 자여, 오라! 극락의 문, 천당의 문을 찾게 되고 종교에 안식하는가하면, 때로는 막대한 금전낭비만 가져오기도 한다.

방법이 없으면 죽을 수밖에 없다. 그러나 그것은 꼭 두려운 것만은 아니다. 일의 두서를 가지런히 정리하고 그리고 병과 친화해 보는 것이다. 병은 병을 미워할 때 더욱 커지고 병을 친화할 때 자라지 못한다. 그것은 미워하면 나에게는 탁기가 발생하여 쌓여 적체기를 형성하고 친화하면 생기가 발생하기 때문이다.

병든 부위에 오공의 장심[人空]을 맞추고 장심(掌心)과 병기(病氣)를 합치시키고 서서히 끌어 음전(陰田), 또는, 사지(四肢)로 유도해 보자. 병기가 장심과 친화하여 끌림을 받으면 병은 쉽사리 쾌유될 것이다. 이것은 정성으로 친화하고 조금씩 유도하며 병부(病部)와 멀어질수록 유도는 떨어진다.

다음으로 좋은 땅을 다녀오자. 좋은 땅은 좋은 지기를

형성하니 좋은 지기에 다녀옴은 땅의 생기에 목욕하는 결과를 낳는다. 그리고 좋은 땅에서 하늘기운을 감응하는 것이다. 우주의 질서는 하찮은 미물로부터 우주성신에 이르기까지 모두를 관장하는 절대의 신(神), 천제(天帝)가 존재한다. 천제와 가까워져야 한다. 그러면 마음이 편안해지고 천제의 명 따라 병을 고쳐도 좋고, 그리고, 명을 다하여도 천명은 편안한 것이다. 그리고 말하리라. 언젠가는 벗어야할 옷이 아니더냐 라고...

3) 식사

먹어야 산다. 살기 위해서는 먹어야 한다. 살기 위해 먹는다면 조건이 나쁠 때는 살기 위해 무엇이든 먹어야 하고 조건이 좋을 때는 건강할 만큼 적당히, 건강할 만큼 골라서 골고루 먹어야 한다.

먹을 수 있는 조건이 좋은데도 건강하게 먹는다는 것이 쉽지만은 않다. 그것은 시간의 규칙성도 있고 맛의 영향도 있다. 옛사람이 "식사는 하루에 세끼"라고 했는가하면 "적게 먹고 자주 씻는다[小食多浴]"라고 했다. 아침은 귀찮아 걸러고 점심은 대충, 그리고 저녁은 포식하고 하는 등으로 시간대 대로 3식이 자리를 잃고 맛을 찾아 구미에 맞는 것만을 편식하기 쉽다. 그런가하면, 시시로 기호식품에 젖어 주식을 잊어버리기도 한다.

먹는 것은 힘을 생산할 수 있는 원자재이다. 원자재에 의한 기운생산으로 건강을 유지한다. 원자재가 과잉 공급되면 적체되어 소화기관이 기능상실하게 되고 원자재가 골고루 공급되지 않으면 필요로 하는 기관에서는 품귀현상을 일으킨다. 편식은 오장육부 중 어느 기관인가의 기능을 상실시킨다. 그러므로 필요이상으로 먹는 것은 병을 먹는 것이요, 편식은 어느 기관의 간절한 기다림을 져버리는 처사이다. 간이 크다 해도 심장의 간절한 기다림을 외면하면 죽게 되고 심장이 튼튼하여도 일부 기관의 부실로 낭패할 수도 있다.

먹는 것은 중요한 일이다.[食事] 틈나는 대로 먹고, 맛만 찾아 먹고, 먹는 둥 마는 둥 그렇게 하는 건 일이 아니다. 중요한 일은 중요하게 대해야 한다. 먹는 시간을 만들어 그 시간에 먹는 일을 한다. 단맛은 달아서 좋아먹고 쓴맛은 써서 좋아먹고 식사대로의 다른 맛들을 식사대로의 개성으로 즐겨 먹으며 그 맛에 감사해야 한다. 그리고 열심히 일하는 것처럼 열심히 먹는 일을 한다.

그리고 가끔은 배고프게 만든다. 옛사람들이 "배가 부르면 세상물정 모른다" 라고 했다. 억지로라도 배가 고파보자. 먹을 것 준비도 없이 어느 산중을 하루 종일 헤매보자. 그리고 물을 마셔보자. 식사의 고마움을 알아보고 먹는 일에 계율도 만들어 보자.

먹는 것은 힘을 생산하기 위함이고 힘은 나의 행동의

원천이다. 그러므로 행동은 먹는 것에 대한 은혜를 갚아야 하고 감사해야 만이 먹혀준 재료에 대한 원망을 사지 않는다. 채식을 한 것은 채소는 움직이는 활동을 하지 않으니 채식을 하고 그 힘으로 신체가 움직이고 활동해주어 사회가 이로워진다면, 채소로서, 곡식으로서 무슨 원한이 남을 리 있을까. 그래서 채식은 가볍고 뒤끝이 부담스럽지 않고 깨끗하다. 일단, 움직여 주는 것으로 갚음은 되니까.

육식을 하는 것은 육류는 움직이므로 행동만으로는 은혜갚음이 되지 않는다. 육식은, 제공한 동물들에게 생각으로서 갚아야 한다. 깨끗한 마음으로 좋은 마음과 생각을 하여 우주의 영신들과 지구의 만물들에 성실한 통치가 될 때, 힘을 제공한 육류의 동물들은 아무런 원한을 갖지 않는다.

그러나 신령스런 동물을 섭취한다면 무엇으로도 갚아지지 않는다. 신령스런 동물은 벌써 사람의 신령스러움이 있으니만치 사람이 신령스러워진다 해도 은혜는 갚아지지 않고 원한이 남아있게 된다. 그러므로 큰 구렁이나 지혜로운 개, 원숭이 등의 신령을 가진 동물은 먹지 않아야 한다.

그래서 식사의 계율은 채식은 언제나 먹음이 가능하고 육식은 가끔 먹어야 하며 특히 날짐승은 긴 기간의 경계를 두어야 한다. 날지도 못하는 놈이 나는 놈을 함부로

먹으면 원한은 더 커진다. 단지, 생각을 가지므로 한번
먹으면 한동안 기간의 계율을 두어야 한다.

4) 예(禮)

'공자는 "자신을 극복하여 예를 회복한다[克己復禮]"라
고 했다. 자신을 극복하는 데에는 경계하는 계율과 삼가
는 근신과 공경하는 공손과 효도하는 효성과 진실한 정
성이 필요하다. 이는 나와 상대의 사이에서 나를 극복할
수 있음으로 상대에게 예를 차릴 수 있음이다. 내가 내
나름대로 아무렇게나 행동하고, 상대도 상대의 마음대로
아무렇게나 행동한다면 아무리 법이 있다하여도 그 법으
로 안녕의 질서는 얻어지기 어렵고, 또한, 법이 올곧게
지켜질 수도 없을 것이다.

행동과 정신 마음은 계율을 두어 경계함을 늦추지 말
고[戒], 마음으로 조심하고 몸소 근신하여 삼가며[謹], 공
손하는 마음과 공경스레 행동하며[敬], 효성을 기울려 효
도하며[孝], 간절한 마음에서 우러나는 진실성을 다하는
정성이 있다면[誠], 100사람을 만나고 천 사람을 만난다
해도 모두가 그를 불편해하지 않을 뿐더러, 예(禮)를 회
복한 사람이라 이를 것이니 이것이 바로 풍수회선(風水
回旋)을 이룬 사람일 것이다.

이러한 예는 의식에서 나오고 의식은 순서와 질서를

가지게 된다. 나 혼자 있을 때는 나와의 의식행동이 나와의 질서요 곧 예가 되는 것이요, 상대가 있을 때에는 상대와의 의식행동이 곧 예가 되는 것이요, 많은 사람이 모여서 행사의 의식행동도 역시 예가 되는 것이니 곧, 예에는 의식과 절도, 절차가 따르니 예의범절이다.

풍수의 예는 지신으로부터의 예를 갖추고 산신과 천신에 대한 예와 의식을 잠시나마 갖추어야 한다. 이를 갖추지 않으면 혈 도적이라고 경전에서 말했다.[葬不斬草 名曰盜葬] 건강풍수의 예(禮) 역시, 자신의 건강에 대한 예와 의식이 주어질 때, 곧, 건강풍수를 지키는 풍수회선이 될 것이다.

한 화(閑話)

후우---. 어렵다.

백지 위에 달랑 볼펜 한 자루 들고, 책 한 권 마쳐야
지... 하고 시작한 게, 지난 2월의 어느 날이었는데, 지금
은 벌써 해가 바뀌어 지려 하고 있다.

기억에 저장되어 있는 이론과 법칙들을 바탕 삼되, 법
식과 용어에 얽매이지 않고, 인식 밖의 전적들을 인용에
서 접어버리고, 홀가분히 나의 세계를 필설에 맡기고 싶
어, 가벼운 욕망으로 시작한 백지와 볼펜이 막상 원고가
쌓이면서 점차로 어려워짐을 실감해야했다.

그것은 쉽게 하려했던 말들이 결국은 용어가 되어야
하고, 그러한 용어들은 기존의 인식체계와 다르게 전달
되어야 한다는 사실들과, 도형과 편집의 부분들이 고스
란히 나만의 몫이 되어야 하는 것이었다. 더듬거리는 컴

과의 인연이 수개월의 산고 끝에 어설프나마 마무리를
짓고 나니 부끄러운 부분들이 있으나 이것으로 한 매듭
의 단락을 짓는다는 한계를 가진다.

뿌리 깊은 나무가 무성하다고 했던가!
　풍수의 연원이 인류의 역사라 할 만큼의 깊은 뿌리를
가지고 있어 줄기와 가지가 무성한데도, 잎과 열매가 제
대로 피어나지 못함이 사실이다. 제도권의 울타리 밖에
던져져 주식이 아닌 기호식품의 구석에서 기웃거려야 했
으며, 체면의 뒷 그늘에서 탐욕의 노리개 노릇을 해야만
했다. 그것은 시대의 작용과 더불어 어쩌면 당연할 수
밖에 없었는지도 모른다. 자신을 세울 수 없는 시대를
겪으며 자신의 본체인 진실을 외면한 채, 말단인 가식에
매달려 유지할 수밖에 없었음을 어찌하랴. 참으로 풍수
라는 바람과 물의 본질보다는 그것으로 닥쳐오는 화복에
만 급급해야 할 수밖에 없었던 시대의 아픈 상처이다.
　이제, 시대가 저만치 변해가고 있다. 그런대도 풍수만
이 옛 잠을 자고 있을 수는 없지 않을까. 뿌리 깊은 나
무의 줄기와 가지에 잎과 열매를 달아야 하지 않을까?
그러기 위해서는 새로운 잎과 열매를 부단히 채근해 가
야 할 것이다. 현실에 필요한 이론과 기법을 찾고 그것
들을 고급화시켜 빛나게 해 가야 할 것이다.

풍수는 역사만큼이나 풍수에 관한 인식의 잠재적 인적 자원을 가지고 있다. 그것은, 웬만한 가정에서는 거의 풍수서 한 두 권씩은 가지고 있고 그런가하면, 풍수라는 것을 모르는 사람은 거의 없다. 그러나 풍수학을 얘기하라면 거의가 잘 모른다고 하는 것이다. 풍수를 가지고 사는데도 풍수를 모르는 셈이다. 지금의 풍수가 지향해야할 부분이 바로 풍수를 가지고 살도록 학리개발이 필요하고 또한, 풍수의 잠재적 인적자원을 일깨워서 풍수의 저변확대를 해 가야할 시기이며 이로써 인류가 보다 더 편안해질 수 있을 것으로 확신한다.

필자는 태풍을 맞는 심정으로 이 글을 쓴다. 구조와 분금비, 그리고 기파와 조경 , 건강풍수에서 본연의 질서가 그럴 것이라는 감지감응의 가정 하에서 태풍처럼 실려 오는 다수의 본체를 온전히 여과하지 못한 채로, 한 권의 바구니에 담다보니 거친 속살을 드러내고 웅크리고 앉아 부끄러워 떠는 이론도 없지 않을 것이다.

그러나 다수의 본체가 체계를 수용한다면 독자의 눈길이 마지막 페이지인 여기가지도 올 수 있으리라 기대하기도 한다. 한 권의 책이 온전히 읽혀지기는 쉽지 않기도 하다. 그것은 작자의 이론에서의 모순이나 거부감 때문인 탓일 것이다. 행여, 읽어줄 눈길이 있다면 앞으로는 본서의 태풍을 가라앉혀 갈무리되는 바람인 장풍으로 맴돌게 하고 싶다.

필자는 93년도에 지리오결 해역을 출간한 이후, 풍수와 풍수인에 대한 다양한 경험들을 해왔다. 현문이라는 그늘 아래에 다수의 학인들이 쉬어가고 또 머물러 왔다. 풍수의 얘기를 나누고, 풍수의 학문에 열정을 함께 하고, 풍수의 도에 짝을 지어 때로는 풍수의 흔적을 찾고, 때로는 필사의 전적을 나누고, 그런가하면, 산봉우리에서 이상세계의 경지를 찾아 풍수도의 수행자 모습을 함께하기도 했다.

땅의 인연이 사람의 운명이라, 지기를 보고 인연의 운명을 가늠하고 신체의 풍수 흐름을 보아 건강여부를 짚어가며 풍우의 흐름이 천기에 있어 그 무엇엔가 연관되어 변화하는 신묘함을 시시로 깨쳐 받으며, 북두칠성의 회선으로 중심을 지켜내는 북극성을 바라보며 온 밤 잠을 설치기도 했다.

그렇게 보낸 날들의 흔적을 압축하여 기회가 닿는다면 풍수의 언저리에 가까이 오는 이들과 진솔한 풍수의 소금과 빛으로 맛과 향을 나누고, 나아가 먼 미래의 인류가 지향해야할 학리의 기틀에 영향만이라도 미칠 수 있으면 하는 바램으로 한화(閑話)를 띄운다.

참고문헌

漢韓大字典　　　김혁제 김성원 편저　　명문당(84)
새국어사전　　동아출판사편집국　　　동아출판사(90)
靑烏經　　　　金天熙 編著　　　　明文堂(83)
葬經　　　　天機會元　　　　武陵出版有限公司(95)
地理大成　　　葉九升 輯著　　　上海九經書局
萬山圖, 明山圖, 一耳僧遊山錄, 一指僧遊山錄,　필사본
大東輿地圖　　古山子校刊
지구과학개론　　한국지구과학회 편저 교학연구사(98)
지형도 읽기　　권동희 지음　　　한울아카데미(98)
물이야기　　　이태교 집필대표　　현암사(91)
論語　　　　成百曉 譯註　　　傳統文化硏究會(90)
노자 장자　　　장기근 이석호 역　　삼성출판사(90)
왕릉　　　　한국문원편집실　　한국문원(95)
분화 및 화단식물　　서정남 외　　부민문화사(2005)
한국조경수복핸드북　김용식 외　　광일문화사(2000)

풍 수 가

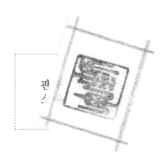

한국인의 풍수지리

풍수양택통론

초판 인쇄 ㅣ 2006년 1월 5일
초판 발행 ㅣ 2006년 1월 15일
지은이 ㅣ 신 평
펴낸이 ㅣ 소광호
펴낸곳 ㅣ 관음출판사

주소 ㅣ (130-070) 서울시 동대문구 용두동 751-14
광성빌딩 3층
전화 ㅣ (02) 921-8434, 929-3470
팩스 ㅣ (02) 929-3470
등록 ㅣ 1993. 4. 8. 제 1-1504호
ⓒ 관음출판사 1993

값 26,000원

ISBN   89-7711-112-9 03140